KB268489

義

義

발행일	2017년 5월 24일

지은이	유 기 묵		
펴낸이	손 형 국		
펴낸곳	(주)북랩		
편집인	선일영	편집	이종무, 권혁신, 송재병, 최예은
디자인	이현수, 김민하, 이정아, 한수희	제작	박기성, 황동현, 구성우
마케팅	김회란, 박진관		
출판등록	2004. 12. 1(제2012-000051호)		
주소	서울시 금천구 가산디지털 1로 168, 우림라이온스밸리 B동 B113, 114호		
홈페이지	www.book.co.kr		
전화번호	(02)2026-5777	팩스	(02)2026-5747

ISBN	979-11-5987-568-7 03230 (종이책)	979-11-5987-569-4 05230 (전자책)

이 도서의 국립중앙도서관 출판예정도서목록(CIP)은 서지정보유통지원시스템 홈페이지(http://seoji.nl.go.kr)와 국가자료공동목록시스템(http://www.nl.go.kr/kolisnet)에서 이용하실 수 있습니다.
(CIP제어번호 : CIP2017011657)

(주)북랩 성공출판의 파트너

북랩 홈페이지와 패밀리 사이트에서 다양한 출판 솔루션을 만나 보세요!

홈페이지 book.co.kr	자가출판 플랫폼 해피소드 happisode.com
블로그 blog.naver.com/essaybook	원고모집 book@book.co.kr

義^의

HOLINESS TO THE LORD

한자로 표현된 성경의 고고학적 비밀과 자연과학 그리고 한국 현대 정치사

'義'는 나보다 위에 위치한 양을 내 손의 창으로 찌르는 것을 뜻한다. 죄를 지었다면 속죄의 대가를 피로써 내는 것인데 죄 없는 어린 양이 죄지은 인간 대신 피를 흘리는 것이다. 이는 예수 그리스도의 고난과 희생이 수천 년 전 중국의 한자 義를 통해 예언된 것이다!

유기묵 지음

북랩 book Lab

　이 책의 제목 한자 義는 로마 제국 당시 식민지 권역에서 반체제 활동가나 강력 범죄를 저지른 흉악범을 사형할 때 사용하는 도구였던 십자가로 당시 실증법 위반 사실이 없던 Jesus를 처형한 사실을 형상학적으로 정확하게 표현하고 있다. 이 놀라운 사실을 어느 날 문득 깨닫고 자료를 찾으며 성경을 들여다보고 혜안을 얻기 위한 나름의 노력을 한 나는 2,000여 년 전의 중동 지방에서의 종교 재판 사건이 중국의 한자에 수록되었다는 사실에 전율을 느꼈다.

　반면 惡이란 무엇인가? 왜 영어 evil, 즉 악이 한문으로는 惡으로 표현된 것인가? 어려서 천자문을 공부한 세대이지만 義, 惡, 善, 主, 禁, 罪, 罰, 憲, 審, 判 등 현재 우리 사회를 지배하는 한자 언어의 의미와 그 속에 창조주, 구세주, 심판주 되시는 분과 소위 그에 반대하는 세력 즉 중동 고대어 중 하나인 히브리어(이스라엘 언어)로 Satan이 존재한다는 것을 알게 되었다.

　실존 세계에서 일어난 첫 번째 범죄는 背信이었고 그 동기는 교만이었다. 책 속에서 설명하겠지만, 물질세계 이전 영계에서 일어난 그 범죄는 물질세계 창조 이후 최초의 인간 아담과 이브도 자유 의지로 창조주의 간곡한 부탁 사항을 뱀으로 묘사된 Satan에 속아서 그 절대 규율을 '사소하게' 또는 '부주의하게' 어겼다.

인간의 배신을 판단하기 위한 에덴동산 가운데 두 나무가 항상 있었다. 즉, 생명나무와 선악 나무. 하지 말라는 뜻의 금지, 즉 한문 禁은 나무 둘을 보여 주는 것이다. 즉, 배신의 DNA는 그 이후 인간 고유의 죄성이 되었다. 그 누구도 창조주를 한 번도 배신하지 않은 사람은 없을 것이며 부모, 가족, 친구, 동료, 상사 등 어떠한 인간관계에서도 이 배신의 DNA는 다양한 모습으로 존재한다.

한국 현대 정치사는 그야말로 배신의 DNA 전시장이다.

나사렛 예수의 사형 죄목은 자신이 하나님의 아들이라 설파하였고 이 주장을 고수한 것이었다. 혜성처럼 등장한 시골 목수 출신 영웅 랍비(선생)에게 기득권을 잃어버릴 것을 염려한 당시 유대인 종교 지도자들의 음모와 거짓 참소 그리고 그들의 선동 때문에 예수에게 병을 치유받고 교훈을 받고 심지어 떡을 먹고 종려 나뭇가지를 흔들며 환영하던 수백 수천의 군중으로부터 배신을 당하게 되었다.

박근혜 대통령 탄핵은 오로지 오늘날 대한민국 경제 부흥을 이룬 박정희 대통령의 딸이라는 사실과 정치적 상속인이라는 사실 외에는 다른 중요한 이유가 없다. 남과 북의 이념 전쟁은 남의 일방적인 승리로 끝났다. 산업 발전을 이룬 18년 장기 집권과 3백만 명이 굶어 죽은 70년 세습 왕조 독재는 인류 역사에 자유 시장경제 체제를 선택할 것인가 말 것인가를 역사로 입증한다.

하지만 북의 이념은 인간을 숭배하는 종교로 변질되었고 항일 투쟁 역사로 위장되었으며 마치 한민족 역사의 정통성을 계승한다고 선전한다. 이 정치적 사교 집단의 사상은 배고픈 北에서보다 배부른 南에서 자유 의지로 더 학습되고 있다.

처형당한 예수는 그대로 역사의 한 페이지만 되었는가? 위기의 대한민국에서 교회와 신자가 해야 할 일은 무엇인가? 한자와 성경의 주요 사건들 그리고 정치와 과학의 앙상블을 연주한다.

2017년 5월 16일

유기묵

1. 義

이 '義'라는 한자는 우리 일상생활에 가장 많이 사용되는 한자 중 하나이다. 민주주의, 공산주의, 사회주의, 자본주의 등 정치 경제 용어의 기본이 된다. 또한 의리가 있다든지 의형제라든지 기본적으로 사람으로서 지켜야 할 떳떳하고 정당한 도리를 사전적으로 의미하고 있다. 또한 앞에 '正'를 붙여 正義로도 많이 쓰인다. 잠시 '正'를 보면 하나를 뜻하는 일 'ㅡ' 자에 멈춘다는 '止'를 합한 것이다. 즉 하나밖에 없는 길에서 멈추어 다시 살핀다는 뜻이다.

그렇다면 '義'는 무엇으로 조합되었나?

羊(양, lamb)과 사람 또는 자기 자신을 의미하는 '我'와의 합이다. 즉 사람 위에 양이 있는 모습이다. 양은 성경 레위기(레 1장 10~13절)에 보면 죄를 사할 때 사람 대신 죽는 동물이다. 양을 神의 제단에 바치는 방법은 흠이 없는 수컷을 골라 제사장이 양의 머리에 안수 즉 인간이 지은 죄를 전가하는 절차를 밟은 다음 칼로써 각을 뜨고 그 머리와 기름을 베어내고 내장과 정강이는 물로 씻은 후 그 모두를 제단 앞 장작 위에 놓고 불사르는 것이며 피는 제단 사면에 골고루 뿌리는 것이다.

이 제사법은 매우 엄격한 것이고 대대손손 지켜야 할 종교 의식이었다. 죄를 지었다면 속죄의 대가를 피로써 내는 것인데 죄 없는 양이 죄지은 인간 대신 피를 흘리는 것이다.

유월절 때 속죄 제물로 바치는 양과
담당 레위인 제사장, John Robert Lucas

여기서 '我'는 중국어에서는 자기 자신을 의미한다. 아시다시피 사람인 것이고 이 한자어는 손을 뜻하는 '手'와 고대 시절 무기인 창 '戈'의 조합이다. 즉 고대 시절 남자는 동물 사냥을 하거나 집을 지키거나 손에 창이 있었다. 즉 '義'는 **나보다 위에 위치한 양을 내 손으로 창으로 찌르는 것을 뜻한다.**

사우디아라비아 광야 캠프 시대의 성막,
Tabernacle, John Robert Lucas

예수가 태어나고 살았던 2,000여 년 전의 유대인 사회는 철저하게 장로(나이 많은 지도층)들의 집단 지성의 기록물인 탈무드가 유대인의 기본 생각이나 행동의 규범이었다. 물론 오늘날에도 다소간의 차이는 있지만, 모세의 기록물인 토라(Torah, 성서 오경, 창세기, 출애굽기, 레위기, 민수기, 신명기)와 함께 신앙의 경전이며 생활의 기반이다.

하나님의 택한 백성, 즉 選民 사상을 가졌으나 로마 제국의 무력에 의해 나라를 빼앗긴 그들이 기다리는 메시아, 즉 구세주는 식민지 체제에서 독립하는 것은 물론이요, 선민사상을 만족하게 하는 정치, 사회적 리더였다.

유대인들과 로마군인에 의해 처형된
예수, 창으로 심장 좌실을 찔러 물과 피가 쏟아짐,
Francis Xavier Sansen, 중세 작품

유대인 하층민들이 주로 살던 갈릴리 내륙 언덕 나사렛 출신인 예수가 예루살렘 상위층 사회에서 받아들여지지 않았던 것은 오히려 당연하다. 그래서 유대인 랍비이며 유대인 지도자 모임인 산헤드린 공회 의원(국회의원 격)인 니고데모는 남들의 눈을 피해 밤에 예수를 찾았다.

더군다나 유대인들의 경전에서는 그들의 메시아(Messiah, 그리스어 Christ)는 나사렛이 아닌 베들레헴(빵집 마을이라는 의미)에서 태어난다고 기록되어 있다. 이후 요한복음 7장 42절에도 "그리스도는 다윗의 씨 로 또 다윗이 살던 마을 베들레헴에서 나오리라 하지 아니하였느냐" 라고 기록되어 있어 변방 나사렛에서 무학으로 당시 천민 직업이었 던 목수 출신의 종교 이단아는 유대인 장로들에겐 용납되기 어려운 사람임을 알 수 있다. 더군다나, 예수는 스스로 하나님의 아들(Son of God)이라 주장하여 유대인 제사장은 신성 모욕이다 하여 옷을 찢기 도 하였다.

반면 예수는 실제 베들레헴 출신이었으나 당시 헤롯 왕이 천문 지 리에 능한 동방의 지식인들이 큰 별을 보고 예루살렘에 방문한 것을 계기로 탐문하여 미래의 사회 불안 요소를 미리 제거하기 위하여 베 들레헴 인근에서 태어난 2세 이하의 남자 아이들을 모두 죽였으므 로 이집트로 피신하였다가 시골 나사렛으로 이사한 것이었다.

당시 상황을 압축하여 표현한다면 모세 경전과 장로들의 유전으로 지배하던 유대인 사회에 어느 날 시골 목수 출신이 등장하여 종교 기득권자들을 독사의 자식과 회칠한 무덤이라 맹비난하였고 하나님 의 나라가 가까웠으니 죄짓지 말라 지은 죄를 청산하라고 외치며 도 전하였다고 할 수 있다. 한마디로 경천동지할 개혁 의제를 도전적으 로 던진 것이다.

그렇다면 왜 예수는 당시 종교 기득권자들인 제사장들과 율법학자 등에 그렇게 적대적이었던가? 그들은 앞에서 언급한 것처럼 유대인의 종교 절기인 유월절 속죄제에 필요한 소, 양 등의 제물을 시중 가격보다 3배 이상의 가격으로 팔았으며 자기 집에서 기른 소나 양 등의 제물을 가져오지 못하게 하였고 심지어 병들고 흠이 많은 소와 양까지 팔아가며 막대한 중간 거래 이익을 챙겼다. 누구나 매년 치러야 할 종교 의식이었으므로 그들이 쌓은 부는 엄청난 것이었다.

개혁자 예수는 친절하고 부드러운 성격이었으나 성경에 보면 눈물을 흘리면서 불같이 화를 내는 장면이 바로 예루살렘 성전이었다. 장사하는 노점상들의 수레를 뒤집었고 종교 지도자들에게 위선자이며 뱀의 자식이라 저주하였다.

이는 기득권자들에게 정면 도전이었고 이제 그들이 죽느냐 아니면 죽이느냐의 정치 사회 대결이 벌어졌다. 요한복음 11장 47~50절을 보면 그들의 계획이 분명하게 나타난다. 예수는 많은 병자를 고치고 태어나면서부터 장님인 사람들을 눈뜨게 하고 그중에 하이라이트는 죽어서 시신에 냄새가 나던 나사로를 다시 살린 사건이었고 이 나사로가 온몸에 천을 감은 채 무덤에서 걸어 나온 것을 본 많은 사람들이 요즈음 같으면 SNS로 이스라엘뿐 아니라 온 중동 지방에 전했다.

전통 유대교에 정면 도전하는 신흥 기독교인 셈이다. 그들의 기득권을 정면 부정하고 천국은 가난한 자들의 것임을 말하는 신흥 종교 지도자는 그들에게 용납될 수 없었다. 무조건 부자를 부인한 것은 아니고 부자이면서 가난한 자를 외면한 탐욕을 언급한 것이며 그리고 재산 많은 청년에게 너의 재산을 팔아 나누어 주라고 말한 것은 당시 경제 사회 구조상 젊은 사람은 상속 재산 외에 부자가 될 수 없었기 때문이다. 그러면 상속은 정당하지 못한 것인가? 그렇지 않다. 부정한 재물이 대물림하여 소위 금수저가 되었던 그 청년의 부의 근원을 꿰뚫어 본 예수의 진단이었다.

킹제임스 성경(King James version)판 요한복음 11장 48절에는 "If we let him thus alone, all men will believe on him: and the Romans shall come and take away both our place and nation." 라고 적혀 있는데 번역하자면 "만일 저를 이대로 두면 모든 사람이 저를 믿을 것이요 그리고 로마인들이 와서 우리 땅과 민족을 빼앗아 가리라"이다.

여기서 our place는 땅도 되지만 우리 자리, 즉 position도 된다. 우리가 앉아 있는 이 대(大)산헤드린(여의도 국회와 대법원을 합친 것에 해당하며 당시 70명 정도로 구성, 지방에도 23명으로 구성된 소 산헤드린도 있었음)도 입지가 흔들리며 나라도 위험하다고 억지 논리를 전개하였다.

마침내 마가복음 14장 1절에 기록되었듯이 "이틀을 지나면 유월절과 무교절이라 대제사장들과 서기관들이 예수를 궤계로 잡아 죽일 방책을 구하며" 했으며, 이어 마가복음 14장 55~56절에 보면 "대제사장들과 온 공회가 예수를 죽이려고 그를 칠 증거를 찾되 얻지 못하니 이는 예수를 쳐서 거짓 증거하는 자가 많으나 그 증거가 서로 합하지 못함이라." 되어 있다.

당시 사형 판결/집행권은 로마 총독 빌라도(Pontius Pilatus)에게 있었기 때문에 주저하던 그는 밤새 심문하였으나 아무 죄를 찾지 못하여 무죄 판결을 내리려 망설였다. 이에 대제사장들과 장로 즉 청구인들은 민중을 동원하여 소란을 피웠고 정치적 부담과 만약 소란이 일어난다면 자기 출세 가도에 지장을 의식한 총독 빌라도는 자기 손을 씻으며 판결의 책임을 청구인들에게 돌렸다.

이후 장면은 우리가 익히 아는 바이다.

최근 4개월 동안 국가 헌법 기관인 대통령을 또 다른 헌법 기관인 국회가 탄핵하고 또 다른 헌법 기관인 헌법재판소가 그야말로 전광석화처럼 대통령을 파면하였다. 박근혜 대통령 관련 피의자의 형사 재판 1심이 종료되기도 전에 마치 가벼운 징벌이 나오면 되지 않겠다 싶어서 그런지는 몰라도 언론 기사를 편집하고 국회에서 13가지 항목으로 일괄 투표한 소추안을 다시 5가지 항목으로 재편집하여(국회 표결도 없이) 만장일치로 파면하였다. 사유는 재판에 협조하지 않았고 1급 공무원을 면직하였고 중소기업에 특혜를 주었으며 재벌 기업에 재단 출연금 기부하도록 권력을 이용하였다 등등이다. 최근 엄청난 조회 수를 기록한 정규재 TV 우종창 전 월간조선 기자의 헌재 재판관 8인 고발장 관련 영상을 보면 헌재 재판관들은 기초적인 사실 확인조차 하지 않고 신문 기사와 국회의 주장(이것도 언론 기사 인용이 대부분)을 사실인 양 인용하여 대통령을 파면하는 결정을 하였고 심지어 내각제 개헌 운운하는 참 어이 상실하게 하는 국치를 범하였다.

또한 소위 특별검사들의 행태는 어떠하였는가? 체육 특기생 학점

후하게 준 교수들을 수사하는 엄청난⑦ 수사 성과를 거두었고 관련 영화 감독의 머리가 가발이었다는 것과 이재용 삼성 부회장이 외환을 초과 송금하고 다시 환수하는 절차를 진행하지 않은 실수를 가지고 중대 범죄인 양 도주 사유가 있다고 구속영장을 신청하였고 이를 젊은 판사가 수용하였다.

대한민국은 지금 사법고시 출신들을 견제할 장치가 없다. 언론 또한 브레이크가 고장 난 기관차처럼 질주하고 있다. 그들이 만약 저주의 굿판을 벌어도 구경하는 도리밖에는 없는 듯 보인다. 우종창 기자의 조사로 음모 기획 및 밀고자 고영태 일당이 접선한 고위 검사도 2명으로 압축되어 조만간 밝힌다고 한다. 대한민국 건국 이래 6·25 북의 남침 전쟁, 박정희 대통령 서거 그리고 IMF 이후 최대의 사건이 바로 박근혜 대통령 탄핵 및 파면 사건이다.

그들은 왜 박근혜 대통령을 싫어하는가? 증거도 없이 선동 언론이 조작하고 날조한 태블릿 PC에 촛불을 들고 광장으로 뛰쳐나왔으며 국회는 차분한 토론도 없이 "촛불에 타죽으려고 그러느냐"라는 논리로 일방적으로 탄핵을 결정하였고 헌재는 관련 피의자의 1심 재판이 진행 중이며 더군다나 검찰과 특검이 숨겼던 경천동지할 관련 일당의 녹음 파일이 방송 매체를 타고 공개되었는데 아예 외면하고 오히려 그들을 보호하였다.

전라남도 화순군 능주면에 가면 조광조 사당이 있다. 그는 누구인가? 조선 건국 이후 2백 년 지난 당시 기득권 세력의 등용문인 과거 제도에 요즈음 말로 표현하면 헤드 헌트 인재 추천 방식인 현량과를

병행하여 지방의 인재들을 상당수 중앙 정계에 진출시켜 관료화된
기득권 세력들 소위 훈구파의 전횡에 맞섰다.

대사헌 조광조 친필, 위키백과

오직 선거로만 여의도 국회에 진출하는 투표 제도에 국민 추천 제
도로 뽑힌 선량이라고 하면 되겠고 행정고시 기술고시 등 고시 시험
뿐 아니라 각 분야 전문가를 추천하여 적재적소에 인재를 공급하는
정책이라고 보면 되겠다.

또한 검찰총장 격인 대사헌으로서 다양한 개혁 정책을 전개하였
으니 기존 훈구파는 점점 불안하였고 이윽고 그 유명한 주초지왕,
즉 趙씨가 王이 된다는 꿀물 입힌 나뭇잎 하나로 반역죄를 음모하였
다. 그 당시 태블릿 PC였던 셈이다. 그는 한겨울 1520년 1월 훈구파
의 정치적 압력을 이기지 못한 중종이 보낸 사약을 삼켰다. 이후 선
조 때 영의정으로 추대 복권되었다.

개혁은 기득권 세력의 저항을 불러온다. 박근혜 대통령의 정치 신

념과 개혁 정책, 즉 노조 개혁, 언론 개혁, 공무원 연금 개혁, 좌 편향 문화예술계의 정부 지원금 차단, 국정교과서를 통해 건국 대통령과 산업화 대통령보다 위장된 항일 투쟁 김일성을 평가하는 소위 급진 종북 역사학계를 견제하였다. 그러나 누가 이러한 개혁에 반발하였는가? 우리 사회 지도층에 부인할 수 없는 소위 김일성 장학생들. 바로 그들은 개혁 및 청산 대상이다. 그들은 그들의 위치(place)와 자리(position)를 고수하고 있다.

황장엽 선생의 증언대로 최소 5만 명의 종북 인사나 간첩들 중 상당수가 국민 혈세로 활동하고 있다고 한다. 프랑스의 경우 독일에 협력했던 사람들은 전후 어떻게 되었는가? 잠시 살자고 영원히 죽었다. 베트남 패망 후 베트남 인민해방군에 협력했던 사람들의 면면을 보면 정말 놀랍기만 하다. 야당 대선 후보도 있었고 수도 경찰청장도 있었으며 군인도 많았고 하이라이트는 적을 공습하기 위해 출격한 공군 중위가 대통령궁을 폭격한 것이었다. 나라가 망하는 것은 당연하고 사상 개조 명목으로 우파 인사들은 물론 협력한 좌파 인사들 모두 비참하게 죽었다. 그들은 수용소 벽에 도대체 미군은 언제 돌아오는 것인가를 쓰며 자신들이 극렬한 데모로 내쫓은 미군을 기다렸다. 도망친 사람들은 보트 피플이 되어 바다에 빠져 죽었으며 구사일생한 사람들이 대부분 미국에서 난민 이민으로 정착하게 되었다.

1980년대 미국 유학 중에 보았던 베트남 난민 학생들의 어두운 표정은 지금도 선명하다. 그들은 아시아에서 가장 선진화되었던 나라였고 잘사는 사람들이었으나 베트남 비극의 희생자가 되었다. 그들의 역사는 우리와 흡사하다. 프랑스 선교사를 처형한 베트남 왕조는 결국 프랑스에 나라를 빼앗기게 된다. 베트남의 프랑스는 조선의 일본에 해당한다고 보면 비슷하다.

프랑스 식민지 강점에 저항한 호찌민이 1930년에 베트남 공산당을 창당하였고 독자적인 정부를 수립하였으나 중공(중국)에 이은 인도차이나 전체의 공산화를 염려한 서구 열강의 개입으로 베트남 전쟁과 비극의 역사는 시작된다. 이념의 차이는 9백만 명의 목숨과 폐허라는 대가를 내게 한다. 잠시 주간《미래한국》(www.futurekorea.co.kr)에 실린 1975년 4월 30일 베트남 패망사의 한 장면을 소개한다.

세계 4위의 공군력과 미군의 고성능 무기로 무장한 125만 월남 군대는 '거지 군대'나 다름없는 월맹군에게 기습 공격을 당한 지 불과 51일 만에 힘 한 번 제대로 써보지 못하고 참혹한 패배를 당했다. 경제력, 군사력, 군사장비 면에서 월등히 우세했던 월남이 허망하게 패망한 이유는 우선 사회 각계각층에 침투한 월맹 간첩들 때문이었다. 대통령 비서실장과 법무부 장관, 모범적인 도지사로 평판이 자자했던 녹따오를 위시한 많은 정치인과 관료들이 공산 프락치였음이 드러난 것은 월남 패망 후의 일이다.

캄보디아 국경선 근처 빈룽성 내(內)의 지하 땅굴에 있던 혁명정부 청사에는 월남 정부의 각 부처, 월남군 총사령부에서 진행된 극비 회의 내용이 하루만 지나면 통째로 입수될 정도로 티우 정권의 핵심부에 공산 간첩들이 대대적으로 침투해 있었다.

1967년 9월 3일에 벌어진 월남 대통령 선거에서 티우가 대통령에 당선되었는데, 2위 득표를 한 야당 지도자 쭝딘주(張廷裕)는 선거 유세에서 민족 감정을 자극하며 반미(反美), 반전(反戰)을 선동했다. 변호사 출신인 쭝딘주는 용공(容共)주의자라는 공격을 받자 "나는 용공주의자가 아니라 민족주의자, 평화주의자, 자유민주주의 신봉자이며 진실한 불교도"라고 주장했다.

쭝딘주

그는 유세 때마다 "동족상잔의 전쟁에서 시체가 쌓여 산을 이루고 있다. 우리 조상들이 외세(外勢)를 끌어들여 동족들끼리 피를 흘리는 모습을 하늘에서 내려다보면 얼마나 슬퍼하겠는가. 월맹과 대화를 통해 얼마든지 평화협상이 가능한데 왜 북폭을 하여 무고한 인명을 살상하는가. 내가 대통령에 당선되면 북폭을 중지시키고, 평화적으로 남북문제를 해결하겠다"라면서 반전(反戰)여론을 자극했다.

개표 결과 그는 17.3%의 지지를 얻어 2위를 했는데, 그가 비밀 공산 프락치였다는 사실이 밝혀진 것은 베트남 패망 후인 1978년이다. 미국 FBI는 쭝딘주를 간첩혐의로 미국에서 체포하여 재판에 회부, 법정에서 징역형을 선고했다.

좌익 종교인들은 월남 군인들을 향해 "동족인 월맹군을 향해 총을 쏘지 말고, 미군을 향해 쏘라"고 선동했다. 천주교의 짠후탄 신부, 불교계의 뚝지꽝 승려 등 종교인들은 '구국(救國)평화회복 및 반(反)부패 운동세력'이라는 단체를 결성했다. 이 단체는 산하에 사이공대학 총학생회, 시민단체들이 시민연대를 구성하고 반부패 운동을 벌였다. 이 조직에 공산 프락치들이 대거 침투하여 거대한 반정부 세력으로 변질하였다.

우리는 주간 《미래한국》에 잘 정리된 기사를 읽으면 매우 익숙하지 않은가? 한미 FTA 반대 시위, 광우병 시위, 평택 미군기지 이전 반대 시위, 제주 해군기지 반대 시위, 민노총 세월호 폭력 시위, 북한 인권법 UN 기권, 사드 배치 반대 시위 그리고 이번 촛불 시위. 덧붙인다면 베트남 패망 후 우익뿐 아니라 좌익 인사들이 먼저 처형되었는데 총 900만 명에 달했으며 선상난민도 100만 명이 넘었다.

정규재 TV를 시청하면 서울대학교 상과대학의 좌파들의 경제학이 무엇이었는지 알게 된다. 소위 농업경제를 산업경제보다 우선시하여 박정희 대통령의 경제개발에 저항했던 그들이다. 공과대학을 나온 나로서는 천만다행이 그런 강좌를 듣지 않아 다행이라고 위로하는 것이 오히려 참 아이러니하다. 농사지을 땅에 고속도로가 무슨 말인가 하며 드러누웠고 국외 자본에 종속되는 포항제철 그리고 창원 공업단지를 반대한 그들이다.

박정희 대통령의 장기 집권이 역설적으로 정당했다고 후세 역사가들은 평가할 것이다. 그들이 뿌린 씨앗은 소위 '민주화' 텃밭에서 자라 지금도 한미 FTA를 극렬하게 반대했으며 노조 개혁을 반대하고 국정교과서에 건국 대통령과 산업화 대통령을 미화했다고 마치 그것으로 교육하면 큰일이나 나는 것처럼 호들갑을 떨고 있다.

1960년대 조그만 라디오만 틀면 박정희 대통령의 연설이 들렸다. 무슨 무슨 기공식, 착공식, 준공식, 현장 순시, 수출의 날, 상공의 날, 무역의 날 등.

나의 의식과 무의식에 지금도 항상 귓가에 맴도는 '맹글어서'. 박정희 대통령의 연설문마다 '맹글어서'가 있었다. 제조업 강국의 기반이 된 그의 철학이다.

공대를 가라는 어머니의 뜻에 따르기도 했지만 '맹글어서'는 우리 세대의 아이콘이다. 만들지 않으면 제품이 없고 팔 수가 없으며 수출도 없고 외화 획득도 없다. 영화 『국제시장』은 조금도 허구가 아니다. 1960년대 초 독일 대통령이 한국을 방문하고 한독기술학교를 설립했고 독일에 광부를 간 대학 졸업자들과 간호사들의 이야기다.

1968년 여름, 월남전에서 돌아온 동네 또래 친구의 형이 가져온 큰

궤짝. 그 속에는 별별 물건이 다 들어 있었다. 돈도 많이 벌었다고 했다. 나는 생각했다, 나는 언제 커서 월남 가나?

우리 동네에는 미군들이 많이 살고 있었다. 부산 하야리야 부대가 인근이라 영화 속에 꼬맹이들이 미군을 졸졸 따라다니는 데 좀 창피하지만 나도 그 중 하나다. 아래는 부산 서면에 있던 하야리야 부대 1950년대 사진이고 배경에 보이는 산이 황령산이다. 보는 것처럼 당시에는 정말 우리나라 산들이 모두 민둥산이었다. 식목일 행사뿐 애림녹화 운동을 편 박정희 대통령을 다시 생각한다. 사진에 보이는 헬기 이착륙을 할 때는 먼지 회오리바람들이 엄청 일었는데 그거 상당히 재미난 구경거리였다.

지금은 복개해서 하천의 흔적이 없지만, 부산 서면으로 이어지는 하천은 거지, 상이군인, 피란민들이 드럼통을 절반 잘라 솥으로 만들고 미군 포장 박스 나무로 불을 지피고 미군이 먹다 남은 여러 음식과 동네에서 얻어온 식은 밥과 반찬을 넣어서 끓이는 이른바 좋게 말해서 부대찌개 원조 지역이다.

부산 서면 하야리야 부대 1952년도 사진, Peter Schoenberger

박정희 대통령이 없었다면 우리나라는 어떻게 되었을까? 소위 민주화 투사들이 1960년대, 70년대 정권을 잡았으면 오늘 나는 어떤 삶을 살고 있을까? 좌파들이 이야기하는 대로 배는 고프지만 '정의'로운 사회? 그들의 정의는 이상한 正義이다.

그런 대통령을 존경하기는커녕 일본 육사 출신 친일파에 독재자라고 가르치는 현실은 참담하다 못해 슬프다. 동작동 현충원에 가서 리승만, 박정희 대통령에 머리 숙여 감사하는 교육을 펼칠 그날은 언제쯤일까?

포항제철 창립 10주년 기념 휘호, 박정희 대통령, 1978년

삼성동 COEX 무역회관 전시실에 가면 박정희 대통령의 친필 결재 및 업무 지시 자료 등이 많이 있다. 대부분 상공 진흥 정책과 수출 장려 격려에 관한 자료들이다. 아주 세심하고 꼼꼼하게 메모하여 관계 부저 상관이나 공무원이 일을 늑장 부리거나 잘못하면 혼을 낸 바로 그런 서류다. 시간이 없더라도 자녀를 데리고 가서 반드시 보고 생각하고 정리해야 할 살아있는 역사 교육, 경제 교육 현장이다. 아마 나이 든 기성세대들은 잠시 감회가 새로울 것이다.

반면, 좌파는 맥아더 장군 동상을 철거하려 했고 그런 단체를 후원하는 사람이 현직 광역 단체장이다. 민족, 평화 단어는 이미 종북 언어로 변질하였다. 북은 핵으로 위협하는데 좌파들은 대화하자고 한다. 폭력배는 잡아서 감옥으로 보내야지 협상하는 상대가 아니다. 우리나라는 휴전 상태이나 지구 어느 나라보다 안보 감각이 무디다.

사드 반대 시위는 우리 사회의 모순을 모두 보여 주는 클라이맥스다. 광우병 선동 때 뇌에 구멍 뚫린다고 선동한 것이나 사드 레이다 전자파가 몸에 해롭다 하는 것이나 세월호 때 다이빙벨로 구출할 수 있다고 선동하는 것은 본질상 동일하다.

정의롭지 못한 사람들이 오히려 입만 열면 正義로운 사회를 외치고 있다.

앞에서 보았듯이 '義'는 희생을 말한다. 자기 피를 흘려 남을 구하는 것을 말한다. 의로운 사람들은 의롭지 않은 듯 무시당하고 의롭지 못한 사람들이 오히려 의로운 척 모든 기득권을 다 누리고 있다. 만약 공산주의자처럼 유물론적 사관으로 죽으면 그것으로 실존 존재는 끝난다고 한다면 너무 억울할 것이다. 그러나 모든 사람은 죽어서 창조주 앞에서 육체로 살았을 때 모든 동영상과 선행과 악행이 낱낱이 공개된다고 하니 다행이기도 하고 불안하기도 하다.

현행법적으로는 義人이지만 죄 많은 나는 무엇으로 사면받을 수 있나? 창조주의 절대 권위와 규율에 따르면 죄를 사하기 위해서는 피 흘림이 있어야 한다. 그렇다면 나는 일정 절기마다 동물을 죽여야 하나? 하나님의 화목하자는 제안은 바로 스스로 육신이 되어 창조와 반역 배신의 모든 책임을 혼자 지시는 것이었다. 죄인이라 생각하는 사람은 이 제안을 받아들이면 되고 그 약속 사항을 신중하게 지키는 것이고 나는 죄 없다고 생각하는 사람은 다시 한 번 생각하기 바란다.

2. 惡

　義 못지않게 너무나도 익숙한 단어이다. 악인, 악행, 죄악, 거악, 악마, 추악 그리고 악연 등. 마음 心이 있는 이 한자는 참으로 특이하다. 義를 깨닫고 그럼 惡은 무엇인가? 하고 연구해 보았다. 별다른 특이점이 처음에는 없었다. 나쁜 마음을 품은 것이 악인가? 하고 생각했는데 선친이 사용하시던 오래된 한문 대사전을 찾아보니 보시는 것처럼 **惡이란 亞와 마음 心의 조합인데 이 亞의 의미는 여러 의미가 있으나 본질적으로 두 번째 것이라는 설명을 보았다.** 두 번째 것이 마음속에 다음과 같은 의문을 던져주었다. '창조주가 첫 번째라면 두 번째는 누구인가?'

　물질세계 이전 영계에서 창조주를 대항한 그 존재가 바로 히브리어로 Satan, 라틴어로 Lucifer, 영어로 Devil을 마음에 두는 것이 바로 惡이었다. 즉, 창조주 하나님 관점에서 두 번째 위치였던 피조물 Satan, 背信의 뿌리, 교만의 상징, 반역의 리더, 인간 세상을 어지럽히는 원인 제공자, 무저갱(bottomless pit, 무중력 상태의 거대한 공간으로 중력이 작용하지 않는 회전하는 지구 중심부라는 설이 유력함)에 영원히 가두어질 존재. "성서 이사야 14장 12절에 보면, "너 아침의 아들 계명성이여 어찌 그리 하늘에서 떨어졌으며 너 열국을 엎은 자여 어찌 그리 땅에 찍혔는고"(How art thou fallen from heaven, O Lucifer, son of the morning! how art thou cut down to the ground, which didst weaken the nations!)라는 구절이 있다.

백과사전에 기술된 타락한 천사의 리더 Satan은 다음으로 요약 기술된다.

과거 천국에서 수많은 천사를 거느린, 하느님에 가장 가까웠던 루시퍼는 어느 순간, 자신의 영광에 너무 깊이 도취한 나머지 자신이 하느님보다 더 우월하다는 생각에 스스로 하느님이 되고자 싸움을 일으킨다. 존 밀턴의 『실낙원』에서 루시퍼는 "지배한다는 것은 비록 지옥에서라 하더라도 꿈꿔 볼 가치가 있다. 천국에서 종으로 살아가느니, 지옥에서 지배자로 살아가는 것이 훨씬 낫다."라는 당돌한 말을 하면서 다른 천사들을 부추겨 자신의 편에 설 것을 종용한다. 그리하여 루시퍼와 그를 따르는 반역자 천사들과 하느님 편에 선 미카엘과 그가 이끈 천사들의 전투는 장기간에 걸쳐 계속되나, 결국 루시퍼와 그의 부하 천사들이 패배하는 것으로 끝난다. 그리고 루시퍼와 그의 부하 천사들은 천국에서 쫓겨나 지옥에 떨어졌다고 한다.

外經인 에녹서에도 비슷한 장면이 기술되어 있다.

사람은 개개인이 다 다르다. 창세 이후 같은 사람은 없다. 책 후반부에 인간 DNA code에 감추어진 창조주의 sign에 관해 설명하겠지만 동일한 사람이 태어날 확률은 수치적으로 존재할 수가 없다. 문자 그대로 불가능하다. 집단을 이룰 때 people이라 하며 개인을 이를 때 person(individual)이라 영어로 표현한다. 즉 영계에서도 개별 person으로 格이 존재하며 수소, 질소, 산소, 탄소로 이루어진 인간과 동물의 DNA처럼 천사들도 개별 person으로 존재한다. 우리가 흔히 사람이 죽을 때 저승사자가 데리러 온다고 하지 않는가?

내가 초등학교 다닐 때 아마 1966년경 여름으로 기억한다. 부산 서면에 있던 집과 딱 붙은 옆집 인태의 아버지가 갑자기 아프하시더니 혼수상태에 빠졌다. 집 간 거리가 1m라 환자의 신음과 비명소리가 다 들렸다. 인태가 나에게 한 말이 우리 아버지가 자꾸 헛소리한다. 아버지가 저기 대문에 서 있는 검은 옷 입은 사람 들어오지 못하게 막아라라고 고함치고 이부자리 붙잡고 몸을 부들부들 떨고 있다는 것이었다. 그 소리는 점점 더 커졌고 결국 한 이틀 더 사투를 벌이다가 인태 아버지는 돌아가셨다. 동네 어르신들이 평상에 앉아서 장기 두면서 하는 말이 저기 김씨 관이 꿈틀거려서 새끼줄로 몇 번 더 감았다고 말하였다. 그 후 대학 다닐 때 어느 날 전날 마신 술에 떡이 되었는데 비몽사몽 간에 검은 옷 입은 마치 무협 소설 자객 같은 복장의 사람이 나를 줄로 감고 있었다. 내 배에 앉아서 감고 있어서 나는 꼼짝도 못 하였는데 딱 한마디 했다. 하나님 살려주세요. 그러자 정신이 들었고 빳빳해졌던 몸이 움직였고 식은땀 좀 흘린 것 외는 아무렇지도 않았다. 아직도 그 검은 옷 입은 사람의 얼굴이 기억난다.

다시 말하면 惡이란 타락한 천사의 수장 Lucifer를 마음에 두는 즉 숭배하는 자체를 의미한다. 악은 다양한 형태와 형상으로 나타나며 혹은 나타낼 수 있다. 창조주께서 禁하는 첫 번째가 나 이외의 다른 신을 두지 말라 그리고 어떤 형상으로도 우상을 만들어 절하지 말라고 금한다. 이것은 고대인 중세인 현대인에게 동일하게 주어진 명령이다.

피조물이 피조물을 신으로 섬긴다는 자체가 아이러니한 사실인데 타락한 인간은 자기 멋대로 자기 스타일로 自作 神과 우상을 만들어 섬긴다. 그러한 우상의 배후는 동일한 person이다. 동양에서는 한문으로 魔鬼, 鬼는 무시무시한 사람의 형상을 의미하고 魔는 집 안에서 삼베옷을 걸친 사람 형상을 말하니 죽음을 상징한다. 이 마귀의 존재는 성경에 잘 기술되어 있다.

예수가 나이 삼십이 되어 복음 전파를 시작할 무렵 광야에서의 영적 훈련 camp, 즉 광야에서의 40일 금식(이것은 육체의 한계를 넘어서는 일이라 생각된다, 건강한 사람은 물만 잘 마시면 일주일 정도는 충분히 할 수 있다!)후에 바로 Satan이 등장한다. 극도의 피로와 갈증 배고픔 정신 자체가 몽롱할 그때(성경 마태복음 4장 1~10절) 마귀는 예수의 약점을 찔러 본다. 돌로 떡을 만들어 보라 하였고 정말 하나님의 아들이면 언덕에서 뛰어내려 보라 천사들이 지키지 않겠나! 즉 혈기를 시험하였고 마지막으로 권세와 영광 즉 인간 세계 최고의 가치들을 주겠으니 나를 섬기라 하였다.

최초의 인간 아담은 물론 동반자 이브의 권유로 금지된 선악과를 먹었지만, 그 또한 창조주의 절대 규율을 어기는 순산 아무런 고민을 하지 않았다. 자유 의지로 먹었다. 혼자 거하는 아담을 위해 배필을 준비한 창조주를 찬양하기보다 그냥 여자 그 자체에 열광하였다. 아담의 첫 반응은 '내 뼈 중의 뼈요 살 중의 살이라'였다. 이 말은 옳기도 하고 아니기도 하다. 갈비뼈는 뼈 중의 뼈 가장 중요한 뼈가 아니다. 하나 정도는 없어도 된다. 아담의 살 어느 부분을 떼어내어 만들었다는 사실은 어디에도 없다. 인간 자체가 바로 흙으로 만들어졌고 수소, 질소, 산소, 탄소가 질량 대부분을 차지한다. 아담은 창조주보다 이브에게 정신이 팔렸고 인간의 약점을 간파한 Satan은 에덴동산 주위를 맴돌며 2호 인간 이브를 시험한다. 창세기 3장 1절에서 6절을 인용한다.

1절. 그런데 뱀은 여호와 하나님이 지으신 들짐승 중에 가장 간교하니라 뱀이 여자에게 물어 이르되 하나님이 참으로 너희에게 동산 모든 나무의 열매를 먹지 말라 하시더냐

2절. 여자가 뱀에게 말하되 동산 나무의 열매를 우리가 먹을 수 있으나

3절. 동산 중앙에 있는 나무의 열매는 하나님의 말씀에 너희는 먹지도 말고 만지지도 말라 너희가 죽을까 하노라 하셨느니라

4절. 뱀이 여자에게 이르되 너희가 결코 죽지 아니하리라

5절. 너희가 그것을 먹는 날에는 너희 눈이 밝아져 하나님과 같이 되어 선악을 알 줄 하나님이 아심이니라

6절. 여자가 그 나무를 본즉 먹음직도 하고 보암직도 하고 지혜롭게 할 만큼 탐스럽기도 한 나무인지라 여자가 그 열매를 따 먹고 자기와 함께 있는 남편에게도 주매 그도 먹은지라

여기서 뱀은 마귀 즉 Satan을 뜻하면 아랍어 문자로는 아래 그림처럼 표현된다. 뱀의 형상 문자이며 이슬람교의 신 Allah를 뜻한다. 읽으시는 분은 깨달으시기를. 이슬람교의 신은 누구인가? 두 번째이다. 바로 惡이다. 이 경우 뱀은 snake가 아니고 serpent이며 큰 뱀(동양에서는 龍으로 표현되기도 한다)이다. 히브리어, 즉 이스라엘 고대 언어 자

체의 의미는 생명을 파괴하기 위해 사람을 에워싸는 뱀이라는 문자
적 뜻이다.

목원대학교 신학대학 이선희 교수의 『성경에서 말하는 바알 숭배
의 정체 연구』를 인용한다.

사단이 인간에게 "너희가 결코 죽지 아니하리라. 너희가 그것을 먹는
날에는 너희 눈이 밝아 하나님과 같이 되어 선악을 알 줄을 하나님이
아심이니라"고 한 말에서 다음의 사실을 유추할 수 있다: (1)"선악을 안
다." 함은 '생육, 번성, 충만을 주관할 줄 안다.' 함이니, 사단은 그 자신
이 생육, 번성, 충만을 주관하는 신이 되기를 원하였다가 하나님에 의
하여 저주를 받고 이 땅에 쫓겨 내려온 존재요, 그래서 생명의 왕 하나
님의 대적자이며, 인간들에 대하여는 자칭 생명의 왕인 것처럼 착각하
게 하여 군림하며, 실제로는 사망의 왕으로서 군림하는 존재이다. (2)
사단이 인간을 유혹하는 방법의 핵심은 인간 자신이 생육, 번성, 충만
을 주관할 수 있다고 착각하는 가운데 사고하고 행동하게 하는 것이
다. (3)사단은 이렇게 하여 인간으로 하여금 생명의 왕 하나님을 무시
하는 죄를 짓게 하여 하나님의 진노의 대상이 되게 하며, 사망으로 가
게 한다. (4)성경에서 바알 숭배에 대한 하나님의 진노는 바알을 생명
의 신으로 착각하고 섬겼다고 하는 사실에 대한 것이요, 바알 숭배의
결과는 '칼과 기근과 염병' 즉 사망이다.

창조주께서는 누가 조금 더 지혜가 있고 지식이 있고 명예가 있고 재물이 있고는 우선순위가 아니라 마음에 악이 있나 없나가 첫 번째 관심사이다. 마음에 악이란 살펴보았듯이 창조주가 아닌 배신한 피조물 Satan을 마음에 두느냐 마냐이다. 종교는 다양한 형태로 분파되어 왔다. 인간 스스로 득도하여 진리를 깨닫는 종교도 있고 여신을 숭배하는 종교도 있으며 자연의 어떤 대상 즉 태양을 숭배하는 종교도 있고 신은 없다고 주장하는 동양 철학도 있다. 물론 전지전능한 신이 없는 영역은 철학이지 종교는 아니다.

위 장면을 다시 살펴보면 Satan은 남자인 Adam보다 여자인 Eve를 공략 대상으로 선택하였다. 추정할 수 있는 이유로는 아담보다 나중에 창조되었고 창조주와의 친밀도가 아담보다 덜하기 때문일 수 있고, 사고와 행동을 보았을 때 논리적이고 냉철하기보다 여성 특유의 감성과 부드러움 관용성 등의 특징을 약점으로 판단하였을 수도 있다.

첫 번째 질문은 잘 통과하였다. 먹지 말라고 명하셨다. 두 번째 질문에는 다소 약해졌다. Satan은 결코 죽지 아니한다, 즉 인간 고유의 두려움 죽음은 없다고 설득한다. 거기에 덧붙여 너희 눈이 밝아져 하나님과 같이 되리라고 거듭 말한다. King James 성경에는 gods라 쓰여 있다, 즉 Satan이 우리와 같이 된다는 뜻이 된다. 여기서 작은 신 우상 등은 영어로 god으로 표현됨을 상기하시라.

설득에 약한 여자 이브는 감성적 판단으로 자기 자유 의지로 절대 규율을 어긴다. 규율을 정한 창조주와 상의하거나 질문하거나 연락하지 않았다. 이브에 푹 빠진 아담도 마찬가지로 별로 고민 없이 냉큼 먹었다. 창조주의 절대 계명을 아주 사소하게 부주의하게 어겨 버렸다. 창조주는 이것을 먹는 날 반드시 죽는다는 사형에 해당하는 규칙, 즉 軍法 같으면 이적 행위나 아군에게 총질을 가하는 수준이다. 그러한 절대 규칙을 연락도 없이 고민도 없이 범한 존재가 바로 인간의 조상이다.

배신의 DNA와 악에게 취약한 인간의 비극이 태동하는 장면이다. 결국 배신은 죽음을 불러왔다. 마음에 악을 둔 인간의 타락은 바로 그들의 자녀 세대에서부터 시작된다. 인간의 죄성은 인류 첫 살인자 가인을 낳았고 이후 수많은 죄와 부정이 인간 세계의 한 부분이 되었다.

그렇다면 온 인류의 조상이 되는 아담과 이브의 특정 유전자는 우리의 몸속에서도 발견되어야 하는 것이 생명 과학적으로 타당하지 않은가? 이를 연구한 의생명 과학자들이 있다. 후반부 유전자에서 기술하기로 하겠다.

다시 말해서 절대 惡인 타락한 천사장 Satan에 의해 1호 인간과 2호 인간의 부주의 혹은 무시 또는 교만에 의해서 일어난 절대 규율을 위반한 사건으로 인해 인간의 DNA에는 노화 작용뿐 아니라 죄가 세포 단위로 꼬여 있다. 惡은 그 모양이라도 버리라 하는 성경 메시지는 악으로 인한 여러 행위뿐 아니라 악 그 자체를 멀리하라는 말이라고 하겠다.

이스라엘 민족의 조상들이 흉년과 기근으로 이집트로 이민을 떠나 그곳에서 400여 년 하층 계급을 이루며 살았다. 잘 아시다시피 모세라는 지도자에 의해 파라오 왕과의 끈질긴 협상과 재앙의 연속에 어쩔 수 없이 남자 장정만 60만에 해당하는 엄청난 노동 인구가 이집트를 떠난다. 지금의 사우디아라비아 지역(예전 성서 고고학에서는 시나이 반도라 하였으나 사우디아라비아에서 모세와 이스라엘 민족의 광야 생활 유적이 최근 모두 공개됨으로써 성서고고학은 다시 쓰였다)에서 가나안 땅으로 입성한다.

성서에 보면 인간에게 긍휼을 베푸시는 야훼(여호와) 하나님께서 가나안 민족과 인근 암몬 족속 등을 가차 없이 전멸하라고 명하시는데 이건 좀 가혹하지 않는가 생각하였으나 그 이유를 알게 되었다. 당시 가나안 지방은 근친상간 등으로 기형아도 많이 생겨났고 그야말로 인간성 상실의 짐승 같은 사람들로 변모하였다. 암몬 지방은 몰렉(Molech, 사진)이라는 농업의 신을 숭배했는데 특징은 아기(baby)를 산 채로 제물로 바치는 아주 흉악한 제사를 지냈다. 지금도 이 몰렉은 서구 사회의 이단 종교 신으로 검색되고 있다. 이 몰렉은 또한 이후 중동 지방의 바알(Baal), 바빌론 지방의 태양신 담무즈(Tammuz) 등의 형태로 진화한다. 왜 인간들은 고대나 지금이나 이러한 惡에 쉽게 유혹당하고 복종하는가?

그것은 巨惡은 때로 善으로 위장하기 때문일 것이다. 인간 2호에게 접근한 거악 Satan은 빛의 천사의 모습이었을 것이다. 성경 고린도후서 11장 14절에 보면(King James version: for Satan himself is transformed into an angel of light) 사탄이 빛의 천사로 변형하기 때문이다.

고대 중동 지방 암몬의 우상 몰렉, A. H. Sayce

　　우리 사회에 그럴듯한 명제를 걸어놓고 아주 집요하게 물고 늘어지는 세력들이 있다. 북한 김일성을 반일 투쟁 위인으로 떠받든다. 실제 김일성의 본명은 다 알다시피 김성주이다. 나이 많으신 세대 지금 90세 이상 내외 되신 분들의 증언을 들어보면 일제 해방이 되고 나서 스스로 김일성이라는 사람이 나타났을 때 평양에선 모두 가짜라고 웃었다고 했다. 왜냐하면 그때 실제로 김일성이라는 가명을 쓴 독립군 부대 장군이 혁혁한 전과를 올렸고 나이가 상당히 지긋한 분이었으며 해방 전에 순국했기 때문이었다. 어렸을 때부터 귀가 따갑게 들어오던 가짜 김일성. 조작된 항일 투쟁의 신화를 사실인 양 믿고 위수김동(뜻은 찾아보시길)충성 맹세했던 이 땅의 청춘들. 70년대 대학가에서 자생적으로 일어났거나 北의 작업으로 상당수 엘리트 학생들이 현재 이념적 포로가 되어 있다. 그들은 지금 북의 주홍 글씨 낙인이 腦에 찍힌 채 대한민국 사회의 지도층이 되어 있다. 하숙집에서 갑자기 무슨 무슨 학숙으로 옮기고 고시 공부에 매달려 과외 공부로 학비 생활비 버는 학생들보다 먼저 시험에 합격할 수 있었다.

베트남 경우에서도 보았지만 민족, 평화, 자주 등을 제일 먼저 앞세우는 세력들의 공통점은 무엇인가? 미군 철수이다. 미군 때문에 전쟁에서 이길 수 없었던 북한 인민군이나 월맹 인민군이나 같은 본질을 가지고 있다.

대한민국에 살면서 북의 공산정권 수립 후 기독교인 80만 명을 학살하는 등 종교를 탄압하고 스스로 神이라 하는 미라가 된 인간에게 어떠한 형태로든 머리 숙이고 절하는 인간들은 우상 숭배의 죄를 범하는 것이고 이것은 인간계에서는 국가보안법 저촉 사항이지만 창조주 입장에선 불못 형벌에 처하는 중범죄이다. 특히 기독교인이거나 기독교인 행세하면서 그렇다면 그것은 가중 처벌 대상이다.

한국 언론은 세월호 이후 현직 대통령에 대한 憎惡가 서리고 惡意가 가득 찬 날조 기사들을 사회에 살포하였다. 그것은 부풀려지고 번지고 또 그 위에 거짓이 보태지고 그들은 아무 일 없었다는 듯이 그 짓을 되풀이하고 있다.

憎惡의 한자 憎은 마음 心에 曾이 합한 글자인데 曾은 김이 모락모락 나는 시루떡 만들 시루의 형상을 본떠서 만든 자이다. 즉, 시루 가마솥의 물이 증기를 뿜어내듯이 惡을 모락모락 뿜어내는 글자이다.

그 증오의 근원은 惡이다. 惡은 악마의 속성이고 우리나라 언론의 현주소는 바로 Satanism, 즉 악마주의다. 이 악마주의는 역사적으로 칼, 기근, 전쟁을 불러왔다. 한국 언론인들은 베트남 패망 당시 언론처럼 스스로 악마의 춤을 추다가 수용소에서 하루 100g의 식량과 사상 개조 중노동으로 죽어간 베트남 좌 편향 언론인들의 복사판이다.

3. 善

　善도 일상생활에서 매우 빈번하게 사용된다. 문자 그대로 '착하게 살자'인데 선한 사람, 선한 목자, 선한 행동 등 善이란 인간 행동의 바람직한 형태라 하겠다. 한자를 살펴보면 善 역시 羊이 있고 입 口 한 자 밑에 받치고 있고 중간에 풀 艸가 끼어 있다. 유추해 보면 풀을 머리에 두른 양의 입(말)이라 할 수 있다. 가시 면류관을 쓴 어린양으로 비유되는 Jesus를 상징한다. 그분의 말을 善이라 한다는 뜻이다. 그렇게 추론하고 받아들이자.

김순이 화백 作 _ 가시면류관

　병자를 고치고 기적을 행하는 예수의 소문이 퍼지자 많은 무리들이 말씀을 듣고자 야산 언덕에 모였다. 당시 유대인들이 원하는 것은 로마 식민 통치의 종식이었고 메시아만이 그 소원을 해결할 수 있다고 믿었다. 적게는 수백 많게는 수천의 대중이 항상 모였다. 앞으로 나갈 수 없을 만큼 에워싸기도 하였다. 하지만 그들은 그들의 기대와는 다른 메시지를 듣게 된다. 그 유명한 산상 설교이다.

3절: 심령이 가난한 자는 복이 있나니 천국이 그들의 것임이요

4절: 애통하는 자는 복이 있나니 그들이 위로를 받을 것임이요

5절: 온유한 자는 복이 있나니 그들이 땅을 기업으로 받을 것임이요

6절: 의에 주리고 목마른 자는 복이 있나니 그들이 배부를 것임이요

7절: 긍휼히 여기는 자는 복이 있나니 그들이 긍휼히 여김을 받을 것 임이요

8절: 마음이 청결한 자는 복이 있나니 그들이 하나님을 볼 것임이요

9절: 화평하게 하는 자는 복이 있나니 그들이 하나님의 아들이라 일컬 음을 받을 것임이요

예수가 말하는 善이란 압축적으로 가난하고 애통하는 깨끗한 마음이라는 것으로 당시로서는 처음 듣는 말이었다. 대개 대제사장들이나 주로 율법학자들인 랍비(선생)들이 유대인 회당(synagogue)에서 모세 경전이나 나이 많은 지도자 격인 장로들의 구전을 집대성한 탈무드를 가끔 들었지만 이러 이러한 규범을 지켜야 하고 지키지 않을 때는 이러 이러한 값을 치러야 하며 등이 주 메시지였다. 예수의 '개혁적'인 메시지는 금시초문이었다. 참고로 온유하다의 그리스어 의미는 길들여지다, 훈련되다라는 의미이다.

그때나 지금이나 부자를 원하지 가난을 원하지 않는다. 예수는 심령이 가난한 자가 복이 있다고 했다. 그리스어 원어 그대로의 뜻은

파산을 의미한다. 심령, 즉 마음이 파산한 상태가 복이 있다는 뜻이다. 마음 둘 곳이 없다 또는 마음이 깨지고 상해서 아무 희망이 없다 정도로 비유할 수 있는지 모르겠다. 그렇게 되어야 천국을 갈 수 있다고 했다. 당시 사람들에게 천국은 생소한 나라였다. 죽음 이후에 대해서 모세 경전들에 잘 나타나지 않는다. 죽음을 맛보지 않고 하늘로 바로 직행한 사람 에녹(Enoch)과 유명한 선지자 엘리야(Elijah)가 있을 뿐이었다.

이집트에서의 노예 생활 400여 년 이후 지금의 이스라엘 땅으로 들어오기까지 험난한 여정을 거쳤던 기원전 1,200년, 즉 지금으로부터 3,200년 전 당시 이스라엘 사람들에겐 안정적으로 거주하고 농업이나 목축을 할 수 있는 땅이 절대 가치였다. 그런 전통은 땅의 매매에 관한 엄격한 규율이 성서에도 잘 기록되어 있다. 그런 전통 가치관을 가진 대중들에게 생소하게도 잘 알지 못하는 천국이 절대 가치라고 가르쳤다. 로마 시민권이 절대 가치였던 당시 예수는 천국 시민권을 제안했다. 소유하는 방법은 파산한 마음이다. 당시 유대 사회는 절대 남자 사회였다. 과부, 즉 남편이 죽은 아내에게는 상속권이 없었다. 장자는 두 몫을 가지고 딸에게도 주었으나 부인에게는 재산을 주지 않았는데 이러한 문화 때문에 중동 일부 국가에서는 지금도 남편이 죽으면 아들이 여자인 엄마의 생활을 통제하는 이상한 제도가 있다.

성경에 보면 그런 이유 때문인지 남자들보다 여자들이 예수에 대해 끝까지 신의를 지키고 추종했다. 십자가에 처형될 때 남자 제자 한 명은 밀고를 하였고 11명은 모두 도망쳤다. 십자가 아래서 울면서 자리를 지켰던 여인들, 장례 치른 지 사흘 후 골고다 무덤을 제일 먼저 찾은 것도 따르던 여자 마리아였다. 상속권도 없던 과부들은 이 세상에서는 이미 마음이 파산한 상태였다. 물론 제자가 아니었던 부자 아리마대 출신 요셉은 자기의 장래 묘에 예수 시신을 모시었고 당시로서는 좋은 품질의 세마포로 시신을 감쌌다(이 세마포는 Tulin의 성의: Google이나 YouTube의 관련 자료 및 영상을 한번 보기를 권한다. 현대 과학을 동원하여 2,000년 전에 육체로 거하셨던 Jesus의 과학적 증거 자료이다. 한때 방사선 동위원소 기법으로 13세기 제작이라 주장한 학설이 있었으나 보관하던 성당에서 헤어진 부분을 덧대었고 샘플 채취 때 이 부분을 잘랐던 것이다. 지금은 다양한 방법으로 예수 시신을 감쌌던 세마포임이 입증되었다/ 다음 페이지 사진 참조).

성경 누가복음 7장을 보면 아주 흥미로운 장면이 묘사되어 있다.
시몬이라는 바리새인(당시 상류층이며 보수적인 종교 규범을 가진 사람들)이 예수를 식사에 초대했다. 그런 소식들 듣고 어떤 여인이 요즈음 말로 수입 명품 값 비싼 초고가 향유를 가지고 와서 감히 예수 앞에 서지 못하고 예수의 뒤에 서서 눈물로 예수의 발을 적시고 자기의 긴 머리칼로 닦고 향유를 부었다. 상상만 해도 엄청난 장면이다. 당시 여자 노예들도 주인에게 이렇게는 하지 않았다.

시몬은 마음이 불편했다. 스스로 의인이라 자부한 그는 죄 많은 여인이 자기 집에 온 것도 그러했고 그 비싼 명품 향유를 그저 잠시 유명한 시골 랍비에게 몽땅 쏟아붓다니 하고 생각했다. 더군나나 마음속으로 예수가 정말 선지자라면 이 여자가 누군지 알았을 것인데 참 어이없다고 생각했다.

예수는 시몬에게 빚이 많은 자와 적은 자가 둘 다 탕감받았다면 누가 더 고맙게 생각하겠느냐? 라고 아주 단순하게 물었다. 시몬 왈 물론 빚이 많은 자입니다 했다. 그리고 정말 폐부를 찌르는 말씀을 했다.

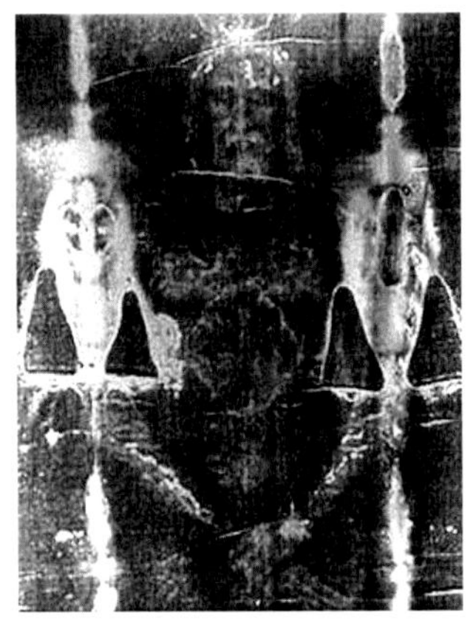

세마포 Tulin을 현대 영상과학 촬영 기법으로
재구성한 사진, photoofJesus.com

44절: 그 여자를 돌아보시며 시몬에게 이르시되 이 여자를 보느냐 내
　　가 네 집에 들어올 때 너는 내게 발 씻을 물도 주지 아니하였으
　　되 이 여자는 눈물로 내 발을 적시고 그 머리털로 닦았으며

45절: 너는 내게 입 맞추지 아니하였으되 그는 내가 들어올 때로부터
　　내 발에 입 맞추기를 그치지 아니하였으며

46절: 너는 내 머리에 감람유도 붓지 아니하였으되 그는 향유를 내 발
　　에 부었느니라

47절: 이러므로 내가 네게 말하노니 그의 많은 죄가 사하여졌도다 이
　　는 그의 사랑함이 많음이라 사함을 받은 일이 적은 자는 적게 사
　　랑하느니라

당시 중동 지방 신발 문화는 주로 샌들이었다. 먼지가 많고 도로 사정이 좋지 않은 흙길인 탓에 식사를 초대하거나 방문하는 사람들을 위해 집 현관 앞에 움푹 팬 곳에 물을 부어 발을 씻고 손님이 들어오게 하는 것이 기본 예의였다. 예수님께서 식사를 초대하고도 기본예절을 지키지 않았던 어쩌면 상류층 바리새인인 시몬의 교만이었고 결례였으며 예수가 누군지 탐색해 보고자 하는 불순한 의도였을 수도 있었을 것이다.

그 여인은 두말할 필요도 없이 여러 번 마음이 파산했으며 애통해하고 있었다. 죄 없는 자 돌로 치라 하여 현장에서 간음한 여인을 죽이려던 유대인들이 주섬주섬 돌멩이를 내려놓고 가던 그 장면의 구사일생 한 여인일 수도 있다. 예수는 새로운 패러다임, 즉 가난하고 애통하고 슬퍼하며 세상에 마음 둘 것이 없는 상태가 되면 하늘나라가 보인다고 설명하였다. 여인에게 죄 사함을 받았으니 평안히 가라고 말씀하신다. 유대인들은 마음속으로 말했다. 당신이 누구인데 죄를 사하는가? 죄는 오로지 피를 뿌리는 유월절 속죄 제사를 통해 사해질 수 있는 것 아닌가?

예수의 발에 향유를 붓고 자기 머리카락으로 닦는 여인, Vivan Bennett

그런 유대인들에게 나는 하나님의 아들이요, 나를 본 자는 하나님을 보았다라고 당시로서는 천지개벽할 발언을 하였다. 참고로 독생하신 하나님의 아들이라 할 때의 영어 표기는 begotten이다. 이 단어의 원문인 그리스어 단어는 monogenes이다. 그야말로 mono, 즉 단일, 一元, 단일 유전자 등, 하나님의 아들 즉 부자 관계로 쉽게 표현했는데 이것은 인간 수준에서 이해를 돕기 위한 표현이고 원래 삼위일체 Trinity 속성에서의 일체이면서 두 인격을 인간적으로 표현한 것이다.

다시 말하면 하나님의 한 격이신 성자께서 인간의 몸으로 오신 것이다. 속죄의 제물이 되시기 위해. 이보다 더 善한 것이 있다면 알려 주시기 바란다. 그분은 절대 善 그 자체이다.

예수의 산상 설교로 다시 돌아가면 義에 주리고 목마른 자가 배부를 것이라고 말한다. 농사를 열심히 짓고 양을 열심히 기르면 배부를 것이라는 것이 일반적인 경제 논리다. 노동의 가치를 몰라서인가? 예수 자신은 아마 십몇 년은 생계를 위해 목수 일을 하였다.

시골 나사렛은 내륙 지방이었고 목축과 농업이 주 경제생활이었으므로 소의 쟁기(yoke, 멍에)는 농사 필수 도구였다. 예수는 이 멍에 제작 전문 기술자였다. 수고하고 무거운 짐 진 자들아 다 내게로 오라. 내 멍에는 쉽다고 가르쳤다. 소가 힘을 잘 쓰기 위해서는 소의 몸에 딱 맞춤 멍에를 채워 줘야 힘을 잘 쓴다고 한다. 예수는 소를 보고 치수를 잘 재어 멍에를 만드는 일류 기술자였다. 하나님이 육체로 오신 그분은 이렇게 겸손하셨다.

도대체 우리는 누구이길래 이렇게 교만한 것일까? 절망적이다. 절대 善은 바로 그분이고 그분의 말이다.

그분을 모함하고 십자가에 처형하기 위해 계획을 하고 회의를 하고 궁리를 하고 묘안을 짜내고 하인들을 시켜 거짓 증인을 세우고 자기네들의 공회에 세우고(우리의 국회)자치 지역 대표인 헤롯 왕에게 보내었다가 사형 판결 집행권이 있는 로마 식민 총독에게 최종적으로 보내었다. 밤에는 재판을 하지 않는 자기네 유대 법까지 어겨가면서 밤새 심문하였다.

어디서 많이 익숙한 장면 아닌가? 자기들의 기득권을 지키기 위해 주요 관련인의 1심 형사 재판이 진행 중인 작금에 서둘러 개혁을 외쳤던 대통령의 속전속결 탄핵을 소추하고 인용한 사람들의 義와 善은 무엇인가? 두 과정을 보면 인간 본연의 모습에 대해 깊은 슬픔을 느낀다.

일간지에 실린 탄핵 소추가 통과한 저녁 술 한잔 거나한 야당 원내 대표의 사진을 보고는 분노를 멈출 수가 없었으며 또한 재판하면서 마지막 인용 판결문을 읽고 그냥 그런 일이라는 정도의 얼굴 표정을 했던 그들과는 달리 많은 국민들이 헌법재판소나 서울시청 앞 대한문에서 대신 눈물을 흘렸다.

성경 마가복음 14장 32~36절에 보면 다른 복음서에도 기록되었지만 특이한 기술이 있다. 예수께서 최후의 만찬 즉 오늘 밤 로마 군인들이 자신을 잡으러 올 것을 예상했던 그 시각 마지막 기도를 하려 인근 겟세마네 동산에 올라 기도를 하려 할 때 심히 놀라고 고통스러워했다는 구절이다.

그들이 겟세마네라 하는 곳에 이르매 예수께서 제자들에게 이르시되 내가 기도할 동안에 너희는 여기 앉아 있으라 하시고 베드로와 야고보와 요한을 데리고 **가실새 심히 놀라시며 슬퍼하사 말씀하시되** 내 마음이 심히 고민하여 죽게 되었으니 너희는 여기 머물러 깨어 있으라 하시고 조금 나아가사 땅에 엎드리어 될 수 있는 대로 이때가 자기에게서 지나가기를 구하여 이르시되 아바 아버지여 아버지께는 모든 것이 가능하오니 이 盞(잔)을 내게서 옮기시옵소서 그러나 나의 원대로 마시옵고 아버지의 원대로 하옵소서 하시고

오래전 중국의 뛰어난 설교가이자 중국 공산당의 신앙 탄압으로 1952년부터 20년간 투옥당하며 순교했던 워치만 니의 책을 읽은 적이 있다. 예수가 놀란 이유는 하늘에서 내려온 그 잔에 인간의 모든 죄가 들어 있었다고 했다. 그들의 죄뿐 아니라 나와 여러분의 죄, 그리고 앞으로 태어날 인간들이 저지를 모든 죄. 죄성으로 유전되는 그 죄.

盞의 한자는 피를 담는 그릇 위에 칼과 창이 두 개로 겹쳐 있는 형상이다. 즉 동물의 피를 담는 그릇을 말하며 앞에다가 뼈를 뜻하는 자를 합하면 잔인하다 할 때의 殘이 되고 쇠金자를 붙이면 돈錢이 되기도 한다.

본래 죄를 가까이하실 수 없는 그분의 속성에 반하여 그 잔을 받

으라 하는 영적 교감을 받았을 것이다. 그래서 고민하다 죽게 되었다라고 말씀하셨고 땀이 핏방울처럼 맺혔다라고 누가복음 22장 44절에 기록되어 있다.

죄를 별것 아닌 것처럼 여기는 대중문화의 홍수에 잠긴 현대 사회다. 적당한 죄는 사회생활에 필요악이요, 양념이다라는 사고방식이 팽배해 있다. 그래서 의인은 한 사람도 없다 하는 말에 동의하게 된다.

4. 主

主는 master 주인이라는 뜻이기도 하고 主義 즉 기본이 되는 정신 규범 등을 뜻하기도 한다. 한자 主는 임금이 아니고 촛대 王 위에 등잔불이 피어 있는 형상을 나타낸다.

순금으로 만들며 매일 아침(유대인의 아침은 해 질 무렵)과 저녁에 심지를 갈고 올리브유를 채운다. 성막이나 성전 등에 이 메노라 촛불은 중요한 의식이었다.

이렇게 보면 主를 뜻하는 것은 창조주의 인간 세계 임재를 뜻하는 이 등잔과 성막(전)이다.

영국에서는 왕실로부터 작위를 받으면 Sir 또는 이름에 Lord를 붙인다. 우리 말로는 벼슬 卿이다. 성경에는 오로지 야훼 하나님만이

The Lord God이라고 쓰여 있다. 인간은 호칭 하나로도 벌써 신의 영역에 감히 도전하고 있다. 인간은 主가 될 수 없다. 인간은 유한한 존재이고 피조물이고 죽어서 흙으로 돌아가는 존재이므로 스스로 낮아짐이 마땅하나 惡의 영향을 받은 인간은 본성이 높아지려고 한다.

성서 이사야 14장 12~14절에 보면, 사단의 정체를 이렇게 기록하고 있다.

너 아침의 아들 계명성이여, 어찌 그리 하늘에서 떨어졌으며, 너 열국을 엎은 자여, 어찌 땅에 찍혔는고? 네가 네 마음에 이르기를, '하늘에 올라 하나님의 뭇별 위에 보좌를 높이리라. 내가 북극 집회 산 위에 좌정하리라. 가장 높은 구름에 올라 지극히 높은 자와 비기리라.' 하도다.

우주에서 일어난 첫 번째 범죄는 背信이었고 그 동기는 교만으로 인한 창조주에 대한 도전이었다. 스스로 높아지려는 것은 바로 惡의 본성이다. 예수의 가르침 높아지려는 자는 낮아지라 하는 것은 당시나 지금이나 사회 보통 가치와는 다르다.

타락한 인간계와 아주 드물게 交信하는 창조주 야훼 하나님을 성경에서 만날 수 있다. 이스라엘 사람들을 학대하던 이집트 사람을 격분하여 살인하고 사우디아라비아 광야로 도망간 파라오 왕의 공주 입양 아들 모세. 40세에 도망가서 40년간 도망자 목동 생활을 하고 세상의 모든 미련을 버렸으며 최고의 학식을 배운 지성인이었지만 사람도 드문 산악 지방의 나이 든 80세 목동에 불과했다.

메디안 광야 불붙은 떨기나무, beginningandend.com

당시 최고의 지식을 배운 사람이었지만 40년 목동 생활에 언어 어휘력이나 대인 관계 모두 잘할 수가 없었다. 미루어 짐작하지만, 밤하늘의 별을 보고 조상의 하나님에게 신세 한탄을 했을 수도 있었을 것이다. Google Earth로 보면 모세가 목동을 하며 양들에게 물을 먹이던 우물과 장인 이드로의 집도 볼 수가 있다.

어느 날 모세는 블랙베리(blackberry)의 일종인 떨기나무에 불이 붙은 채 타지 않고 있는 신기한 장면을 목격하고 자세히 보려고 그리로 갔다. 가까이 오지 말고 신을 벗으라고 하는 음성을 들었고 누구시냐고 물었다. 너 조상의 하나님 야훼라고 말씀하신다. 두려워 얼굴을 들지 못하는 모세에게 이집트로 가서 네 동족을 구하라고 말씀하신다.

살인자로 공개 수배자이며 도망자인 모세에게는 절대로 갈 수 없는 곳 바로 자신을 죽이고자 기다리는 파라오 왕이 있는 왕궁이다.

설득하시는 창조주와 나는 아닙니다라고 절대 고사하는 모세와의 대화 장면은 참 흥미롭다. 내가 무슨 자격으로 가며 누구의 대리인 이라고 말하면 그들이 내 말을 믿겠습니까? 파라오 왕은 물론 동족 인 이스라엘 사람들도 믿지 않을 것입니다. 요약하자면 이런 대화이 다. 창조주께서 하신 말씀이 그 유명한 "I AM THAT I AM"으로 한 글 성경으로는 나는 스스로 있는 자이다. 피조물이 아닌 시간과 공 간을 초월한 영원부터 존재한 실존이라는 의미를 함축한 정도로 번 역되어 있다.

원문 고대 히브리어로는 다음과 같은 단어이다.

문자, 숫자, 형상, 의미를 모두 가진 히브리어로 '전능자의 손에 박 힌 못 자국을 보라'라는 뜻이다. 영어식 표기로는 YHWH. 영어 문 장으로는 "Behold the hand, Behold the nail"이다.

인간에게 자기 이름을 소개하신 창조주. 그 뜻은 내 손에 못 자국 을 보라. 우리 식으로 작명한다면 한자어로 手釘으로 표현할 수 있 겠다. 만약 인명이 손과 못이라 한다면 직업이 목수인가? 하고 생각 할 것이다. 아이러니하게도 육신으로 오신 하나님 그분은 직업이 목 수였다.

인간은 하나님을 배신하다 못해 못질하였다. 이게 인간의 본성이다. 스스로 옳다고 하면 남을 못질한다. 이게 바로 인간의 비극이다. 못도 그냥 일반적인 못이 아니다. 문자 그대로 길이 18cm 대못이다. 로마 사형법인 십자가형이 시행된 지역에서 자주 발굴되는 대못(사진, MBC 화면 캡처)이다.

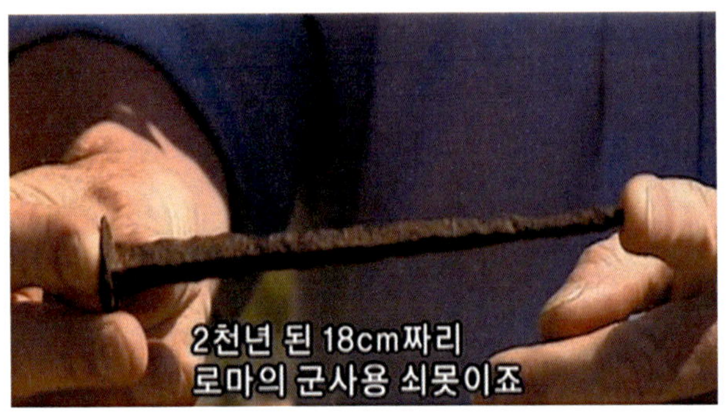

하나님의 직관이자 예지 그리고 인간의 타락 이후 인간의 죄성을 보시고 이런 극악한 사형 제도를 하실 것을 아신 그 창조주께서 인간의 몸으로 오시기 이전부터 이름을 손에 못이 박힌 자라고 명칭하셨다. 우리가 인정하든 하지 않든 이건 역사적 사실이고 우리의 죄성을 우리가 외면하든 직시하든 이게 인간성인 것이다.

인간은 못질하면서 쾌감을 느낀다. 예수에게 채찍을 휘두르던 로마 군병, 못질을 하던 군병, 창으로 찔렀던 군병 모두가 잔인함에서 쾌감을 느꼈을 것이다. 아니라고 말할 수 없다. 전쟁에서 포로가 된 사람들은 당시 로마 권역 내의 경기장에서 검투사가 되든지 아니면 콜로세움 같은 원형 경기장에서 맹수들과 싸우거나 그냥 먹이가 되거나. 그것을 보고 환호하던 것은 그냥 영화의 한 장면이 아니다. 인간의 역사의 한 장면이다.

북한에서 반체제 혹은 자기 권위에 도전하는 사람을 고사총으로 난사하는 것이나 십자가에 못 박는 것이나 동일한 죄성이다. LA 유대인 홀로코스트 박물관에 가면 그 광기의 절정 장면들이 많다.

아우슈비츠 가스실로 행진하는 유대인들, LA 홀로코스트 박물관, 필자

아우슈비츠 수용소에 수감되었던 유대인들이며 비극적인 것은 이 사진의 제목이 death march, 즉 죽음의 행진이라는 것이다. 설명을 보면 사람들은 작업하러 가는 줄 알고 작업장으로 가는 데 바로 그곳이 가스실이었다. 더 이상 무슨 말이 필요할 것인가. 앞줄 두 번째 머리를 숙인 독일군 병사 앞줄 첫 번째 머리를 숙인 유대인. 죽이려고 가는 사람과 죽으로 가는 사람은 둘 다 같은 모습이다. 유대인 민족에게 일종의 열등감을 가진 게르만 민족의 집단 狂氣.

6·25 때 인민군들과 그리고 완장 찬 동네 머슴들이 지역 유지 등이나 우익 사람들을 총알도 아깝다고 죽창이나 돌로 쳐 죽이고 심지어는 생매장하지 않았나?

한 사람의 잘못된 이념, 즉 Hitler의 게르만 민족 우월주의, 김일성 신격화 작업과 세습 왕조는 인류의 비극이고 재앙이다.

인간이 인간의 主가 되려고 하는 것 자체가 불행을 몰고 오는 전주곡이다. 되풀이하지만 오늘 우리 대한민국은 이념 전쟁 중이다.

산업화에 의한 경제 발전의 혜택을 다 누리면서 반국가 발언을 경쟁적으로 쏟아내는 정치인들이 있고 대학교수들이 있고 언론사 기자들이 있고 학교 교사들이 많고 사법부에도 정체성이 의심되는 사람들이 너무 많다. 간첩을 변호하라고 북에서 민변에게 공식 의뢰하지 않았는가?

인간을 神으로 섬기는 사람이나 조직이나 나라는 결국 패망한다는 것이 역사의 교훈이다. 미국 어느 교회에서 현직 북한 교회 여자 전도사가 초청 설교를 하였다.

하나님께서 살펴주시고 복을 주시고....청산 유수의 설교 후에 어떤 사람이 물었다. "당신의 하나님은 누구십니까?" 그 북한 여자 전도사가 말했다. "그야 당연히 김일성 주석님입니다."

지금도 북한에는 20만 명 이상의 기독교인들이 있다. 그들의 소망은 소리 내 찬송을 부르는 것이고 온전한 성경 한 권 가지는 것이고 예배당에 앉아서 하나님께 예배를 드리는 것이다.

사진은 1930년대 평양 장대현 교회이다. 지금은 김일성 동상이 세워져 있는 만수대가 바로 이곳이다. 북한 기독교의 상징이며 2,000명의 출석 교인이 있던 이곳이 북한 인민의 우상숭배 순례지가 되었다. 이유는 다음에 나오는 拜장에서 밝히고자 한다.

평양 장대현 교회, 일제시대, 경기문화포탈 역사 자료

5. 禁

서언에 언급했듯이 1호 인간, 2호 인간에겐 절대 禁止된 규정이 있었다. 동산 중앙에 있는 나무의 실과는 먹지 말라. 먹으면 반드시 죽는다.

전방에 가면 DMZ가 있고 그 중간 경계선을 넘어가면 안 된다. 피차간에 수색조가 철책 통문을 통과해 야간 작전하는 경우도 그 중간선을 넘어가면 안 된다. 넘어가면 적이 되기 위하여 가는 것이 된다. 또한 중간중간 지뢰 지대도 많다. 함부로 막 들어가면 안 된다. 사고가 난다. 하면 안 된다 하는 것과 하면 죽는다 하는 규정의 차이는 엄청난 것이다. 필자도 1982년 박정희 대통령이 사단장으로 근무했던 최전방 7사단에서 3개월 DMZ 철책 근무를 한 적이 있다. 대대 훈련 때 지뢰 지대에 들어갔다. 전투 교범에 있는 대로 무릎 굽힌 상태에서 대검으로 발자국 자리에 미리 양 옆으로 찔러 본다. 안전하면 한 발짝 움직인다. 한 시간 동안 움직이는 거리는 불과 수십 미터에 불과하다. 성질이 급하거나 판단이 부족하면 지뢰를 밟는다.

禁 문자 그대로 위에 나무 두 그루가 있고 아래는 보여줄 示, 즉 나무 두 그루를 보여준다.

창세기 2장 9절에 "여호와 하나님이 그 땅에서 보기에 아름답고 먹기에 좋은 나무가 나게 하시니 동산 가운데에는 생명 나무와 선악을 알게 하는 나무도 있더라"라고 하였다.

1호 인간 아담은 선악을 알게 하는 나무는 먹으면 죽는다고 충분히 교육받았다. 자유 의지를 가진 인간의 순종 여부를 시험하는 리트머스 종이였다.

그 규칙은 왜 존재했는가? 하나님의 이미지로 만든 인간, 자유 의지를 가지고 판단력, 추리력, 상상력 등 모든 능력을 가진 인간의 자유로운 상황에서의 규율 준수 의지가 있는가, 아닌가 등을 시험하기 위한 것이다.

유대인 사회는 장자 우대 사회였다. 인간 최초의 장손 아담은 배신자로 전락했고 그 직계 아들 장자 카인은 동생 아벨을 죽인다.

규율 절대 준수는 상속인 자격 유무를 시험하는 목적이었다.
인간은 그냥 심심풀이로 만들어진 존재가 아니었다. 하나님의 형상으로 만들어진 神聖한 존재였다. 우리가 지구에서만 경험하는 세계의 총지배인 혹은 총상속인이 아니라 광활한 우주 어쩌면 우리 눈에 물리적으로 보이지 않은 세계의 상속인으로 창조되었을 것이다.

사람 눈은 가시광선 영역 즉 빛 중에서도 파장 380nm~800nm(나노미터, 1m의 10억분의 1) 내에서만 감지한다. 이 범위를 벗어나는 자외선, 적외선, 전자파, X선, 감마선 등은 인간의 눈으로는 감지할 수 없다. 그러므로 사람 눈에 보이지 않는다고 없다고 하는 것은 무지한 것이다.

성경 외의 기록물인 에녹서를 보면 사람뿐 아니라 타락한 천사들과 인간 여자와의 타락이 기록되어 있고 그들은 기형적인 거인들을 낳는다. 즉 창조주로서는 원치 않는 피조물들이고 전멸해야 할 대상이었다. google 검색하면 고대의 거인 족 해골들 사진이 많다. 심심하신 분들은 스미소니언 박물관에도 비밀스럽게 소장된 거인 족을 찾아보시라.

성경에 보면 창조주께서 절대 금지하는 규율들이 여러 가지 등장한다. 모두 소개할 수는 없고 중요한 상징성을 가지는 것들을 소개하면 하나님에 대한 제사법이다. 제사장은 성막(전)제단에 항상 불을 피워 놓아야 하면 절대 꺼지게 해서는 안 되며 또한 다른 불을 가져다가 피우는 것도 금지되었다. 하나님의 불이 내려 스스로 제단에 있는 제물들을 태우며 타오른 그 불씨를 보관하여 불은 반드시 그 불을 피워야 했다.

레위기 10장 1~2절에 보면 모세의 형 아론의 아들 나답과 아비후가 제단에 다른 불(영어에는 strange fire)을 드리다가 바로 그 불이 나와 태워 죽였다.

또한 직조할 때 양실과 베실을 섞어서 짜지 말라고 했다(신명기 22장 11절). 그리고 포도원에도 두 종자를 같이 뿌리면 농사가 망한다라고 했다(신명기 22장 9절).

성막 향로에 다른 불을 피우다 불에 타죽은 나답과 아비후, James Tissot, 1900

이처럼 하나님께서는 두 가지를 mix 해서, 즉 잡탕을 해서 제사를 지내거나 옷을 짜거나 농사를 짓는 것을 금지하셨다. 그뿐 아니라 이스라엘 사람들은 다른 민족과의 결혼도 금지되었다.

다른 종교를 섬기는 것은 물론 절대 금지 사항이었다.

'Holiness', 즉 신성함 또는 거룩함은 하나님 속성 중 인간과 가장 다른 점이다. 구별된다라고 쉽게 표현하는 데 절대 비교 불가한 신성을 가지신다는 뜻이다.

이 신성을 존중하며 규율, 즉 신과 인간의 계약 사항을 지키는 것이 인간의 福이다. 이것을 지키지 못하게 하는 것이 惡, 즉 devil 들의 주 임무이다.

오늘날 타 종교는 물론이고 기독교 일부에서도 하나님과 인간에 대한 관심보다 돈이나 명예 권력에 더 관심을 가지는 성직자들이 있다. 그야말로 다른 불을 제단에 피우는 것이다. 예레미야 선지자처럼 바벨론의 침공이 임박하여 왕에게 사태의 심각성을 설파하는 것은 '정치적'인 것이 아니고 민족 구원의 외침이었다.

지금 민족 구원의 외침보다 입신양명에 종교를 이용하는 사람들이 많고 그들은 세금 한 푼 안 내며 온갖 정치적인 메시지를 다 토해낸다. 심지어 북에 가서 형님 아우 하는 사람도 있었고 지금도 진행 중이다.

그렇게 다른 불을 드리는 개신교 종교 지도자들의 공통점은 예수를 사회 혁명가 수준으로 끌어내림이며 神性을 교묘하게 부인하는 것이다. 이것은 그야말로 신성 모독이며 제단 불로 태우는 화형에 해당하는 중죄이다.

즉 한자 禁은 참 기묘하게도 창세기 2장의 두 나무를 그대로 상징하는데 고대 인간들의 口傳, 즉 입으로 전해져 온 역사적 사실을 형상 문자로 표현했다고 함이 분명한 것이다. 한자는 지금으로부터 3,000여 년 전부터 갑골 문자로 시작해서 시대를 따라 더해져 왔다고 설명된다.

동양과 서양의 경계가 있기 전 중동 지방에서 건너간 사람들의 구전을 동양적으로 더해서 이런 표현이 나왔으리라 생각한다.

다른 불을 제단에 피우는 것이나 진리 이외의 다른 주제나 내용으로 성전에서 많은 대중을 현혹하는 것은 다른 불을 피우는 것이다.
절대 禁하는 사항이다.

안전 불감증이란 단어는 우리 사회의 타성을 표현하는 핵심 단어
이다. 대형 사고는 바로 안전에 대해 안이하거나 뭐 괜찮겠지 하는
비과학적이고 극히 주관적인 착각에서 시작된다. 대한민국을 흔들고
대통령을 탄핵한 것도 세월호 사건이다. 대구 지하철 화재로 300여
명이 사망했을 때 당시 김대중 대통령 임기 막바지라 그런지 아무도
탄핵 단어는 꺼내지도 않았다. 삼풍백화점 사건 당시의 김영삼 대통
령 유독 대형 사고가 많이 터졌던 그 정부 때도 사고는 사고일 뿐이
다라고 넘어갔다. 무슨 말인가? 안전사고를 정치와 연계시키는 세력
이 있어서 일어난 의도적인 정치 사건이다.

괌에 추락한 대한항공 사고는 참으로 비극적이었다. 단 한 뼘의 차
이로 항공기 바퀴가 군부대 송유관에 걸려 기우뚱하면서 중심을 잃
고 착륙을 위해 저공 비행하던 항공기가 결국 산비탈에 미끄럼틀 타
듯 내려오다 기체가 손상되고 화재가 발생하였다.

대형 사고에는 항상 전조가 있고 경고가 있다. 무슨 말인가? 항공
기에는 그러한 사고를 방지하기 위한 여러 겹의 비행 안전장치가 있
다. 그런 장치를 만드는 회사에 오래 근무했으니 필자는 매우 전문
적인 지식을 가지고 있고 일반인들이 뉴스에 접하는 소위 블랙박스,
즉 오렌지 색깔의 비행 기록 장치와 조종실 녹음 장치 등도 같은 회
사에서 제작한다. 항공기는 보잉이나 에어버스가 만들지만, 조종실
의 대부분 장비(사진)는 미국 Honeywell 회사가 만드는 것이다.

당시 조종사는 괌을 처음 비행했다. 처음 비행한다고 조종간을 잡으면 안 된다는 뜻은 아니다. 지상에서 항공기 시뮬레이터(즉 항공기 조종실 그대로 연습하는 모의 비행 시험장비, 화면에 공항이 나타난다)로 충분한 연습을 하기 때문이다. 그러나 주로 홍콩 서울을 담당하던 조종사였고 야간 비행이었으며 휴가철이라 승객과 화물이 full loaded(즉 완전 적재)라 항공기의 움직임은 둔해진다.

보잉 항공기 조종석, Boeing

괌 공항의 항공기 안전 유도 장치 중 일부 즉 조종실의 화면에 비행 자세 및 활주로에 정상 접근하는가 하는 정보를 실시간으로 제공해주는 장비가 고장이 난 것이다. 그렇다면 항공기 자체 장비로 접근하면서 착륙해야 한다. 때로 일어나며 주간일 경우는 크게 무리가 없다.

그러나 야간이었고 주변 지형에 익숙하지 않았고 만석이었으며 아마 조종사도 휴가일에 비행하여 피곤하였을 것이며 결정적으로 착륙 유도 지상 장비의 고장이 겹쳤다.

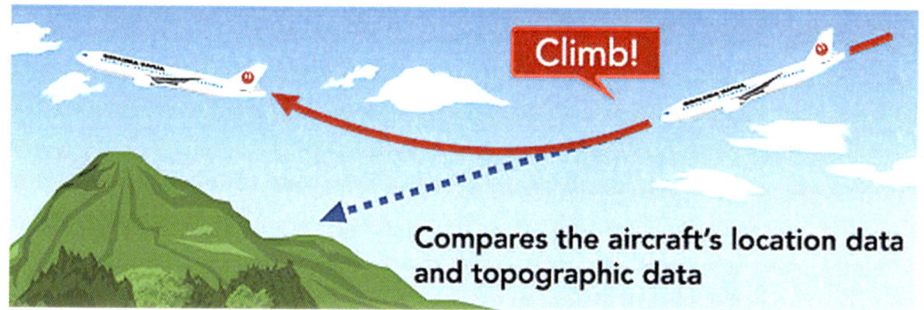

GPWS, 지상근접 경고장치 작동도(상) 및 표시(하), Honeywell

　모든 항공기 조종실에는 GPWS(지상접근경고장치)가 장착되어 있으며 현재는 공항 인근의 모든 지형지물까지 3차원 그래픽으로 처리된 최신(Enhanced) GPWS가 장착되어 꽝 사고는 일어날 수 없게 되어 있다. 당시, 장치는 활주로 정상 접근하더라도 terrain, terrain, 즉 땅이다, 지형 지물이다라고 자동적으로 경고음을 발생한다. 문자 그대로 맞는 말이다. 그래서 착륙할 때 조종사에게 경고를 주기도 하지만 조종사가 무시하는 데 익숙하기도 하다.

사진에서 보듯이 산에 접근하면 상승하라고 음성과 화면에 글자로 보여 준다. Climb, pull up. 즉 상승을 위해 조종간을 잡아당겨라라는 메시지가 뜬다. 항공기 블랙박스(FDR)는 조종실 내의 모든 음성(음성기록장치 CVR)과 조종 행적을 다 기록한다.

Honeywell 회사의 항공 사고 내부 조사 문건을 보면 전 세계 항공 사고 중 조종사의 과실이 일정 부분 이상 차지하는데 결정적인 것은 고도의 장치, 즉 비행 안전장치를 믿지 않고 자신을 믿는 데 그 원인이 상당 부분 있다. 무슨 말인가 하면 특히 야간 등에 비행시간이 많은 베테랑 조종사의 경우 내가 이 공항은 20년간 비행했다, 내가 장치보다 더 정확하다라고 순간적으로 생각하고 판단한다. 비행을 하다 보면 하늘인지 바다인지 순간 착시하는 현상도 발생한다. 특히 전투기 조종사의 경우.

GPWS는 정상적으로 작동했다. 무수히 경고했다. 상승하라, 조종간을 잡아당겨라. 절대 禁한다. 禁, 禁, 禁! 그러나 인간은 너무나 인간적으로 자기 판단을 선택하고 말았다.

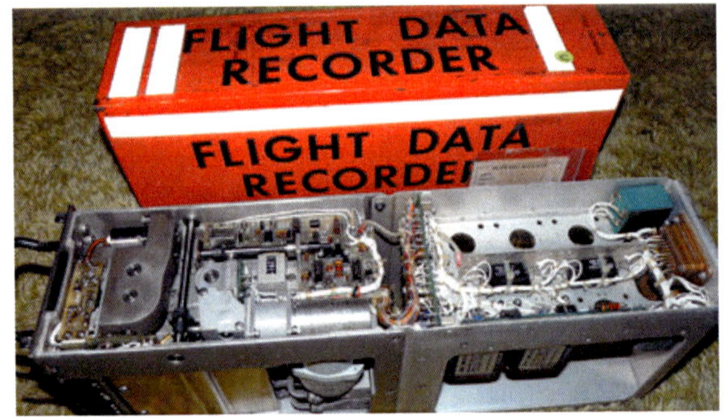

항공기 블랙박스, Honeywell

세월호는 절대 금하는 것들의 완전 조합이다. 그간의 수사와 재판을 보면 수령 1년 남은 배를 구입하여 허가받은 과정도 그렇고 그것을 불법 개조한 것도 그러하며 적재 중량 초과는 물론 적재물 안전을 위한 고리도 제대로 연결하지 않았고 갓 면허를 딴 3등 항해사가 키를 잡고 있었으며 선장은 밤새 동남아 아가씨와 유흥을 즐겼고 선원들은 승객들에게 안전 절차를 숙지시키지 않았으며 관할 해경 감시 타워 근무자는 사고 당시 근무 시간에 자리를 비우고 있었고 사고 발생 후 대처가 잘못되었으며 사고 발생 시 갑판으로 올라오라고 했어야 하는데 선원들은 자리를 지키라고 했고 자기들만 빠져나왔다.

대통령 책임이라면 당시 전남도지사, 인천시장, 경기도지사, 경기도교육감, 안산시장, 안산 국회의원은 책임이 없는가? 사고 당시 7시간은 모두 밝혀졌고 정상 근무한 대통령이었으나 말도 안 되는 Satanism 괴담을 생산 배포한 언론은 지금 자진해서 사과해야 정의롭지 않은가? 그날 저녁 고급 한정식 일식집에서 만찬을 즐긴 일부 의원들은 광화문에서 촛불을 들었고 지금은 정권 교체를 외치고 있다.

우리나라 자체가 세월호가 아닌지 불안하다. 절대 禁하는 것들을 언론이 앞장서고 사회가 뒤따르고 있다.

6. 拜

拜는 절하다는 뜻인데 손手에 여러 사람들이 십자가 모양에 모여 있는 듯한 글자 형상과 합이고 한자 사전에는 손을 모으고 머리를 내린 손 가까이 구부린다는 의미이다. 즉 인사가 아니고 복종을 뜻하는 것이다.

이것은 사회 규범이 아니고 종교 규범에 해당하는 예법이다. 우상을 만들고 머리를 깊이 아래로 숙여 절하는 것은 바로 섬김이다. 십계명 전반은 하나님은 唯一하신 신이니 어떤 형상으로나 우상을 만들고 절하지 말라가 핵심이다.

이스라엘 민족의 조상 아브라함은 지금의 이라크 지방 우르 땅에 살았고 그 지방은 그 시대에 당연히 우상숭배의 문화가 지배하던 곳이었다. 탈무드에선 아브라함이 우상을 깨뜨렸다고 나오지만, 성경 여호수아에는 아브라함 역시 우상을 섬겼다고 되어 있다.

그가 선택을 받은 이유는 절대자의 택함일 것이고 마음속에 천지의 창조주에 대한 갈망이 있었을 것이다. 어느 날 하나님께서는 일방적으로 나타나셔서 우상 숭배의 도시를 떠나라고 명하신다.

이후 오랜 세월이 흘러 이집트 노예 생활을 청산하고 시나이 반도를 거쳐 사우디아라비아 광야에서 40년간 캠프 생활을 하던 이스라엘 민족들은 직접 하나님의 임재를 경험한다. 낮에는 구름 기둥 밤에는 불기둥이 그들을 안내하고 지켰다.

소문을 들은 인근 지방 사람들은 저 광야에 있는 민족들의 신이 엄청 두려우므로 서로 불가침을 하자고 제안했다. 강력 범죄, 우상 숭배, 근친상간 등 바알을 섬기던 지역은 패망하여 이스라엘 민족에게 점령당한다. 성경은 전쟁의 역사이다. 성경은 왕이 어떻게 하나님을 섬겼고 어떻게 정치를 하였나 하고 기술한 것이다.

성경의 열왕기상, 열왕기하에는 남북으로 갈라졌던 이스라엘의 북이스라엘 남유대 왕들의 행적이 실려 있다. 종교와 정치가 분리될 수 없었던 시절이지만 오늘도 미국은 대통령 취임식에 성경에 손을 얹고 맹세한다. 정치를 잘하였던 왕들의 공통 사항은 중요한 결정에 있어 야훼 하나님에게 기도하고 답을 구하는 것이었다. 다른 민족과 달리 이스라엘은 하나님의 인류 구원 계획에 선택된 주 관심 민족이고 나라였으므로 당연하기도 하나 결정적인 배신을 하여 이스라엘이 침략을 받거나 전쟁이 일어났고 전염병이 돌기도 하였으며 비가 내리지 않아 흉년이 들기도 하였으며 결국에는 북쪽의 시리아 동쪽의 바빌론(이라크)에게 점령당하고 말았다. 70년의 포로 생활을 하여야 했으며 패망 당시의 왕은 눈알이 뽑힌 채 쇠사슬에 매어 포로의 길을 떠나는 수치를 당하였다.

그런 비극의 내면적 이유는 무엇인가? 외면적 이유는 상대적인 군사력 열세와 전쟁 준비 소홀 혹은 정치적 내분이나 부패 등 상식적인 이유였기도 하였으나 가장 중요한 이유는 왕의 배신과 제사장들의 부패로 압축된다.

남유다의 경우 개혁을 외친 왕 7명과 자기 마음대로 치리한 왕 13명으로 구분된다. 쉽게 말하면 우상을 파괴하고 하나님의 신전을 건축한 왕과 우상을 들여와 바알 제단을 건축한 왕으로 구분된다.

13명의 왕들은 하나님을 배신하고 우상에게 절을 하였고 제사장들은 이권을 챙기고 신성한 임무를 등한시하였다. 바빌론의 군대가 예루살렘 성을 함락하기 위하여 출정을 했어도 그들은 난공불락이다 하며 유흥을 즐겼다.

나라가 풍전등화의 위기인 데도 그때나 지금이나 기득권 세력은 자기 밥상 챙기기 그리고 몇 푼 되지도 않는 자기 義를 나타내고 자랑하고 우쭐대고 대중을 속인다. 그들은 국민 혈세로 호화 음식점에서 밥을 먹지만 언론 카메라 앞에선 재래시장에서 오뎅을 씹는다. 요즈음 세상에 집에서는 명품 의자에 앉고 방송에는 수저 없이 손으로 밥을 먹는가 하면 손으로 빨래하는 수백억대 재산을 가진 정치인도 있지 않는가? 정치를 예능 수준으로 끌어내린 사람들이 득세하고 있으며 젊은 대중의 인기인이 되었다.

정치는 인기로 하는 것인가? 정치는 법과 규율 그리고 국민들에게 검증받은 신념으로 해야 한다고 생각한다. 시류에 따라, 최근에는 촛불에 따라, 그러면서 촛불보다 몇 배나 많은 태극기 시위는 애써 외면한다.

　본질은 바로 배신이고 그 속에는 惡이 도사리고 있으며 젊었을 때 배고프고 돈이 없을 때 어떤 유혹이나 제안에 넘어가 평생 약점을 잡혀있거나 소위 북한 수령 장학생이 되었거나 자유 통일이 되어 자신들의 모든 반역 행위가 공개될 것을 두려워하거나, 여하튼 그들은 법에 따른다고 하고 헌법을 무시하고 하위 법인 형사법의 직권남용 운운하며 대통령을 파면하는 역사적 범죄를 저질렀다.

　앞의 사진에서 본 평양 장대현 교회는 그 당시 평양 교인들 헌금으로 자체적으로 건립되었다. 초기에는 대부분 미국 등 해외 선교 자금이었으나 일제 식민지 치하에서도 기독교 부흥은 폭발적이어서 평양이나 의주, 원산 등의 지역은 인구 절반 이상이 기독교인이 되었다.

　그 장대현 교회는 지금 북한 김일성의 동상과 그 아들의 동상이 雙으로 서 있다. 모든 북한 인민은 물론이고 심지어 서구 관광객도 첫 번째 순서가 그곳을 참배하는 것으로 되어 있다. 가서 헌화하고 머리를 깊숙이 숙여 절한다. 바로 拜를 한다.

　1931년 이후 일본 제국은 만주 전쟁을 일으키고 1937년 태평양 전쟁 그 이후 1941년 진주만 기습 공습으로 잘 아시다시피 2차 대전을 일으킨다.

　만주 전쟁을 승리로 이끈 일본 제국은 자신감에 도취하여 두 가지 중대한 범죄를 저지른다. 자기 왕의 신격화와 일본은 물론 조선에도 신사를 건립하고 참배하게 하는 강제 우상숭배 정책을 전개한다. 1935년 무렵부터 일본은 집요하게 신사참배를 강요하여 당시 기독교는 수용하자는 쪽과 절대 불가하다는 쪽으로 나누어진다. 나이 많으신 분들의 증언에 따르면 당시 일제는 시각이 되면 사이렌 소리 등으로 동방요배를 알렸고 집이나 학교 교회 등 어떤 장소에서도 사진과 같이 일본 왕이 있는 일본 동경을 향해 절을 하였다. 그야말로 拜인 것이다.

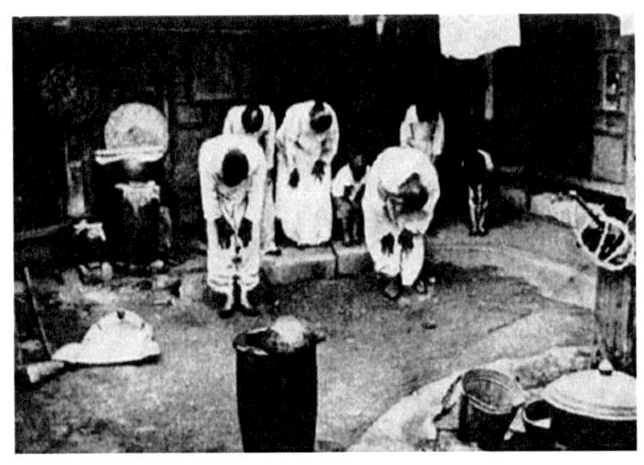

일제 시대의 동방요배, 『한국기독교사』

독일 나치에 협력한 로마 교황청은 어정쩡한 입장이었으나 일본의 로비로 한국 가톨릭 교구에 공문을 보내어 신사참배를 하라고 하여 가톨릭은 큰 마찰이 없었다. 반면 끝까지 버티던 기독교 장로회 교파는 1938년 9월 평양 서문밖 교회에서 제27회 총회를 개최하였다. 당시 교회 주변에는 일제 사복 경찰 수백 명을 배치하였고 교회당 내에도 총칼을 찬 100여 명의 무술 경관이 감시하고 있었다.

일제시대 신도참배 후 목욕하는 목사들, 『한국기독교사』

목사 85명, 장로 86명, 외국인 선교사 22명, 총 193명이 참석한 가운데 신사참배 의결은 찬성하시냐고만 묻고 반대는 묻지 않고 일방적으로 의사봉을 두드려 가결을 선포하였다. 선교사 등은 무효라고 주장하였으나 일제 경관들에 의해 강제로 끌려 나왔다.

후일 일본이 전하는 바로는 만약 그날 극렬한 저항이 있다면 민심 소란이나 제2의 삼일절을 우려하여 적당한 선에서 물러나라는 일본 경찰 고위층의 지시가 있었다고 하니 참 안타까운 일이고 공을 세운 수십 명의 일본 경찰은 본국에서 표창을 받았다고 한다. 그들이 차고 있던 일본도와 총에 스스로 무너진 마지막 보루 장로 교단이었다. 한편 장로교 경남 노회는 절대로 신사참배 가결을 인정할 수 없다는 성명을 발표하고 저항 운동에 나섰다. 이후 6·25 전쟁 때 경남 지역만 인민군의 공격에서 무너지지 않았다 하는 점은 역사의 우연일까?

신사참배 가결에 항의한 전국 각지의 무효 탄원서, 이의 신청 등이 기독교 총회 대표부에 전달되었으나 이들은 모두 기각하였고 오히려 각 교회에 신사참배를 적극적으로 동참하라는 공문을 하달한 것이다. 앞페이지 사진은 신사참배뿐 아니라 천조 대신(일왕)이 참 神이다라는 소위 신도 침례를 한 기독교 어떤 지방 목사들 사진이다. 강요에 의해 어쩔 수 없었다라는 변명이 통하지 않는 자발적 혹은 자유의지로 절대 禁한 우상숭배의 죄를 범하는 장면이다.

그런데 더 큰 문제는 저들이 일본 제국주의 패망 이후에도 한국 기독교의 총회를 장악하여 기득권을 그대로 유지하였다는 점이다. 신사참배 결의 및 동방 요배(허리까지 고개를 숙이는 절)를 수년 하고도 아무런 일 없었다는 듯이 혹은 지난 과거는 잊어버리자는 뜻인지 그냥 넘어갔다. 반면 신사참배를 반대하고 순교한 수십 명의 교인들 그리고 곧 죽어갈 운명이었던 분들은 1945년 9월 평양 산정현 교회에 모여 신사참배의 죄를 대신 회개하였다. 아래 사진은 자랑스러운 그분들이고 뒷줄 왼쪽에서 3번째 안경 낀 분이 그 유명한 한상동 목사이시다. 주기철 목사는 고문에 못 이겨 죽음으로 신사참배에 항거하였고 7년간 투옥된 한상동 목사는 고문에도 일사각오로 견디다 일제 패망과 함께 출옥하였다.

신사참배 반대로 투옥 중 해방을 맞이한 성도들, 박시영 목사 블로그

참 어이없는 사실은 그런 한상동 목사가 설교할 교회가 없어 부산 항을 내려다보고 있는 부산 용두산 공원에서 소나무를 향해 설교하였던 것이다. 인간은 기득권을 절대로 포기하지 않는 것이다. 이후 한상동 목사는 지금 고려신학대학교 및 고신파의 지도자가 되었고 그런 영향을 받아서 고신파는 기독교단에서도 가장 보수적이고 원리 원칙적이다.

반면 당시 기독교 총회 측은 아무런 입장 발표도 없다가 1947년 무렵 신사참배를 취소한다고 어이없는 선언을 하였다.

우상숭배 신사참배는 인간이 취소하면 되는가? 물론 개개인 나름대로 일반 신도로부터 신사참배에 가담한 지도자까지 회개를 했을지는 모르겠으나 신사참배에 대한 회개는 아직 교단 차원에서 공식적으로 이루어지지 않았다.

개인적으로 이것은 한국 기독교의 급성장에 가려진 가장 어두운 부분이라 하겠다. 다른 불을 피운 중범죄를 애써 외면하며 큰 건물, 많은 교인, 많은 헌금, 해외 선교사 파송 등으로 부흥을 강조하지만 100여 개가 넘는 이단 종파 그리고 자식에게 여러 형태로 교회를 사기업처럼 물려주니 북한의 세습 김씨 왕조와 본질이 비슷하다 할 것이다.

6·25전쟁 당시 1950년 7월에는 서울에서 인민군 환영대회가 교회에서 개최되었고 유엔군과 국군이 평양을 탈환한 1950년 10월에는 평양에서 유엔군 국군 환영회가 교인 3,000명이 모인 가운데 감격스럽게 거행되었으며 1950년 11월 평양 연합 부흥회에는 그간 박해받

던 기독교인 5,000여 명이 모여 예배를 드렸다. 당시 공산당의 집단 처형에도 살아남은 사람들이었다. 그런데 부흥회 4일째 부흥회 강사, 사회자 등이 소리도 없이 나타나지 않았다. 중공군이 개입한다는 소리에 줄행랑을 먼저 쳤다. 일제 신사참배에 앞장서고 인민군을 앞장서 환영하고 다시 도망쳤던 사람들의 회개는 없었다.

신사참배 반대로 1944년 순교한
평양 산정현 교회 주기철 목사

만약 주기철 목사(사진) 등 수십 명의 고문치사 옥사한 분들이 없었다면 한국 기독교는 오늘의 성장이 없었을 것이라고 생각해 본다. 다시 한번 머리 숙여 존경을 표하며 기독교 교계 지도자들은 공식적인 신사참배 참회 예배(아마 적어도 7일은 물만 마시고 속죄해야 하지 않겠는가)를 해야 한다고 생각한다. 평양 산정현 교회를 담임하던 길선주 목사의 소천으로 후임 주기철 목사가 부임하게 된다. 신사참배 문제에 결연하게 대처할 인물을 원했던 시대적 배경 때문이었다. 부임한 주기철 목사의 일성이다.

첫째로 일본의 신사를 참배하는 것은 하나님이 주신 계명 중에 제1계명과 제2계명을 동시에 범하는 일입니다.
둘째로 신사를 참배하는 교인은 지위나 신분을 불문하고 공개 제명, 출교시킬 것입니다.
셋째로 신사참배의 거부로 인하여 발생하는 모든 책임은 담임목사인 제가 지겠습니다.

그는 신사참배가 가결되던 그달 1938년 9월에 일본 경찰에 투옥되어 모진 고문 끝에 순교하였다.

신사참배에 대한 영적인 죄 청산이 없으므로 한국 교회는 이단과 세습 그리고 부패 스캔들이 끊이지 않으며 심지어 이제는 대형 교회들이 종교 통합 운동에 앞장서고 있다.

가히 다른 불을 제단에 피우는 것이다.

파출소 피하니 경찰서 나오더라는 말인가? 일제 치하 7년의 신사참배에 굴복한 한반도는 6·25 동족끼리 이념 전쟁을 치러 당시 인구의 20%가 사망하였고 전국은 잿더미가 되었다. 자유를 찾아 남으로 온 사람과 사회주의를 선망해 북에 남았거나 북으로 간 사람들의 운명은 극명하게 바뀌었다.

북한은 김씨 세습왕조로 일본 신사참배는 비교도 안 될 정도로 김씨 우상화 신격화 집단이 되었다. 이제 곧 2018년이면 70년이다. 성경에는 70년은 역사의 대전환점이 되는 의미를 가지고 있다.

자유 통일, 대한민국 주도 통일이 되지는 못하는 영적 이유는 교회의 신사참배 회개가 없었던 것이라는 주장이 있다. 그리고 그런 까닭에 아직도 대한민국은 이념 투쟁 내전 중에 있는지도 모른다. 정치 및 사회학자들이나 평론가의 시각은 다르겠지만, 하나님 입장에서는 죄의 청산이 먼저일 것이다.

성경 에스겔서를 보면 하나님께서 제사장 출신 포로 에스겔을 그의 환상(눈뜨고) 중에 직접 안내하는 흥미로운 장면이 나온다. BC 538년 바빌론의 3차 침공으로 이스라엘 성전은 파괴되고 성전의 제사 집기들까지 노획당했으며 거의 대부분 포로로 잡혀갔던 것이다. 나라가 망한 것이다. 포로 생활 5년이 지나고 본국 귀환 희망이 점점 없어지고 있을 때 제사장 중에 타락하지 아니한 에스겔을 데리고 예루살렘 성전 내부를 샅샅이 보여주신다. 에스겔서 8장 9~18절이다.

또 내게 이르시되 들어가서 그들이 거기에서 행하는 가증하고 악한 일을 보라 하시기로 내가 들어가 보니 각양 곤충과 가증한 짐승과 이스라엘 족속의 모든 우상을 그 사방 벽에 그렸고 이스라엘 족속의 장로 중 칠십 명이 그 앞에 섰으며 사반의 아들 야아사냐도 그 가운데에 섰고 각기 손에 향로를 들었는데 향연이 구름 같이 오르더라 또 내게 이르시되 인자야 이스라엘 족속의 장로들이 각각 그 우상의 방안 어두운 가운데에서 행하는 것을 네가 보았느냐 그들이 이르기를 여호와께서 우리를 보지 아니하시며 여호와께서 이 땅을 버리셨다 하느니라 또 내게 이르시되 너는 다시 그들이 행하는 바 다른 큰 가증한 일을 보리라 하시더라 그가 또 나를 데리고 여호와의 전으로 들어가는 북문에 이르시기로 보니 거기에 여인들이 앉아 담무스를 위하여 애곡하더라 그가 또 내게 이르시되 인자야 네가 그것을 보았느냐 너는 또 이보다 더 큰 가증한 일을 보리라 하시더라 그가 또 나를 데리고 여호와의 성전 안뜰에 들어가시니라 보라 여호와의 성전 문 곧 현관과 제단 사이에서 약 스물다섯 명이 여호와의 성전을 등지고 낯을 동쪽으로 향하여 동쪽 태양에게 예배하더라 또 내게 이르시되 인자야 네가 보았느냐 유다 족속이 여기에서 행한 가증한 일을 적다 하겠느냐 그들이 그 땅을 폭행으로 채우고 또다시 내 노여움을 일으키며 심지어 나뭇가지를 그 코에 두었느니라 그러므로 나도 분노로 갚아 불쌍히 여기지 아니하며 긍휼을 베풀지도 아니하리니 그들이 큰 소리로 내 귀에 부르짖을지라도 내가 듣지 아니하리라

여기서 담무즈는 Tammuz로 시리아 지방의 남성 신이었고 동방의 태양신을 섬기는 이방 종교를 예루살렘 성전에서 은밀히 행하였다. 앞에서도 살펴보았지만 이스라엘 전성기 정점에서 솔로몬 왕이 이방 여인들을 첩으로 맞이했고 그들이 우상과 잡신들을 들어 왔다. 여자 이기는 남자 없던가? 마침내 그 여인들을 통해 우상숭배는 문화처럼 번지게 되었다. 가정집에 둘 수 있도록 조그맣게 만들고 전시하고 그것들을 마치 부적처럼 액운을 쫓고 복을 주는 상징물로 여겼다.

성전에서 제사와 더불어 은밀하게는 앞에서 본 그런 우상숭배를 하였으며 성전에서 여인들과 간음을 하였던 것이다. 한마디로 죄의식 실종이었다.

성경 이사야 1장 13절에 내가 성회와 더불어 악행을 행하는 것을 견디지 못하겠다라고 말씀하시는 하나님. 성경에 보면 하나님이 도

저히 견디지 못하고 토하겠다는 표현은 성전에서의 잡신 숭배와 돈 횡령, 간음 등 신성 모독 행위에 나온다. 예배를 드리다가 사이렌이 울리면 일어나서 동경에 있던 전쟁광 일王에게 절한 것은 그냥 의식이 아니라 당연히 이사야 1장 13절에 해당되는 행위였다.

교회 지도자들께서는 한참 늦었고 나는 그 일과 무관하다 할지 모르지만 일본 강점기 기독교의 신사참배는 우리 민족의 죄 지음이며 청산하지 못한 죄의 유산이다. 좋은 것만 유산이 아닐 것이다. 감히 누구도 그 문제를 본격적으로 꺼낼 수 없는지는 모르겠지만, 평신도 처지에서 볼 때 일제 말기 교계 지도자들이 앞장서서 신사 참배한 것을 평신도에게 전가할 수는 없을 것이다. 양은 목자를 따라간다. 절벽으로 인도해도 따라가며 맹수 우리로 인도해도 따라간다. 양의 특성 때문이다. 목자 없는 양 혹은 이리 같은 목자로 힘없는 양들의 피가 한국 땅에 사무친다. 들리지 않는가?

솔로몬 왕이 후궁들을 많이 거느리며 이방 여인들이 그들이 섬기던 토속 신앙과 바알 우상숭배들을 몰래 가져오게 되며 결국 솔로몬 왕 이후의 왕들은 셋 중 둘은 하나님을 떠나고 바알 신에게 제사를 드리게 된다. 가장 패악한 아합 왕은 주적 팔레스타인 왕의 딸을 왕비로 삼고 바알과 아세라를 섬기는 무당 850명까지 데려온다. 우상 숭배의 절정기이다.

3년의 기근에 가축까지 죽어간다. 갈멜 산에서 하나님의 선지자 엘리야와 무당들 간의 기우제 혈투가 벌어진다. 850명의 무당들이 종일 바알을 외쳤으나 응답이 없었고 도랑에 물을 뿌린 엘리야가 하늘을 향해 기도한다. 야훼 하나님의 불이 떨어지고 도랑의 물까지 증기를 뿜게 되고 무당들은 모두 불타 죽는다. 야훼 하나님께서 말씀하신다. 바알에게 무릎 꿇지 아니한 칠천 명을 남겨두었다. 북한에도 무릎 꿇지 아니한 이십만 명 이상이 있다.

하나님의 응답을 받은 엘리야, LDS media library

7. 罪

이 罪라는 한자는 그물이 위에 있고 아닐 非가 아래에 있다. 일견 특별한 의미가 있는 것 같지 않다. 그런데 성경 호세아 7장 12절에 보면 "그들이 갈 때에 내가 나의 그물을 그 위에 쳐서 공중의 새처럼 떨어뜨리고 전에 그 회중에 들려준 대로 그들을 징계하리라."라고 한다. 즉 아닌 것들을 위에서 그물을 쳐서 잡는다는 의미가 있다. 영어에서 죄를 이야기할 때 다음의 단어들이 사용된다.

창조주 하나님 입장에서 인간들에게서 보는 몇 가지 罪를 살펴보면 성경 출애굽기 34장 7절에 다음과 같이 기록되어 있다.

인자를 천대까지 베풀며 악과 과실과 죄를 용서하리라 그러나 벌을 면제하지는 아니하고 아버지의 악행을 자손 삼사 대까지 보응하리라. Keeping mercy for thousands, forgiving iniquity and transgression and sin, and that will by no means clear the guilty; visiting the iniquity of the fathers upon the children, and upon the children's children, unto the third and to the fourth generation.

iniquity; 악이라 번역됨, 즉 인간 내면의 죄성
transgression; 과실로 번역됨, 즉 법과 규칙을 위반한 것

sin; 죄, 하나님의 뜻에서 벗어난 모든 것

그리고 unrighteousness(의롭지 못함)이라는 단어도 자주 등장하며 현대인의 법, 즉 형법에서의 crime(범죄)도 자주 등장한다.

누구나 아는 살인하지 말라, 간음하지 말라, 도적질 하지 말라 등이 대표적이나 이러한 외면적 즉 밖으로 드러나는 죄뿐 아니라 iniquity, 즉 죄성(罪性)까지 폭넓게 포함하고 있는 것이다. 누구를 죽이고 싶다 하면 이것은 현대의 형법상 무죄이다. 마음속의 의도이기 때문에. 그러나 하나님께서는 이러한 죄성도 죄로 보신다.

예수께서 언급했지 않은가? 누구든지 여인을 보고 간음을 상상하면 그 죄를 지은 것이라고 정의하였다. 즉 죄성을 말한 것이다. 인간은 죄업 본성으로부터 자유로울 수가 없다.

그런데 하나님께서 아주 중요하게 언급한 죄가 있다. 출애굽기 20장 17절에 보면

네 이웃에 대하여 거짓 증거하지 말라.

라고 하신다. 이는 십계명에 수록된 아주 중요한 범죄이다. 법정에서 손을 들고 맹세한다. 위증하면 죄를 달게 받겠다. 이것은 이스라엘 민족이 이집트에서 400여 년의 노예 생활을 마치고 해방되어 사우디 미디안 광야에서의 40년간 캠프 생활을 할 때의 일이다. 성경에 시내 산으로 표현된 호렙 산(사진 google earth 캡처, 사우디아라비아 미디안

인근 구릉진 땅에서 생활할 때이다. 그 땅은 농사지을 수 없는 땅이며 목축도 쉽지 않다. 그야말로 사막형 산악이고 오직 하늘에서 내려오는 양식 만나와 메추라기 그리고 바위에서 흘러나온 물로 생활하였다. 재산은 이집트에서 가지고 나온 주요 금붙이 등 귀금속류가 대부분이었다.

그런데 이 장면에서 왜 거짓 증언 즉 위증에 대하여 중요하게 언급하셨는가? 인간의 기본 속성이 이 거짓 증거이다. 동생 아벨을 죽인 최초의 살인자 가인은 하나님의 물음에 답했다. 나는 알지 못합니다. 내가 동생을 지키는 자, 즉 경호원입니까라고 반문하였다. 거짓 진술, 즉 위증한 것이다.

그의 아버지 아담도 그랬다. 이 여자가 주어서 그냥 먹었습니다라고 변명을 하였고 자기 합리화를 했다. 죄를 전가하려고 한 것이다. 하나님께서는 이런 것을 죄성(iniquity)이라 보시고 인간 자체의 왜곡된 심성 즉 죄성에 대해 창조하심 자체를 후회하셨다. 그러나 창조는 물릴 수 없는 것이었고 죄로 뒤덮인 인간계의 대청소, 즉 노아의 홍수 때도 8인은 배에 태워 살려 두셨다. 한자 船을 보면 여덟 八자가 보인다. 창조의 근본 되시는 하나님 스스로 인간의 죗값을 치루시기로 작정한 이유일 것이다. 선한 의도로 작품을 만들었으나 그 작품이 자유 의지로 죄를 짓고 자식에게 죄성을 물려주며 세대가 지날수록 더욱 악해지니 하늘에서 인간계를 살피사 의인은 없고 한 명도 없다라고 한탄하신 것이다.

사우디아라비아 메디안 지역 호렙산, 출처: Google Earth 위성 사진, 필자

이 사진을 보면 산 정상부가 유황에 타서 검게 변했고 녹아내린 광물질들이 계곡을 통해 흘러내렸다. 이것은 지금 Google Earth로 가면 인공위성으로 실시간 볼 수 있다. 예전에는 시내 산이 이집트 시내 산이라고 했으나 이스라엘과 이집트 간의 7일 전쟁 후 시나이 반도를 점령한 이스라엘군이 조상의 유적을 찾기 위해 1주일간 샅샅이 수색했으나 찾지 못하고 조상의 유적이 없다고 결론 짓고 이집트에 다시 돌려주었다.

이후 그 유명한 성서고고학자 론 와이엇에 의해 시나이 반도와 사우디 사이의 바닷속에서 이집트 병거 등 고대 파라오의 군대 유적이 발견되었고 그가 밀입국해서 사우디 호렙 산 일대에 모세의 유적들이 산재해 있는 것을 알렸다. 이후 사우디 왕가의 한국인 한의사 김승학 박사의 영화 같은 유적지 탐사가 있다. 관심 있는 분은 youtube에서 찾아보기 바란다. 모세가 지팡이로 쳐서 물을 내었던 갈라진 암석이 그대로 있으며 물이 흘러내려 조금씩 패인 물길도 있고 암반에 새겨진 메노라(일곱 촛대 등잔)도 있으며 금송아지를 만들어 올려놓은 제단 암반도 있고 오아시스라 할 엘림도 여전히 거기에 있다. 사우디 정부는 철책으로 철저히 감추고 있다.

다시 돌아가서 여러 죄 중에 위증에 대하여 강력 범죄에 해당하는 수준에서 언급하신 것이다.

현대의 경우도 위증으로 죄없는 사람이 살인 누명을 뒤집어쓰기도 하고 죄 있는 사람이 무죄 방면도 된다.

예수는 밤새 심문당하였으나 빌라도 왈 나는 이 사람에게서 죄를 찾지 못했다고 결론지었다. 당시 이스라엘 대제사장들, 율법학자 등 산헤드린 공회 의원, 장로들과 군중들은 증거를 만들기 위해 다수의 증인을 법정에 세웠으나 서로 일치하지 않았다고 기록되어 있다. 유일하게 서로 합치한 증거는 성전을 사흘 만에 허물고 사흘 만에 다시 짓는다라는 증언이었다. 이것은 예수 자신이 성전의 본체임을 말한 것이나 당시에는 그냥 황당한 정신없는 주장 정도로 사형에 해당하는 죄는 아니고 주의 정도 받을 말이었다.

로마에 세금을 내어야 하느냐 아니냐? 아니라 하면 반역죄 내란 선동죄가 될 것이나 예수는 로마 동전은 로마에게, 즉 로마 경제 체제에서는 세금을 내는 것이 당연하고 유대 경제 체제에서는 유대 법을 지키라 하였고 로마 총독으로서는 로마에 반역한 것이 아니라 종교적인 하나님 나라가 가까웠으니 회개하라 - 이것으로 처벌할 수는 없었다.

그러나 위증이 통하지 않자 이제는 막무가내 선동과 고함질이 시작되었다. 십자가에 처형하라, 십자가에 처형하라. 이유는 단지 예수가 하나님의 아들이라 주장하는 것과 많은 기적들을 행하여 기존 종교 체제 자체가 흔들렸기 때문이다. 즉 기득권 고수가 위증 조작 선동의 핵심 이유였다.

이것을 내다보신 하나님께서는 위증을 하지 말라 엄히 경고하신 것이다. 죄성을 통해 아비의 죄성이 자식에게 흘러 내려가며 더해지는 것이 바로 이 죄성이고 죄이다.

이번 박근혜 대통령 탄핵 사건의 본질은 바로 위증이다. 거짓 증거를 많이 만들었고 선동 언론에 앞다투어 보도했다. 페이크 뉴스(fake news)의 살아있는 박물관이 2016년 한국 언론이다.

태블릿 PC로 포문을 열었다. 이제는 누구나 안다. 그것이 조작되어 검찰에서도 증거물로 제출하지 못하고 거의 감추다시피 한 것을. 연설문은 기자들이 집어넣었고 현재 언론중재위에 얼굴도 들이밀지 못하고 있다. 그것을 보도한 몇 기자는 타락한 언론 집단에서 주는 기자상을 받았다.

녹음파일 공개는 촛불에 소나기를 퍼부은 격이다. MBC 뉴스를 제외한 언론은 눈을 감는다.

이것은 Trump 선거 기간 동안 미국에서 일어났던 일과 아주 동일하다. CNN, 뉴욕타임스, NBC, CBS, ABC 등 주류 언론이 Hillary 압승이라 하고 힐러리 개인 홍보 방송을 하며 트럼프 후보를 심하게 흠집 낼 때 유튜브 방송들과 개인 방송들만이 진실을 보도했다. 비주류 언론의 대표 격인 Alex Jones 방송은 600만 명이 시청한다. 선거를 바꾼 것이다. 정규재 TV에 나온 박근혜 대통령 인터뷰는 미국 백악관에서 통역을 대동하여 실시간 live로 시청하였고 며칠 뒤 미국 국방부 장관이 의회 승인 후 처음 찾아온 곳이 대한민국이다.

검찰과 언론이 감춘 조작된 태블릿 PC의 진실을 처음 찾아낸 사람은 수사관이 아니고 언론 왜곡을 감시하는 민간 전문가였다. 언론 왜곡 보도 진실은 꼭 규명되어야 한다. 죄는 값을 치르는데 이 위증죄는 매우 악독한 죄이다.

가장 오래된 법이라고 알려진 함무라비 법전보다 100년 정도 더 오래된 수메르 법전에는 위증에 대하여 다음과 같이 기술되어 있다.

만일 어떤 사람을 사형에 처할 만하다고 하여 고소하고도 이것을 입증할 수 없다면 고소한 자를 사형에 처한다.

대한민국 법은 현재 고대 상대 이전의 원시 상태로 되돌아간 것이다. 시류에 따라서 혹은 기획에 따라서 혹은 사사로운 이해관계로 판결을 내린다. 성경에 분명히 기록되어 있다. 공정한 추. 이것은 재판의 기본이다.

그리고 녹음파일을 들어보자. 경천동지할 내용이다. 그것을 공개하지 않은 검찰은 두고두고 이번 사태가 제 발등을 찍었다는 것을 후회할 것이다.

권력은 국민에서 나온다. 검찰 권력은 헌법에서 나온다. 헌법재판소 존재 이유는 헌법에 명시되어 있다. 헌법을 무시하고 하위법에 애매모호한 직권 남용이라는 기준이 없는 항목으로 사실과 다르게 기술한 판결문을 낭독한 그들은 낱낱이 파헤쳐질 것이다. 전 조선일보 및 월간 조선 우종창 기자의 헌재 8인 고발장을 보면 앞에서도 언급했지만 기가 찬다.

정규재 한국경제 주필의 논평을 보면 대한민국 헌법 재판관은 기본적으로 오랜 법관 경력이 기본 자격인데 이번 판결을 보면 그간 저들이 얼마나 엉터리 판결을 했을까 하고 한탄하였다.

특검은 Fake news(가짜 뉴스) 언론의 선동 보도 증거를 찾기 위해 세월호 7시간을 분 단위로 조사했다. 나중에는 별다른 특이점이 없다. 세월호 7시간 가지고 온갖 저질스러운 잡설을 양산한 언론들은 스스로 문을 닫기는커녕 또 다른 이슈에 하이에나처럼 달려든다. 중앙재해 대책본부에 승용차 돌진 사고는 증언에 의하면 박 대통령과 비슷한 경호원을 향해 의도적으로 돌진한 것이다. 대통령이 방문한다는 소식을 들은 기자단 중 한 명이 밖으로 소식을 전했고 한 시간만에 그 주위에 시위대가 등장했다.

위증하는 언론은 썩은 고깃덩어리 찾아 광야를 헤매는 하이에나다. 하이에나에게 미안한 말이다. 들쥐라고 고쳐야겠다.

누구나 아는 죄는 그 자체가 뚜렷하다. 범죄에는 흔적이 남고 객관적 증거가 남기 때문이다. 지문에 의존하던 20년 전과는 달리 지금은 DNA 분석 기술 그리고 무엇보다 전국에 깔린 CCTV, 심지어 자동차에 달린 블랙박스가 범인들을 잡는다.

그런데 이 위증은 쉽게 드러나지 않는다.

청문회 기간 여의도 국회는 그 밑바닥 수준을 그대로 드러내었다. 그들은 그냥 Fake news로 고함치고 훈계하고 웃기고 울렸다.

대한민국 정말 위기다. 6·25 때는 머슴들과 배고픈 빈농들이 기득권에 대항하기 위해 완장을 찼으나 지금은 사회 상류층 소위 강남 좌파들이 완장을 차고 있어서 더 위험하다.

좌파 정부에서 통일부 장관, 국정원장 등을 했던 일부 사람들의 말을 들어보면 저 사람들은 북조선 노동당 간부인지 혼동될 정도이다. 언론에 자주 등장하는 그 잘난 대학교수들을 보자. 교묘한 언어로 대한민국의 정통성에 흠집을 내고 있다.

모두 자신도 모르게 아니면 의도적으로 반역죄를 짓고 있고 또한 최소한 공개 위증을 하는 것이다.

아래 사진은 영문판 《Science》지 최근호에 실린 뇌 과학 연구 기사이다.

  아래 사진은 b 그룹(knowing)과 c 그룹(reckless)으로 41명 참가자의
뇌 촬영 표준 영상이다.

  사진 b 그룹은 고의로 범죄를 저지른 사람들의 뇌 자기공명 촬영
이고 사진 c는 실수로 사고를 낸 사람들의 뇌 사진이다. 예를 들면
사진 b는 보험금을 타기 위해 저지른 고의 교통사고 관련자들의 뇌
이고 사진 c는 부주의하여 아차 하는 순간에 사고가 난 사람들의 뇌
라 하면 되겠다.

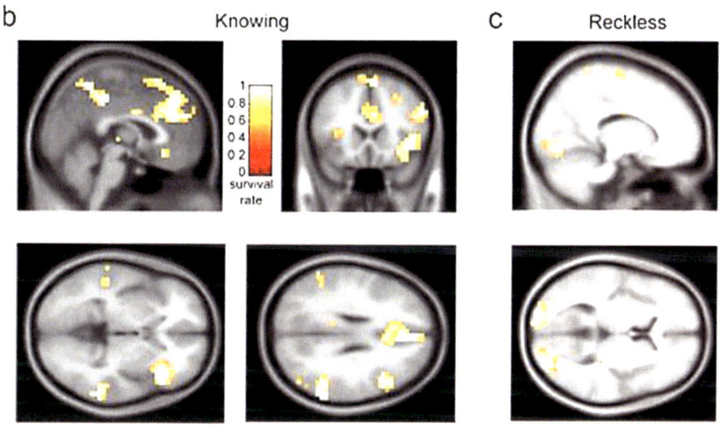

뇌 자기공명 촬영 사진 비교: 출처, 《Science》지, 2016

  무엇을 말하고자 하는가? 위증은 고의 범죄이다. 뇌를 창조하신
분은 우리의 심폐를 꿰뚫어 보신다고 되어 있는 데 현대 과학어로
빌리자면 뇌의 자기공명 영상을 보고 계신다라고도 말할 수 있겠다.

예수를 탄핵했던 사람들은 당시 대제사장들이었다. 화려한 종교 의복을 걸치고 있던 사람들이었다. 앞에서 언급했듯이 우리의 위치와 나라를 지키자 이것이 근본 이유였다. 종교 개혁에 반대하였다. 마르틴 루터 및 그 이전 이후에도 많은 개혁자들이 화형에 처해졌다. 로마 가톨릭은 매년 만 명에서 2만 명 정도를 죽였다. 종교 재판을 통해서. 심지어 성경을 영어나 기타 쉬운 언어로 번역하면 화형에 처했다. 라틴어로 된 성경은 자기들만이 수도원에서 학습하고 기득권이 되었다.

일반인도 쉽게 아는 헌법 84조 '대통령은 내란 또는 외환의 죄를 범한 경우를 제외하고는 재직 중 형사상의 소추를 받지 아니한다'. 그러나 대한민국 법조계는 이상한 법 해석과 이상한 판결문(사실관계도 파악하지 않았고 등장인물도 허명들이 있다. 아연실색할 일이다. 심지어 현대자동차에 수년간 납품을 하고 있었던 매출 180억 원대의 기업을 신생 기업이라 말하고 있다. 묻고 싶다. 헌재 판결문을 누가 작성했는가? 이것은 곧 조사에 들어가야 할 일이다)으로 대통령을 파면 결정하였다. 대통령이 임명한 8인 그들이다. 이제 로스쿨에서 법 기술자들이 양산되는 사회가 되었다. 누가 무엇을 어떻게 가르치느냐에 따라 지금 체제라면 대한민국이 매우 불안하다. 정말 개혁이 필요한 시점이다. 언론과 법조계의 위증 문제가 핵심이다.

대제사장의 기원은 모세의 형 아론(옆 페이지 그림)이다. 그는 이집트에서 금세공 기술자였다. 모세가 파라오 왕의 딸 공주의 입양아로 살았을 때 아론은 육체노동과 금세공 기술로 생활했다. 이스라엘 일반 민중들과 의사소통은 문제가 없었고 특히 또 말을 잘했다.

그는 누구인가? 모세가 호렙 산에 올라가 하나님을 대면할 동안 소식이 없자 불평이 커진 이스라엘 사람들을 선동하여 금을 내라 우리가 송아지를 만들어 섬기자라고 했던 사람이었고 실제로 금송아지를 제작하고 절을 하였다. 아론은 죄성이 가득한 사람이었다. 그의 죄성은 자식에게 바로 나타난다. 앞에서 본 나답과 아비후, 즉 제단에 다른 불을 피우다 그 불로 현장에서 불타 죽은 두 아들의 아버지가 바로 아론이다.

그는 아우 모세를 도와 이집트에서 이스라엘 민족이 해방될 때 언변과 모세의 경호를 맡아 공을 세웠지만, 이집트에서 섬기던 태양신 숭배가 몸에 배어 있었던 사람이다. 즉 본의 아니게 그는 우상숭배 죄성이 가득한 사람이었고 광야에서 그 뛰어난 금세공 기술로 금송아지를 만들었고 하나님을 크게 두려워하지 않았던 그의 죄성은 그 두 아들에 그대로 유전되어 제단 앞에서 불에 타 죽는 것을 직접 목도한 비극의 사람이다.

최초의 대제사장 아론, 그림 중세 성당 출처 미상

성경에 보면 그는 또 동생 모세가 에티오피아 여인을 아내로 결혼

하자 대놓고 큰 비난을 하였는데 이것은 지도자에 대한 도전뿐 아니라 그 지도자를 세운 하나님의 권위에 대한 도전이었다. 그는 온몸에 문둥병이 걸렸고 모세의 중보 기도를 통해 회복되었다.

즉 하나님을 무시하면 위증을 하고 지도자를 비난하게 되며 땅의 권위도 하늘이 주시는 것이다. 대한민국 오늘의 위기는 공부를 한 사람들이 조작하고 선동하며 위증하는 것이 원인이다.

그냥 일반 국민 한 사람도 그런 위증을 하면 중범죄에 해당하는데 대통령은 움직이는 국가 헌법 기관이다. 정말로 통탄할 일이며 한일 합방으로 나라를 빼앗긴 100여 년 전 우리의 비통한 마음을 생생하게 느껴본다. 그때는 나라에 힘이 없어 나라를 빼앗겼지만, 지금은 잘못된 사상 바이러스가 곳곳에 넘쳐 집단 이념 괴질로 나라가 혼란스럽고 대통령을 끌어내렸다.

죄는 하늘에서 그물이 내려와 새를 잡듯이 罪로 정의되어 있고 죄는 벌을 부른다. 다만 때가 있을 뿐이다. 위기는 국민 자초하는 것이다. 다시 한번 박근혜 대통령을 마음 깊이 위로하며 지금은 개혁 정책에 반대하는 모든 기득권에 포위당했지만 2017년 삼일절 500만 태극기 애국 국민들은 단군 이래 가장 많이 모인 국민들이다. 예전에 유세 잘한다 하던 정치인도 불과 수만 명 정도에 불과했고 선동당한 촛불 시위대를 압도하는 숫자이다. "시간이 걸려도 진실은 밝혀질 것입니다."

8. 血

그릇 皿(명)에 칼을 내리치는 듯한 삐침 획을 더해 제사에 쓰이던 그 릇에 가득한 피 형상을 뜻한다. 앞의 義장에서 충분히 살펴보았다.

죄는 피로 속죄함이 하나님의 불변 원칙이다. 왜 그러냐고 물어볼 수 없지만 그만큼 罪를 싫어하시는 하나님의 거룩한 속성 Holiness 이다.

출애굽기 28장 36절에 보면 "너는 또 순금으로 패를 만들어 도장을 새기는 법으로 그 위에 새기되 '여호와께 성결'이라 하고"라고 하신다. 영어로 HOLINESS TO THE LORD라 새긴 순금 판을 말한다.

인간에게 바라는 것이 바로 이 holiness, 즉 깨끗함, 성결을 의미한다. 몸도 깨끗이 씻지만, 심성 그 자체가 성결함을 말한다. 그러나 배신하고 타락한 인간이 어떻게 성결할 수가 있는가?

이스라엘 민족을 이끄는 모세에게 말씀하신다. 출애굽기 24장 1~2절이다.

또 모세에게 이르시되 너는 아론과 나답과 아비후와 이스라엘 장로 칠십 명과 함께 여호와께로 올라와 멀리서 경배하고 너 모세만 여호와께 가까이 나아오고 그들은 가까이 나아오지 말며 백성은 너와 함께 올라오지 말지니라

무엇을 말하는가? 죄성이 가득한 인간들을 부담스러워하시는 장면이다. 사랑하지만 가까이할 수 없다는 뜻이다. 인간을 긍휼하게는 보시지만 얼싸안을 수는 없다는 말씀이다. 죄와 죄성 때문이다. 그러나 반면 육체로 오신 예수는 베다니 문둥이 촌에 즐겨 들리셨다. 예루살렘에서 멀지 않은 탓도 있지만 그야말로 천대받고 못사는 사람들의 친구가 되셨다. 하나님은 외치신다. 이사야 49장 14~15절에 있는 말씀이다.

오직 시온이 이르기를 여호와께서 나를 버리시며 주께서 나를 잊으셨다 하였거니와 여인이 어찌 그 젖 먹는 자식을 잊겠으며 자기 태에서 난 아들을 긍휼히 여기지 않겠느냐 그들은 혹시 잊을지라도 나는 너를 잊지 아니할 것이라.

여기서 시온은 이스라엘 민족을 뜻한다. 이보다 더 확실한 메시지가 있을까? 심지어 손바닥에 새겼다라고까지 말씀하신다. 하나님을 두려워하고 섬기는 자에 대한 백지 보증 수표다.

인간 창조에 대한 근본적인 책임을 지신 하나님은 노아의 홍수 심판 후 다시는 인간을 수장시키지 않으시겠다 하시고 그 징조로 무지개를 보여 주셨는데 이것은 과학적으로 아주 흥미로운 사실이다.
노아의 홍수 당시 사람들이 큰비가 온다는 사실을 도무지 믿지 아

니하였다. 과학적 가설에 의하면 창세기 1장의 하늘 위의 물(水)막 즉 핵폭발 반응으로 빛과 열을 발생하는 태양의 해로운 광선인 자외선 등은 노화를 일으키는 광선을 차단하기 위해 하늘 물막이 있었고 자연히 그 물막에 의해 빛의 스펙트럼 현상이 차단되어 무지개는 존재할 수 없었다. 태양도 물막을 거쳐 보였으므로 밝기는 하지만 물막에 의해 빛이 분산되어 흔들렸을 것이다. 지면에서 올라오는 안개와 이슬이 수분의 원천이었고 높은 산에 얼어 있던 만년설이 강을 이루었을 것이다.

여하튼 인간들은 노아의 홍수 예언을 믿지 아니하였고 노아 가족 8인 만이 홀로 오랜 세월 방주를 만들고 홍수 때 살아남았다. 이 노아의 방주는 성서고고학자 론 와이엇에 의해 지금의 터키 아라라트 산 정상부에서 발견되었다. 중국에서도 고대 대홍수 설화가 전해 오고 있으니 인류의 조상은 죄로 인해 모두 물에 빠져 죽는 대가를 치룬 셈이다.

義에서 하나님 그분 자신의 한 격(monogenes)이신 성자 하나님께서 육체로 오셨고 인간과 함께 생활하시고 식사하시고 우시기도 하고 주무시기도 하고 화장실도 가셨다. 직업도 당시 가장 힘들고 천한 목수를 택하셨고 그렇게 다진 체력이 있어서 아마 십자가상에서도 6시간 버티셨던 것 같다.

Tulin의 성의는 피와 인간의 몸이 극심한 고통을 느낄 때 발산하는 흔적들이 묻어 있고 그 형상이 육안으로는 희미하나 光學으로 분석한 결과 예수의 형상 그대로였다.

　　이스라엘 문화재청의 초청으로 성서고고학자 론 와이엇은 이스라엘 사람들이 바빌론 침공 이후 본 적이 없는 법궤(The Ark of the Covenant)를 발굴한다. 론 와이엇 본인 말에 따르면 본인은 처음에는 이 법궤에 대해서는 계획이 없었다 한다. 성서를 연구하고 여러 문헌 등을 종합한 결과, 론 와이엇은 바빌론 침공 당시 박해받던 선지자 예레미야가 예루살렘 성전이나 인근 지하에 숨겼을 것이라는 결론을 내리게 되고 광물 탐사 장비들을 동원하여 발굴 작업에 나선다. 예루살렘 성전 안에는 물길이 따로 있었다. 난공불락을 자신하려면 튼튼한 성벽과 식량 그리고 물이 있어야 한다. 또 성전은 암반 위에 건축되었고 지하에는 미로 같은 굴이 있었으므로 방어 진지로는 최적이었으나 1년 반을 버티고 끝내 함락당하고 만다.

　　예레미야 선지자를 통해 마지막 경고, 즉 당시 친이집트 파가 득세하던 왕실과 신하들에게 바빌론 제국에게 항복하는 것이 피해를 줄이는 것이라 외쳤으나 무시당하고 옥에 갇혔으나 우여곡절 끝에 나온 예레미야는 함락이 임박한 것을 알고 언약궤, 즉 성궤를 예루살렘 지하 깊은 굴을 파고 숨겼다. 결코 적이나 이방 민족에게 빼앗길 수 없는 하나님의 인간계에 머무시는 약속의 장소, 즉 법궤이다. 골고다 언덕은 예루살렘 성 바로 인근이다. 지하 암반들은 연결되어 있다.

　　예수의 시신을 감싼 세마포와 별도로 얼굴을 덮은 수건은 스페인 한 성당에 보관되어 있다. 얼굴에는 당시 가시 면류관의 가시 파편이 그대로 박혀 있고 이것이 얼굴을 감싸던 수건을 찔렀으며 혈흔이 낭자하였다.

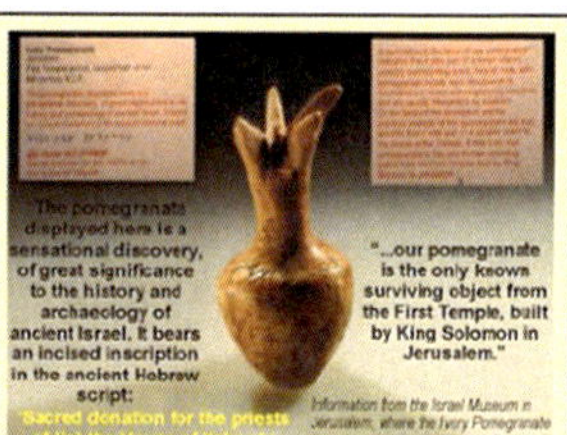

Ivory Pomegranate - recovered from the chamber and on public display

Artifacts date to Solomon's time

RON Wyatt did not reveal publicly all the information he had gathered, but a few details are now emerging.

Within the chamber was the main furniture from Solomon's Temple, most significant being the Ark of the Covenant, containing the Ten Commandments. Also in the chamber Ron found:

- The Table of Shewbread
- The 7-Branch Candlestick
- The Golden Altar of Incense
- The Golden Censer

And other items dating to pre-Babylonian times:

- A very large sword (1.57m)
- Numerous oil lamps
- A brass shekel weight
- A brass ring
- An ephod
- An ivory pomegranate

On a subsequent trip, Ron removed the pomegranate from the chamber, and it is now displayed in the Israel Museum in Jerusalem. The inscription on it has been dated to the first temple period. Museum visitors are informed that this pomegranate is from King Solomon's temple.

Ron Wyatt also located the original tunnel entrance through which the Ark was secreted from Jerusalem.

Beneath Jerusalem is an ancient underground quarry known as Zedekiah's cave. When the quarry was rediscovered in 1854, a carving was found, dated to the period of the Babylonian invasion.

Possibly this carving is the origin of the Jewish tradition, recorded in Maccabees, stating that some of those involved with hiding the Temple items marked the route. Near the location of this carving, in 1989 Ron Wyatt found the tunnel through which the Ark had been secreted out of Jerusalem.

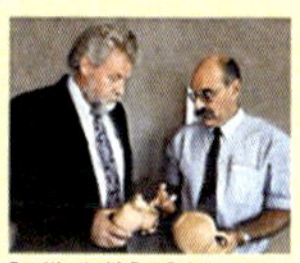
Ron Wyatt with Dan Bahat, then head of Antiquites for Jerusalem, examining reconstructions of the pottery found during the excavation

Tunnel entrance, through which the Ark was taken, is now walled up

Carving found near tunnel entrance dating to the time of the invasion

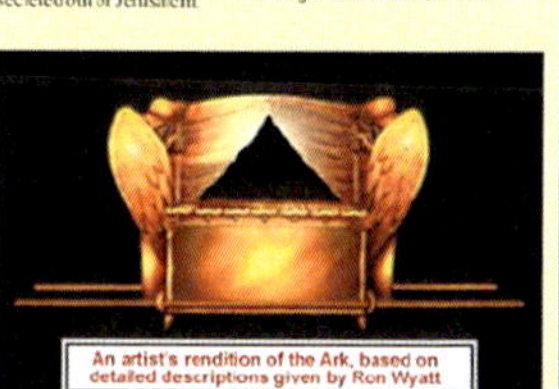
An artist's rendition of the Ark, based on detailed descriptions given by Ron Wyatt

Incredible find under Golgotha

OF all the discoveries made by Ron Wyatt, perhaps none is more significant than the finding of the Ark of the Covenant.

On it's own, the Ark would be a tremendously important find. However, an incredible connection between it and the crucifixion site above gives this discovery a significance beyond measure. So significant and far-reaching is this connection that it is destined to change the lives and faith of millions.

When Ron Wyatt discovered the original crucifixion site during the excavation near Golgotha, he found there was a large crack, most likely an earthquake fault, in the limestone bedrock beside the central cross hole. Later, when he entered the chamber where the Ark of the Covenant was hidden, he found a large crack in the ceiling, directly above the Ark of the Covenant.

Around this crack, and upon the lid of the Ark itself, was a dark, dried substance. This dark substance was analysed, and confirmed the suspicions that this was very old human blood.

By inserting a metal tape measure, it was determined that the crack ran continuously from the cross site above to the chamber beneath, through about 20 feet (7 m) of rock.

Ron had discovered that when Christ had died, and the Roman soldier had pierced his side, the blood and water which flowed from Christ's side had gone down the crack in the rocks, and spilled onto the lid of the Ark of the Covenant, hidden in the chamber beneath Calvary many years before.

"The Place of the Skull" - Golgotha is still called Skull Hill

FOR hundreds of years the Hebrews had carried out a system of animal sacrifices, consisting of Divinely appointed ceremonies which were an on-going reminder that they had a Covenant with God.

Today we refer to this Covenant as the *Old Covenant*. It was instituted and ratified at Mt Sinai. The ceremonies of this covenant had deep meaning, for they foreshadowed actual events to take place when the *New Covenant* was to be instituted under the Messiah. The New Covenant was foretold by the prophet Jeremiah (*Jeremiah 31:31*).

The Ark of the Covenant was the centrepiece in the old ceremonial system. It's primary purpose was to house the sacred tables of stone, upon which God himself had written the 10 commandments with His own finger.

When Ron Wyatt discovered the Ark of the Covenant, he also discovered the physical evidence of the ratifying of the New Covenant.

In the same way the Old Covenant had been ratified at Mount Sinai, so the New Covenant was ratified at Calvary. In the Old Covenant, sacrificial blood and water was sprinkled upon the "book of the Covenant". In the New Covenant, the blood and water from Christ's pierced side went into the earth, and landed on the Ark of the Covenant containing the Ten Commandments.

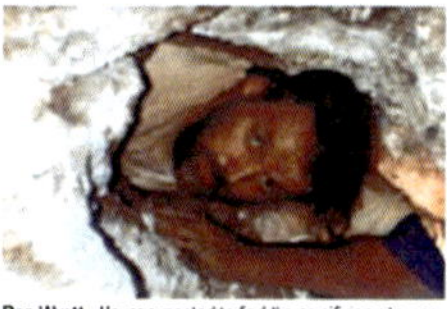
Ron Wyatt - Never expected to find the crucifixion site, nor anticipated it's connection to the Ark of the Covenant below

BIBLICAL EVIDENCE
THE TWO COVENANTS

A comparison of the Old Covenant with the New Covenant reveals how Christ fulfilled all the symbols

OLD COVENANT	NEW COVENANT
Leviticus 5:6; Numbers 6:14 — Lambs and other sacrifical animals were offered in the Old Covenant	John 1:29,36 - Jesus was "The Lamb of God," the one and only sacrifice of the New Covenant
Leviticus 4:3, 23, 28; Numbers 19:2 — The sacrificial animals had to be without any blemish or defect	1 Peter 1:19 - Jesus Christ was undefiled by sin "as of a lamb without blemish and without spot"
Exodus 12:46 — No bones of the lamb to be sacrificed were allowed to be broken	John 19:33-36 - None of Jesus' bones were broken, despite the practice of breaking the legs of crucifixion victims
Hebrews 8:1-5 - The Old Covenant focussed on the ceremonies and services held in the Temple on earth	Hebrews 8:2; Revelation 11:19 - The New Covenant Temple is in heaven, where Jesus is now ministering
Hebrews 9:1-3 - The Temple was constructed with 2 apartments, each apartment used at different times	Hebrews 9:24 - The sanctuary in heaven also has two apartments, as the one on earth was modelled on it
Exodus 24:3-8; Hebrews 9:19-20 - The Old Covenant was ratified by the sprinkling of BLOOD and WATER	John 19:34 - The New Covenant was ratified with the BLOOD and WATER from Christ's pierced side
Hebrews 9:19 - The BLOOD and WATER was sprinkled upon the "Book of the Covenant"	1. John 5:6-8 - The BLOOD and WATER from Christ sprinkled the Ark containing the 10 Commandments
Exodus 24:8; Hebrews 9:19 - Moses sprinkled the people with the blood and water used to ratify the covenant	Isaiah 52:15; 1 Peter 1:2 - By His death Jesus would "sprinkle" those who choose to accept the New Covenant
Exodus 24:7; 2 Kings 23:2-3, 21; 2 Chronicles 34:30,31 - The "Book of the Covenant" contained statutes and commandments which were to be honoured and obeyed by all those who were part of those bound by the covenant	John 14:15; James 2:8; Romans 3:31; Romans 13:8-10 - When the New Covenant was ratified at the cross, Christ's blood sprinkled the Ark containing the 10 Commandments, showing they are the basis of the New Covenant. See Jeremiah 31:31-33

More documentation is available! See details on page 8

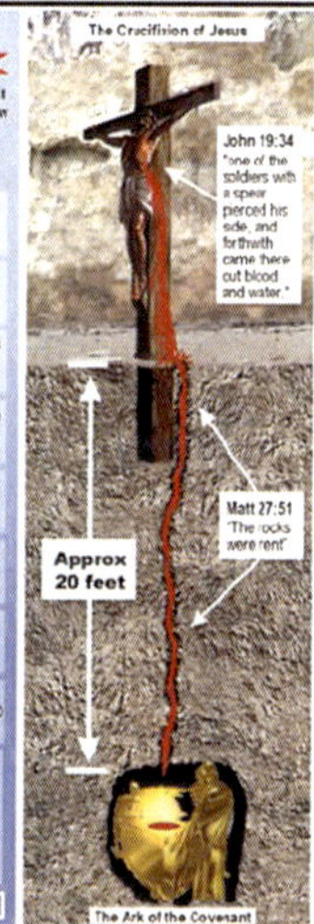

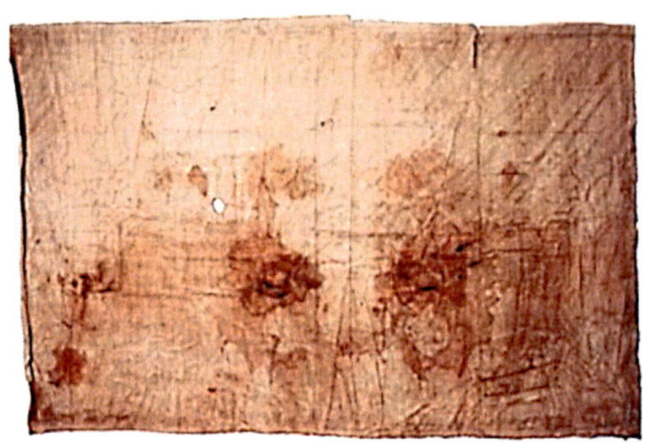

예수 시신의 얼굴을 감싸던 수건, National Geographic

유명한 탐사 방송 내셔널 지오그래픽은 이 혈흔을 연구한 결과 다음과 같은 사실을 발표하였다.

'예수의 얼굴 수건(Sudarium of Oviedo)'에 묻어 있는 피를 의학 연구소에 의뢰해 DNA를 분석한 결과 혈액형이 AB형이라는 것. 그리고 모친 쪽으로부터 이어받은 22개 염색체와 남성(xy)염색체 1개 등 23개만이 있다. 부친 쪽으로부터 받게 돼 있는 23개 염색체는 없는 것으로 확인되었고 더구나 피는 살아 있었다. 유전자 검사는 백혈구가 살아있어야만 가능하다. 이 때문에 사람이 사망한 후에는 유전자 염색체 검사를 할 수 없다.

동정녀 마리아에 관한 과학적 입증인 것이다. 한국 일부 기독교에서 예전에 동정녀에서 어떻게 사람이 태어날 수 있느냐 하는 지극히 인간적인 설을 주장하기도 했다. 무식하면 용감한 법이다.

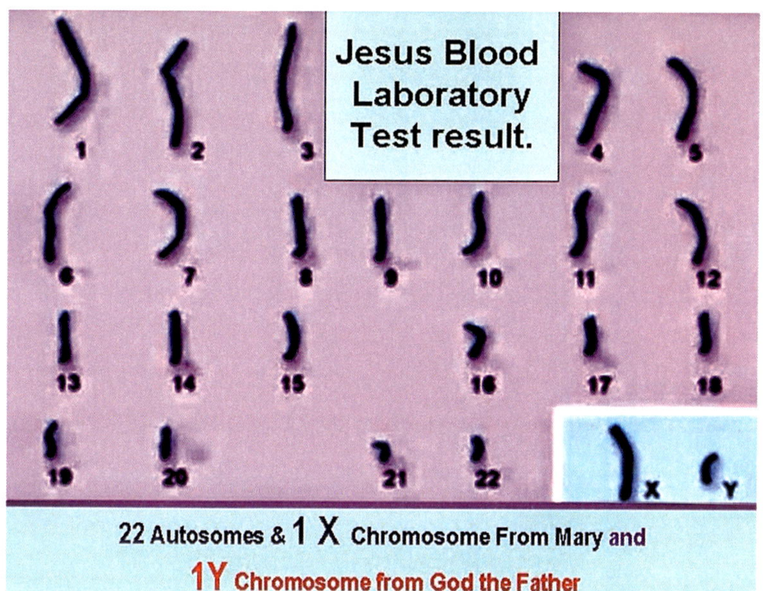

예수의 염색체 사진, National Geographic

놀랍게도 론 와이엇은 당시 이스라엘 신문(2페이지 전: 골고다 언덕 위의 십자가에서 흘러내린 예수의 피는 그 날 그 시각 큰 지진으로 인해 바위가 갈라지고 그 틈 새로 지하 6m 깊이의 법궤 위 은혜의 장소에 떨어졌다. 속죄의 완성인 것이다.) 기사에서 보는 것처럼 법궤를 발견하고 법궤 위에 묻어 있던 혈흔을 발견하여 이스라엘 한 유명 의과학 연구소에 가서 분석을 의뢰하였다. 그의 증언에 따르면 처음 한 연구원이 너무 놀라 피가 살아있다고 소리쳤고 그 실험실에 있던 정통파 유대인 과학자들 10여 명 모두 처음에는 이건 아니다 하면서 실험에 실험을 거듭하였고 모두 내셔널 지오그래픽과 같은 동일한 연구 결과를 인정할 수밖에 없었다.

유대인들은 대부분(약 90% 정도) 예수를 메시아로 인정하지 않는다. 일종의 금기 사항이다. 그들이 중요시하는 탈무드에는 예수는 선지자 중 하나였고 십자가 처형으로 생을 마감했다고 되었기 때문이다.

그들 과학자들은 모두 예수를 하나님의 아들이라 인정하고 개종을
하였다.

　이런 놀라운 발견을 한 이스라엘 문화재청은 고민에 빠졌다. 그들
선조가 부인하고 십자가형에 처한 나사렛 목수 출신 선지자 예수가
메시아라는 사실은 유대교 전통을 통째로 흔드는 것이었다. 더군다
나 예수의 피까지 연구가 마친 상태이었으므로. 아래 염색체는 일반
사람의 것이다. 23개의 염색체는 쌍으로 존재한다. 父와 母로부터 각
각 하나씩이 결합한다.

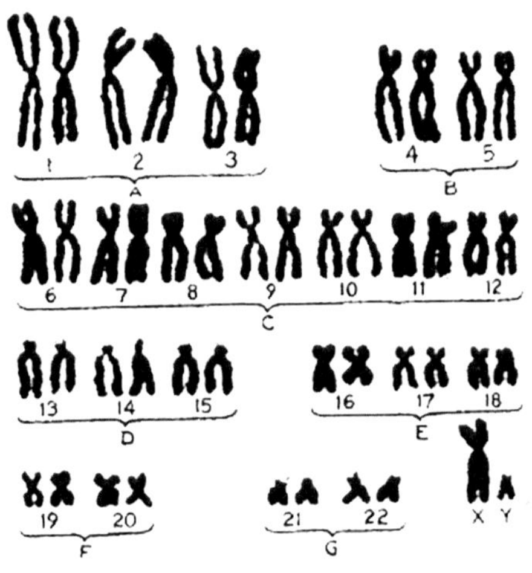

보통 사람의 염색체, 위키 백과

　결국 법궤 발견 사실만 알렸고 법궤는 발견 당시 그 자리 그대로
두었으며 예수의 피에 대해선 공식적으로 발표하지 않는 선에서 발
굴을 끝내어 버렸다. 당시 정부 고위층 모두가 이 불편한 진실을 받
아들일 수가 없었다.

하나님이 육신이 되어 오시겠다라고 한 것은 구약성서 예언서의 핵심 내용이다. 피를 흘리시겠다 또는 속죄의 어린 양이 되시겠다라고 말씀하셨다. 그 유명한 예언 이사야 53장 전문이다.

우리가 전한 것을 누가 믿었느냐 여호와의 팔이 누구에게 나타났느냐 그는 주 앞에서 자라나기를 연한 순 같고 마른 땅에서 나온 뿌리 같아서 고운 모양도 없고 풍채도 없은즉 우리가 보기에 흠모할 만한 아름다운 것이 없도다

그는 멸시를 받아 사람들에게 버림받았으며 간고를 많이 겪었으며 질고를 아는 자라 마치 사람들이 그에게서 얼굴을 가리는 것 같이 멸시를 당하였고 우리도 그를 귀히 여기지 아니하였도다. 그는 실로 우리의 질고를 지고 우리의 슬픔을 당하였거늘 우리는 생각하기를 그는 징벌을 받아 하나님께 맞으며 고난을 당한다 하였노라

그가 찔림은 우리의 허물 때문이요 그가 상함은 우리의 죄악 때문이라 그가 징계를 받으므로 우리는 평화를 누리고 그가 채찍에 맞으므로 우리는 나음을 받았도다

우리는 다 양 같아서 그릇 행하여 각기 제 길로 갔거늘 여호와께서는 우리 모두의 죄악을 그에게 담당시키셨도다 그가 곤욕을 당하여 괴로울 때에도 그의 입을 열지 아니하였음이여 마치 도수장으로 끌려가는 어린 양과 털 깎는 자 앞에서 잠잠한 양 같이 그의 입을 열지 아니하였도다

그는 곤욕과 심문을 당하고 끌려갔으나 그 세대 중에 누가 생각하기를 그가 살아있는 자들의 땅에서 끊어짐은 마땅히 형벌 받을 내 백성의 허물 때문이라 하였으리요

그는 강포를 행하지 아니하였고 그의 입에 거짓이 없었으나 그의 무덤이 악인들과 함께 있었으며 그가 죽은 후에 부자와 함께 있었도다 여호와께서 그에게 상함을 받게 하시기를 원하사 질고를 당하게 하셨은즉 그의 영혼을 속건 제물로 드리기에 이르면 그가 씨를 보게 되며 그의 날은 길 것이요 또 그의 손으로 여호와께서 기뻐하시는 뜻을 성취하리로다

그가 자기 영혼의 수고한 것을 보고 만족하게 여길 것이라 나의 의로운 종이 자기 지식으로 많은 사람을 의롭게 하며 또 그들의 죄악을 친히 담당하리로다

그러므로 내가 그에게 존귀한 자와 함께 몫을 받게 하며 강한 자와 함께 탈취한 것을 나누게 하리니 이는 그가 자기 영혼을 버려 사망에 이르게 하며 범죄자 중 하나로 헤아림을 받았음이니라 그러나 그가 많은 사람의 죄를 담당하며 범죄자를 위하여 기도하였느니라

검찰청 포토 라인에 선 무고한 대통령을 보고 그 강한 정신력의 원천은 어디서 나오는 것인가? 왜 인간들은 저렇게도 배신을 즐기는가? 마치 빌라도의 법정에 선 육신으로 오신 하나님 예수를 에워싸고 고함쳤던 유대인들과 카메라를 들고 있는 언론들이 서로 오버랩 되었다.

신문을 읽기가 두렵고 방송을 보기가 가슴이 철렁한다. 그들은 또 무슨 fake news로 악마의 춤을 추는 것인가? 동생 아벨의 피가 대지에 사무친다라고 준엄하게 형 가인을 꾸짖어셨던 창조주. 오늘 한국 언론을 보고 말씀을 하신다면 악마의 혼을 받은 한국 언론에 맺힌 원한이 하늘에 사무친다라고 말씀하실 것이다.

악은 피 흘리기를 좋아하지만 궁극적으로 자신이 피를 흘려야 한다. 속죄의 피는 악마를 위한 것이 아니다.

9. 背

背信, 이것은 박근혜 대통령 집권 이후 낮은 레벨에서 진행되어 오다 2016년 10월 이후 2017년 3월 현재 한국 정치를 압축하는 유일무이한 단어가 되었다. 信은 사람의 말인 것이고 背는 등을 맞댄다는 뜻이다. 이 한자를 살펴보면 흥미롭다. 북쪽의 달이기도 하고 한자에서 달 月은 고기 肉을 뜻하기도 한다. 즉 북쪽의 고기 肉이기도 하고 북쪽의 달이 될 수도 있다.

北이란 한자는 서로 등을 맞대어 있다라는 뜻이며 도망가다 또는 패배하다, 나누다 등 그렇게 좋은 의미는 아니다. 반대로 南은 羊이 많아서 우리를 쳤다라는 뜻이고 양을 기르는 곳은 햇볕이 잘 드는 방향이기도 하다.

조선 시대 중종 재위 때 앞에서 살펴보았던 조광조 개혁에 반대하여 남곤 등 훈구파가 궁궐의 북문을 열고 들어가 절차 없이 사화 선동에 앞장 선 것을 北門之禍라 하여 기묘사화를 표현하는 말이다. 또한 성경 이사야 14장 13절에 Satan이 말하기를 "네가 네 마음에 이르기를 내가 하늘에 올라 하나님의 뭇별 위에 나의 보좌를 높이리라 내가 북극 집회의 산 위에 좌정하리라"라고 적혀 있다.

바알(벨) 문양의 특징, 초승달과 별, 위키백과

이슬람 국가들의 국기들은 공통적으로 초승달과 별을 포함하고 있다. 종교 창시자가 AD 622년에 하늘에서 초승달이 있던 밤에 계시의 별을 보았다는 전설을 받드는 이유이다. 기독교에서는 그 별이 앞에서 살펴본 것처럼 루시퍼 너 아침의 별(계명성)이여 하고 나온다. Satan의 아랍어 표기다. 큰 뱀으로 표현됨도 살펴보았다. 하나님께 배신한 첫 번째 존재가 바로 천사장 Satan이었다. 북쪽의 달과 별이 背信의 상징이다.

북한 김일성 주체교가 기독교를 그대로 베낀 것이라는 것은 잘 알려진 사실이다. 그 주체교를 창시한 황장엽 씨가 남으로 망명하였는데 그 집안이 원래 기독교 집안이었다. 오늘날 신천지교를 비롯한 많은 이단 종교의 공통점은 무엇인가? 자신을 하나님이다, 재림 예수다 등등 인간인 자신을 신격화하거나 스스로 그렇다고 주장하는 것이 공통점이다.

이슬람 코란도 앞부분은 모세 5경, 즉 성경의 앞부분과 흡사하며 이슬람교도들 역시 아브라함이 자기들 민족의 조상이라 말한다. 틀린 말이 아니다. 아브라함이 하나님의 정하신 때를 기다리지 못하고 아내 사라의 권유에 못 이겨 아내의 몸종이었던 이방 여자와 동침하여 낳은 아들이 이스마엘이었고 이후 세월이 지나 본처 사라가 나이 들어 놓은 아들이 이삭이었다.

그 후 하갈은 아들 이스마엘을 데리고 떠났고 아브라함에게 약속하신 하나님의 아들, 네 자손이 하늘의 별처럼 많아질 것이다 한 말씀 자체는 유대인뿐 아니라 아랍인들에게도 그대로 적용되었다. 아브라함의 판단 착오 성급함, 즉 하나님에 대한 신뢰 부족은 인류 역사를 바꾸었다. 오늘날 IS 테러는 지구 상의 가장 큰 골칫거리이며 많은 사상자가 발생하고 있다.

그들의 코란에는 기독교인과 유대인은 죽이라고 되어 있다. 살인하지 말라는 기독교와 살인하라는 이슬람. 어느 것인 참 종교인지는 결론은 너무 간단하다. 바알, 즉 악마를 신으로 섬기며 몸에 폭탄을 감고 폭사하면 자기들이 믿는 천국에 아리따운 아가씨들에 둘러싸여 영원히 호의호식한다는 말에 속아서 목숨을 버리는 테러를 감행하는데 진실은 그들은 모두 불 못에 빠진다는 사실이다.

살아서도 불덩이에 폭사하고 죽어서도 영원히 불덩이에 괴롭힘을 당한다. 이것은 정말 비극이다. 유사 종교, 모방 종교, 창조주 하나님을 거스리는 인간 본성의 죄성과 그것의 출발점인 Satan이 벌이는 인류 역사 드라마이다.

우주 전체에서 가장 먼저 일어난 죄, 바로 배신. 앞에서 언급하였듯이 그 동기는 교만이었다. 겸손하신 창조주를 옆에서 그 오랜 세월 지켜본 천사장의 대반란, 혼자만 배신한 게 아니라 그가 배신을 행동으로 결행하기 전에 당연히 선동이 있었다.

너무 화려하고 준수하고 여자가 보면 바로 반하는 초우월 미남이라 하는 Satan, 그를 따르는 많은 천사들이 동반 배신하였고 그들은 이 지구 상을 떠돌며 많은 사람을 미혹하고 있다.

과학과 공학을 전공한 저자가 무슨 뚱딴지 같은 소리를 하느냐고 반문을 하시는 분도 있을 것이다. 그러나 알면 알수록 공부를 하면 할수록 이 인간의 비극과 탐욕 그리고 전쟁의 역사는 善과 惡의 드라마이다.

배신은 살펴본 바와 같이 그 뿌리가 인류 역사 이전부터 시작한다. 인간사 비극의 주제는 따지고 보면 모두 배신인 것이다.

남녀 간의 갈등도 결국 어느 한쪽의 배신이며 로마의 흥망성쇠도 결국 배신의 드라마였으며 최근 이복형을 독살하고 키워준 외삼촌을 고사총으로 죽인 북의 어린 세습 3세도 배신이 핵심어이다.

2016년 12월 여의도에서 일어난 사건을 한마디로 압축 표현하면 바로 배신이었다. 대통령을 배신하였으며 국민을 배신하였다. 그들 스스로 정당화하려고 해도 이제 대다수 국민들이 모두 알아 버렸다.

박근혜 대통령은 우리나라 경제 부국, 자주국방 등의 엄청난 정치적 유산의 상속인이다. 다른 정치인들이 도저히 가질 수 없는 정치적 자산을 가진 사람이다. 따라서 언제나 모반의 대상이 되었다. 그를 따르던 무리들이 오히려 배신의 주역이 되었다. 사사건건 대통령의 개혁에 반기를 들었고 그것으로 자신의 몸값을 올리려 했다. Satan의 죄성이 그대로 드러나는 장면이다.

코레일 노조가 백기 투항을 하기 직전 밤에 야당 인사와 함께 가서 마치 정치적 타협인 양 그리고 자신의 정치력을 보여 주는 듯한 어이없는 초등학생 수준의 정치 철학을 보인 2016년 총선 옥쇄 파문 주역은 대한민국 국회의 개혁이 절대 명제라는 것을 적나라하게 보여 주었다.

아버지도 배신으로 돌아가셨고 본인 역시 삶의 여정에서 배신을 깊이 체험하였다고 하지 않는가? 우리 모두 익히 아는 바이다. 이번 탄핵 사건은 그 클라이맥스일 뿐이다. 그러나 유사 이래 오백만 가두 지지 국민을 모아 본 정치인은 없었다.

박근혜 대통령은 본인이 정치적 희생 제물이 되면서 대한민국 보수의 wakeup call(alarm)이 되었다. 예수는 십자가에 달려 죽으므로 인류사에 가장 중요한 족적을 남겼고 또한 개인적으로 체험한 바로는 그분이 우리 삶에 함께하신다는 것이다. 죄의 문제가 해결되었다.

지금처럼 좌파가 사회 전반에 광범위하게 포진한 것은 유래가 없었다. 이런 상태로 소위 민주적이고 평화적인 방법으로 남북통일은 이념적으로 불가능하다. 충격적 대반전이 필요하다고 뜻있는 이들은 생각한다.

구약시대 성경에 기록된 배신의 하이라이트는 다윗 왕(King David)의 친아들 압살롬의 반역일 것이고 신약에서는 두말할 것 없이 가룟 유다의 밀고 배신행위다.

다윗 왕은 이복 자식 19명이 있었고 나이 들고 쇠약해진 다윗의 계승자는 누구일까는 그 시대 이스라엘 국민들의 당연한 관심사였다. 장남과 차남, 적손과 서손. 이들은 자의 반 타의 반으로 권력 쟁투에 들어간다.

압살롬이란 단어는 '평화의 아버지 하나님'이라는 뜻으로 압살롬은 오늘날 인근 레바논 지역 왕의 딸이 어머니였고 이 레바논 지역은 전통적으로 미인이 많다. 우리나라도 강계 미인이라 하듯이. 압살롬은 원래 3남이었으나 2남이 빨리 죽어서 차남이 되었고 이복 장손 암논과는 정치적 후계 라이벌이었다.

압살롬은 당시 미스터 이스라엘이었다. 큰 키에 용모가 조각같이 준수하고 특히 머리카락 무게만 3kg에 달하는 장발이었는데 압살롬의 여동생도 천하일색이었는데 배다른 장손 암논이 계략을 꾸며 이복 여동생을 강간하는 사건이 벌어졌다.

압살롬은 2년 동안 때를 기다렸다가 잔치에 초대해 암논을 죽인다. 격노한 다윗 왕을 피해 시골로 3년간 피신한 압살롬은 정치적으로 복권되나 다윗 왕은 2년간 만나주지 않는다. 암논도 잘못했지만 그를 죽인 압살롬은 더 잘못이기 때문이다.

압살롬은 뛰어난 용모로 대중의 인기가 많았으나 아버지 다윗처럼 결정적 한 방이 없었다. 아버지 다윗은 누구인가? 인근 팔레스타인 군대 침략 시 일개 목동의 신분으로 자신의 주특기인 줄에 돌을 감아 던지는 기술로 적장 골리앗의 이마 급소에 명중시켜 전쟁을 승리로 이끈 전쟁 영웅이었다.

정치인에게는 이러한 정치 자산이 필요하다. 없는 사람들은 항상 모반과 배신을 꾸민다. 인내심이 바닥난 압살롬은 하수인들을 시켜 은밀한 작업을 전개한다. 아버지 다윗 왕에 대한 음해와 그리고 자신을 따르면 어떤 대가들을 준다고 선동 작업을 하였고 드디어 모반을 일으킨다.

지금으로 말하자면 경호 사단을 끌어들여 반역을 선포했다. 자신을 죽이려던 장인 사울 왕의 신하 아히도벨을 정치 고문으로 측근에 두었던 다윗 왕은 결정적 정치 위기에서 배신을 당한다. 아히도벨은 압살롬 편에 섰다. 아들의 급작스러운 쿠데타에 거의 빈 몸으로 피신한 다윗 왕이었고 다윗 왕의 후궁들을 겁탈하라고 조언한 아히도벨, 그리고 그 조언에 따라 몹쓸 짓을 한 압살롬.

거의 맨발로 피신하는 다윗 왕에게 돌을 던진 사울 왕의 먼 친족 시므이. 박근혜 대통령과 다윗 왕이 오버랩 되는 것은 인지상정이다.

자식과의 전쟁을 회피한 아버지 다윗 왕은 시골로 피신하면서 소요가 진정되기를 기다렸고 다행히 바실래이라는 지방 호족의 도움으로 반전을 기할 수 있었다.

쉽게 말하면 수도방위 경호 사단은 아들 압살롬 편에 섰고 야전 사령관 요압 장군에게는 산전수전 전투를 치른 야전군이 있었다. 다윗 왕은 일전을 지시한다. 단, 절대 압살롬의 생명은 지키라 명한다. 수도와 성을 지키는 경호 사단이 요압 장군의 야전군의 유인술에 당해 늪지대에 빠져 죽고 진퇴양난에 빠져 2만 명에 달하는 사상자를 내면서 전투는 압살롬의 대패로 끝난다. 도망가던 압살롬은 그 긴 장발이 나뭇가지에 걸리게 되고 요압 장군의 지시에 따라 살해된다.

이 소식을 들은 아버지 다윗 왕은 반역의 진압을 기뻐하기보다 자식 압살롬의 죽음을 더욱 슬퍼한다. 이후 다윗은 오래 살지 못한다. 후계는 다윗 왕이 억지로 빼앗은 전쟁 영웅 우리야 장교의 아내 밧세바와의 사이에서 낳은 불륜의 아들 솔로몬이 계승한다. 다윗 왕이 예루살렘으로 복귀할 때 가장 먼저 뛰쳐나와 환영한 사람은 돌을 던진 시므이였다. 어쩌면 인간의 본성은 그때나 지금 우리나 동일한 것인가? 대통령 박근혜 사진을 걸고 또는 유세 덕분에 당선이 된 그 사람들이 돌을 던졌고 지금은 기억 상실증에 걸린 사람들처럼 새로운 권력에 줄서기 하고 있다.

가롯 유다는 누구인가? 예수의 열두 제자 중 한 명이며 유대 남부 지방 이스카리옷(가롯) 출신으로 셈에 능해 쉽게 말하면 경리를 맡았다. 예수를 따르는 무리가 많았으므로 평상시 식비, 숙박비, 여행, 비용 등을 책임졌던 사람이다. 돈 걱정을 자연스레 많이 하였다. 나쁘다는 뜻이 아니다. 베다니에서 요즈음 돈 삼천만 원에 해당하는 초고가 명품 향유를 예수의 머리에 붓던 여인이 또 등장한다. 예수의 몸에 향유를 부은 여인은 3명이었다.

가룟 유다에게는 그 향유를 붓지 않고 경비로 쓴다면 돈 고생이 끝나는 것이 된다. 그러나 예수는 이 여인을 기념하라, 내게 붓는 것이 당연하다라고 말씀하신다. 예수는 자기의 죽음을 말씀하고 예비한 것이고 그것을 모르는 유다는 현실 경비가 더 관심사였다.

3년간 무보수로 노숙과 걸식을 마다치 않던 제자들의 기대는 성경 곳곳에 나타난다. 예수의 세상이 되면 어떤 자리를 차지할까? 오늘날 선거판의 캠프인 셈이다.

그러나 인기 절정의 예수는 죽음을 자주 언급한다. 난감한 상황이다. 역으로 허송세월한 것 아닌가 하는 자괴감을 드는 장면일 수도 있다.

유다가 꼭 돈에 끌려 예수를 밀고했다면 당시 노에 몸값인 은 삼십 량에 팔지는 않았으리라. 돈보다 일종의 사기당한 심리 보상이라고 할까? 하나님 나라, 죄의 청산보다 당시 입신양명에 눈 먼 사람의 당연한 반발 행동이라 생각된다.

그럼 왜 12명 중에 가룟 유다인가? 종교를 돈과 명예, 지위 등의 부차적이거나 금지된 영역의 가치를 먼저 따지는 사람이 惡의 세력, 즉 Devil에게는 딱 맞는 사람이다. 『파우스트』에서 보면 영혼을 팔아 세속의 만족을 구하지 않는가?

대제사장 진영으로 달려간 가룟 유다, 노에 몸값인 은 삼십 량의 대가에 결정적 제보를 한다. 돈이 문제가 아니었다. 지금 돈 몇십만

원 정도이다. 성서의 예언이 실현되는 장면이다. 은 삼십 량에 팔리는 메시아라고 예언되어 있다.

가롯 유다는 밀고 직후 재판정에 선 예수를 보고 뒤늦게 배신에 대해 후회를 하였고 어쩔 수 없는 극단적 선택, 즉 자살을 하였다.

배신의 끝은 드라마틱하다. 모두 비극이다. 2016년 12월 국회, 2017년 헌재에서 일어나 배신드라마의 끝을 기대한다.

10. 憲

지난 4개월 대한민국 국민 우파이건 좌파이건 이 단어에 매여 있었다. 헌법 위반인가, 아닌가? 그리고 헌법재판소. 그간 익숙하지 않았지만 통진당 해산 판결로 뉴스를 독차지했다. 물론 당시 법무부 장관 황교안 현 총리가 박근혜 대통령의 명을 성실히 능력 있게 수행한 결과물이다.

憲이란 한자는 害, 즉 해를 끼치다, 남에게 피해를 주다는 害와 눈目과 마음心의 결합이다. 남에게 피해를 주지 않도록 눈과 마음으로 살핀다. 즉 헌법이란 으뜸 법이면서 동시에 남에게 피해를 주지 않도록 살피는 법철학을 내재한다.

그래서 헌법에 국민의 기본권이 강조되어 있고 그 이하 형법, 민법, 상법 등이 그 정신과 기조를 바탕으로 상세 조항들이 열거된다고 본다. 무죄 추정의 법칙이나 죄형 법정주의, 즉 언론 등이 선동할 때 증거를 가지고 죄를 주장하여야 하며 언론이 징역 몇 년이다 떠들 때 오직 법으로 법원에서 형량을 정직하게 정하는 원칙이다.

박근혜 대통령의 변호인 김평우 변호사의 말씀에도 미국의 경우 검사가 언론 뉴스를 스크랩해서 죄가 있다 운운하면 판사가 그냥 쓰레기통에 버린다고 한다.

그 잘난 우리의 여의도 국회는 언론 기사를 조합했고 헌재는 앞에서도 언급했지만, 사실과 다른 내용을 판결문에 인용했고 권한에도 없는 대통령을 파면한다라고 선언했다. 국민 모두가 피해자이다. 헌재는 대통령을 파면하는 기관도 아니면 헌법 어디에도 그런 권리는 없다.

그들은 모두 어떻게 법을 배웠으며 어떻게 자격시험을 통과했고 그간 내린 수많은 판결의 피해는 얼마나 되는지 아연실색 상황이다. 앞으로 알파고 같은 인공지능과 빅데이터가 현재 그런 재판관을 충분히 대신할 수 있으리라 판단된다. 적어도 인공지능은 정치 영향을 안 받을 것이고 그리고 재판관 자신이 어떤 정치 성향이냐 어디에 줄을 서느냐에 따라 저울추가 마구 흔들리는 인간 재판보다 공정할 것이기 때문이다.

우리나라 헌법은 1948년 제헌 당시 3·1운동에서 기본법 정신을 가져온다. 개인의 자유와 권리를 보장하여 최고의 능력을 발휘할 수 있도록 하는 자유시장 경제 체제이다.

반면 북한 헌법은 김일성의 주체 사상에서 기본법 정신을 가져온다. 민족의 태양이라 칭하며 국가와 협동조합이 모든 생산 수단의 소유권을 가진다. 즉 개인은 소유권이 없고 북한 헌법에는 서구의 민주주의 개념이 없으며 오직 김일성의 꾸며진 신화에 법이 기초하고 있다.

즉 종북은 김일성을 민족의 태양이라 칭하는 데 동의하는 것이다. 최소한 개신교나 가톨릭 신자이면서 종북하는 것은 하나님 입장에 선 가중 범죄 처벌에 해당하는 것이다. 인간을 신격화한 집단을 추종하면서 반면 또 신자 행세를 하니 앞에서 언급한 것처럼 성회와 더불어 악행을 하는 인간들을 견딜 수 없다고 선언하신 메시지를 상기한다.

그런 나라에는 칼, 기근, 그리고 전염병을 보낸다라고 말씀하신다. 소위 민족의 태양이 삼백만 민족을 굶겨 죽였다. 좌파 정부에서 천문학적 자금을 주지 않았더라면 핵이나 미사일 그리고 이번에 드러난 극악한 화학 무기는 없었다. 반드시 역사적인 규명이 필요하며 자유 통일 후 북한의 비밀문서 분류 및 조사를 통해 북에 협력한 사람들의 자기 고백은 신사참배 회개와 같은 차원에서 필수라 하겠다.

그러면 잠시 왜 종교의 자유가 있는 우리나라에 이렇게 이단 종교가 많이 생기고 또한 정통 종교인 기독교 그리고 특히 가톨릭에 좌편향 내지 종북 종교인들이 많은지 그 방면 전문가들의 깊은 연구가 있어야 하겠다.

외면적인 이유는 독일의 자유주의 신학, 즉 예수의 신성과 인성 그 어느 한쪽을 슬쩍 부인하거나 변질시키는 신학이며 그 기본에는 휴머니즘 즉 인본주의 사상이다. 종교의 관점을 신 중심에서 피조물 인간 중심으로 옮기는 것이다.

이 고전적인 자유주의 신학은 20세기 초 미국 신학교의 주류가 되었고 아이러니하게도 한국 교계의 많은 지도자가 당시 프린스턴 신학교 등 자유주의에 물든 미국 유학생 출신이었다. 탈 정통 복음주의적 신학은 결국 미국도 경제 대공황을 가져왔으니 칼, 기근 전염병의 저주는 틀림이 없다 하겠다.

신사참배를 반대해 자진 폐교한 평양신학교 대신 신사참배 찬성파들이 세운 신학교와 그 졸업생들이 한국 교회 한 축이 되었다. 앞에서 살펴본 대로 당시 총회장 조직 지도부 전원이 신사참배 찬성론자들이었고 해방 후에도 기득권은 유지되었다.

급성장 경제와 교회 내에서 아직 정리하거나 파쇄 또는 청소하지 못한 인간 숭배 사상이 남아 있었으므로 그보다 더한 주체 사상이 번성한 것이다라고 말하면 지나친 과장일까.

이스라엘의 남쪽 유대 나라의 요시야 왕은 한번 공부해 볼 만한 사람이다. 결론적으로 요시야 왕 집권 및 재임 그리고 사후 23년 만에 바빌론에 의해 나라가 망한다. 요시야는 30년간 재위한 이스라엘 역사의 마지막 끝에서 4번째 왕이다. 바빌론의 최후 침공으로 이스라엘 예루살렘 성은 BC 587년에 점령당한다.

요시야는 어린 나이에 왕이 되었지만 강력한 종교 청소에 나섰다. 신전에 있는 모든 우상을 파괴하고 성전을 재보수하였으며 경제 부흥에도 앞장섰다. 기울어져 가던 이스라엘 왕조의 마지막 부흥이었다(다음 페이지 그림).

　좀 더 설명하자면 요시야 왕이 성전을 보수하다가 오래된 두루마리 서책을 발견하였는데 알고 보니 그것이 바로 모세 5경 즉 율법 책이었고 이를 서기관을 통해 낭독해 들은 요시야 왕은 그 내용을 듣고 한탄하였다. 당시 요시야의 선대 왕들이 우상 숭배를 하느라고 율법 책을 태우거나 없애버려(마치 중국 홍위병 난리소동 때나 진시황의 분서갱유 등) 심지어 제사장들도 율법에 대해 잘 알지 못했던 것이다. 율법 책을 다 들은 요시야왕은 우상뿐 아니라 관계되는 모든 잡신 문화를 부수고 아예 가루를 만들어 버렸다. 모든 국민은 이 개혁에 동참하라고 명령했고 잡신 우상 목상 등을 훼파할 때 국민들이 서서 목도해야 했다.

요시야왕의 개혁으로 우상 파괴,
William Brassey Hole

그러나 선조 왕들과 민족의 축적된 죄가 너무 많아 하나님의 마음은 돌릴 수가 없었다. 선지자를 통해 너 요시야가 재위하는 동안에는 멸망은 없다라고 말씀하신다.

요시야의 개혁 정책은 후반기 이집트 왕과의 담판(전쟁인지 불확실) 때 끝나게 된다. 이후 다시 우상 숭배가 재현되었고 결국 요시야 왕 사후 23년 만에 이스라엘은 망하고 대부분 바빌론까지 1,000㎞ 이상을 걸어서 가야 했다.

바빌론 포로로 간 그들은 현지 법과 제도 종교 문화에 따라 황제 느부갓네살을 신으로 섬겨야만 했다. 거절한 몇 청년들의 이야기는 성경에 잘 기록되었으나 반면 그 극소수를 제외하고는 모두 신사참배를 해야 했던 것이다. 유다 민족은 바빌론 포로 생활 70년 만에 바알 우상 숭배에서 떠났다. 참으로 질기고 질긴 우상 숭배 죄성이었다.

일제 말기의 신사참배는 북한에서는 김일성 주체 사상으로 둔갑하여 대형 우상은 물론 북한 전역에 이십여 만 개의 동상이 있다고 하며 각 가정에는 그 부자의 사진이 걸려 있다. 아침에 눈을 뜨고 밤에 잠자리 들 때까지 그 사진들을 보아야 하는 것이다. 학교에 가도 있고 근무처나 군대에 가도 있고 시내 요소요소에 있을 것이다. 한마디로 우상 숭배로 시작해서 우상 숭배로 하루가 저물며 태어나서부터 죽을 때까지 우상 숭배를 하다가 죽는다. 비극이다.

헌법으로 돌아가서 인간이 법의 시작인 집단의 사상에 감염되거나 좋게 말하자면 약점이 잡혀서 반국가 행위를 한다면 나라는 망하고 베트남처럼 그 반역의 앞잡이들부터 먼저 집단 처형되는 비극적인 장면이 연출될 것이다.

보수 사회에서는 이번 탄핵 사건 및 헌재 탄핵 인용 판결은 우리나라 사법 체계의 대개혁을 불러온 사건이라 본다고 한다. 법조계의 판도라 상자가 열린 것이다. 그간 법을 공부한 사람들의 전성시대였다. 법을 공부하고 정의를 구현하겠다는 사람들이 법으로 거금을 벌고 뒷거래하고 또한 죄를 변호하고 국회로 가고 청와대로 가고 각종 공공 기관으로 최대의 기득권 집단이 되었다. 헌법은 반드시 고쳐야 하는 이유는 국회와 검찰 그리고 헌법재판소 때문이다.

헌법재판소의 탄핵 판결문은 원칙적으로 법에 어긋난 것이다. 헌법재판소는 앞에서 언급한 바와 같이 탄핵 소추 문서에 기록된 사항들이 사실인지 아닌지 꼼꼼하게 확인하지 아니하였다. 읽어보았다라고 하는 것은 사실관계를 확인했다 하는 것하고는 전혀 다른 것이다. 그리고 헌법재판소는 국회가 소추한 대부분 항목은 모두 기각하였다. 상황이 애매모호한 대통령의 지인이 국정을 간섭했다는 사실이 아닌, 즉 언론이 꾸며낸 소설을 인용하고 사실인 것처럼 인용하였다.

헌법재판소는 국회의 탄핵 소추 문서를 그대로 인용하는 것인지 아니면 기각하는 것인지 원칙적으로는 소추 항목 개별로 판단해야 하며 대통령은 재임 시 내란이나 전쟁과 비슷한 상황을 야기치 않는 한 탄핵되지 않는다라는 헌법을 위반하는 인민 정치 재판을 하였다.

담당 재판관의 성향은 알려져 있었지만 '파면한다'라는 판결문은 어불성설이다. 헌법은 물론 헌법재판소 법에도 대통령을 파면한다 라는 법조문 자체가 절대 없다.

또한 좀 의아한 같은 일은 A 헌법재판관이 추신한 내용인데 이것 은 세계일보 객원 필진의 글을 그대로 인용한 것이고 그 세계일보 글은 A 객원 필진의 블로그에 수록한 글이며 중국 고전 管子라는 사상가의 책을 마음대로 편집하여 원본 책에는 없는 그야말로 아전 인수 해석도 아니고 없는 말을 지어낸 것을 그대로 베껴서 탄핵판결 문에 넣었다.

유명 온라인 정치 토론 방에 '불멸의 용접공'이라는 아이디를 사용 하는 평범한 국민의 기고를 발췌 인용한다.

헌재판결문 89페이지 중 84페이지에 이 말이 나온다.

"지도자가 위법한 행위를 했어도 용서한다면 어떻게 백성에게 바르게 하라고 하겠는가(犯禁蒙恩何爲正)."라는 옛 성현의 지적이 있다. 대통령을 비롯한 지도자의 준법을 강조하는 말이다. 따라서 대통령의 법 위반 행위는 일반 국민의 위법행위보다 헌법 질서에 미치는 부정적 영향이 크다고 할 것이므로 엄중하게 대처해야 한다.

이 글은 헌재재판관 A가 낸 것이다.

내가 좀 의아해했던 건 〈犯禁蒙恩何爲正〉 이 구절이 어떻게 헌재판결문처럼 해석될 수 있나 해서였다. 원래 한문으로 쓰인 고전이 현대어에 알맞게 해석이 되려면 어느 정도 말을 덧붙이는 건 어쩔 수 없는 일이다. 그런데 저 구절에서 지도자에 해당할 아무런 글자가 없는데 어째서 저런 식으로 해석을 했을까, 의문을 가졌던 것이다. 그렇다고 저 한 구절만으로 옳다 그르다 판단하기도 애매했다. 원래 정확하게 문장을 해석하려면 그 전후의 문장을 찾아봐야 올바른 판단을 할 수 있을 일이다.

그래서 검색해보니 이건 세계일보의 외부 필진 칼럼에서 2016년 12월 14일 녹명문화연구원장이란 직함을 가진 H란 자가 올린 글에서 나온 것이었다.

아래는 국회에서 탄핵소추안이 가결된 5일이 지난 뒤에 H가 세계일보 자신의 블로그에 올린 글의 일부이다.

관자의 말은 아프게 이어진다. "나라가 다스려지고 임금이 존귀한 것은 법에 의거한 말을 중히 여기기 때문이다(靖國尊君根重令). 위법한 행위를 했는데도 봐준다면 어떻게 백성에게 바르게 하라고 하겠는가(犯禁蒙恩何爲正)."

하지만 여전히 확신할 수는 없었다. 그래서 도서관에 가서 『관자』를 갖고 두 시간 정도 원문을 훑어보았지만 저 구절이 책의 어디에도 없었다. 사기를 당한 느낌이었다. 혹시 내가 지나치진 않았을까 싶어 다시 훑어보아도 역시나 저 구절을 찾을 수가 없었다.

다만, H가 올린 靖國尊君根重令에서 이 구절의 단초를 확인할 수는 있었다.

다음은 『관자』 5권 15편 重令의 일부이다.

凡君國之重器, 莫重於令, 令重則君尊, 君尊則國安, 令輕則君卑, 君卑則國危.
故安國在乎尊君, 尊君在乎行令, 行令在乎嚴罰, 罰嚴令行, 則百吏皆恐.
罰不嚴, 令不行, 則百吏皆喜.

故明君察於治民之本, 本莫要於令.
故曰, 虧令者死, 益令者死, 不行令者死, 留令者死, 不從令者死.

五者死而無赦, 唯令是視.
故曰, 令重而下恐.

아래는 소나무 출판사에서 나온 『관자』로 현대인에 맞게 쉽게 되어 있어 인용한다.

나라를 통치하는 방법 가운데 명령보다 중요한 것이 없다. 명령이 중시되면 군주가 존엄하고, 군주가 존엄하면 나라가 안정된다. 그러나 명령이 경시되면 군주가 미약하고, 군주가 미약하면 나라가 위태롭다.

그러므로 나라를 안정되게 하는 것은 군주를 존엄하게 하는 데 있고, 군주를 존엄하게 하는 것은 명령을 시행하는 데 있으며, 명령을 시행하는 것은 형벌을 엄숙하게 하는 데 있다. 형벌이 엄숙하지 않고 명령이 시행되지 않으면 모든 관리가 희희낙락거린다.

그래서 현명한 군주는 백성을 다스릴 때 그 근본이 명령보다 중요한 것이 없음을 알아야 한다.

그러므로 "명령을 함부로 삭제한 사람은 사형에 처하고, 명령을 함부로 첨가한 사람은 사형에 처하고, 명령을 시행하지 않는 사람은 사형에 처하고, 명령을 지연시키는 사람은 사형에 처하고, 명령에 따르지 않는 사람은 사형에 처한다"고 한다.

이 다섯 가지는 용서하지 않고 사형에 처하며 오직 명령대로 한다.
그러므로 "명령이 중시되면 신하와 백성이 두려워한다"하는 것이다.

H가 세계일보 자신의 블로거에 올린 靖國尊君根重令, 이 글은 아마도 『관자』 5권의 저 문장과 관계된 듯싶다.

靖國, 尊君, 重令, 이 단어가 원문과 유사하지 않는가?
하지만, 그가 올린 靖國尊君根重令 犯禁蒙恩何爲正 이 글은 『관자』에는 없다.

내가 추론하기로는 이 글은 H가 지어내어 자신의 세계일보 블로거에 올린 거다. 또한 자신의 글에 권위를 더하기 위해 〈관자〉를 끌어들인 것이다.

관자의 원문은 나라의 안정을 위해 대통령의 권위에 도전하지 말라는 뜻이다.

헌법재판관이라도 실수는 할 수 있다. 그러나 그런 중대하고도 역사적이며 전 세계적인 관심사 판결문에 넣은 구절이나 자구 또는 인용이라면 신중하게 확인하며 고민하고 또 다시 들여다보는 노력이 미흡하다는 것을 지적하는 것이다.

그대 헌법재판관들이 초급행으로 대통령을 탄핵하였는데 아마 대한민국이 존재하는 한 이 판결문은 연구될 것이고 비난받을 수 있을 것이다. 또한 잘못된 판단이라면 또 다른 법관에 의해 거꾸로 법의 심판을 받을 수도 있다고 생각한다.

11. 天地와 宇宙

하늘 天자는 팔을 벌린 사람 大 위에 드리워진 一 자의 합으로 이루어져 있다. 반면 땅을 나타내는 地는 흙 土와 뱀 也의 합이다. 사람이 팔을 벌리고 있고 땅에는 뱀이 기어 다닌다. 이것이 한문이 나타내는 天地의 자구적 뜻이다.

다르게 자의적으로 해석하면 뱀으로부터 공격을 보호해 달라고 팔을 벌리고 있는 사람이 천지라는 뜻이라고 하면 지나친 해석이라 할 수 있을까? 영적인 현실은 크게 다르지 않다. 죄성을 타고난 사람을 끊임없이 유혹하여 타락하게 하고 창조주 하나님과 원수 되게 하는 일이 바로 뱀으로 표현되는 Satan의 agenda, 즉 모든 일의 주제이다.

히브리 사람, 즉 오늘 유대인들의 조상들은 하늘을 칭할 때 복수의 개념을 사용하였다. 즉 하늘이 아니고 하늘들이다. King James 성경에는 하늘을 heaven이라 단수라 하지 않고 heavens, 즉 복수로 적혀 있다. 분명히 하늘 위의 하늘 또 그 위의 하늘일 수 있는 것이다.

히브리 사람들은 하늘을 삼층천(三層天), 즉 하늘 위의 하늘 그리고 그 위의 하늘로 이해했고 성경에도 지구를 중심으로 한 하늘과 은하계들의 조합인 큰 하늘과 시간과 공간을 초월하는 또 다른 하늘로 구성되어 있다고 생각했다.

사람은 지구를 중심으로 한 태양계의 하늘 아래 있는 것이고 창조주 하나님과 천국은 삼 층 하늘에 있다고 생각했다. 마치 동화와 같은 상상이었다. 그런데 과학이 발달하고 우주 관측 허블 망원경과 은하계로 여행을 떠난 우주 탐사선들이 보내오는 영상과 소리를 연구하면 연구할수록 이러한 동화 같은 가설들이 사실에 가깝다는 사실이다.

1960년 미국 Bell Lab(세계 최대의 전자통신 연구소)의 두 연구원은 당시로서는 처음이고 오늘날 흔히 보는 접시 모양의 거대 안테나에서 자꾸 소음이 생기는 것을 발견하였다. 처음으로 우주에서 보내는 극초단파의 존재를 알게 되는 기념비적인 발견이었다. 무심코 기계 잡음으로 치부하지 않고 여러 번 되풀이해 본 결과였다. 만약 우주가 천문물리학에서 주장하는 대로 대폭발(Big Bang)에 의해 발생하였다면 우주 공간에서의 폭발 소음이 남아 있을 것이라는 비교적 단순한 논리로 측정 소음들을 분석하였다. 처음에는 안테나 시스템 자체가 발생하는 소음이라 여겼지만 모든 자체 소음을 제거한 다음에도 은하계에서 보내는 소음이 있었던 것이다. 인간이 우주 은하계와 정사적으로 연결되는 순간이었다.

2013년 노벨물리학상은 우주 발생 최초에 존재했다가 사라진 소위 힉스 입자가 있었을 것이고 우주에 흔적이 남아 있다라고 한 영

국의 힉스 교수가 받았다. 우주의 바로 그 시작, 즉 Big Bang 대폭
발이 일어난 137억 년 전의 폭발 흔적이 아직 우주에 있을 것이다라
는 이론이다.

질량의 근원과 우주 생성의 비밀을 설명해줄 수 있는 힉스 입자는
'신의 입자'로 불린다. 물리학자들은 모든 물질이 12개 기본 소립자
와 이들 사이를 매개하는 4개 소립자, 그리고 힉스 입자까지 모두 17
개 소립자로 구성돼 있음을 밝혀냈다. 하지만 힉스 입자는 모든 물
질에 질량을 부여하고 난 후 사라져 버려 그동안 존재를 입증할 수
없었다.

스위스 제네바에 있는 유럽입자물리연구소(CERN) 연구진은 거대
강입자 충돌기(LHC)에서 양성자 뭉치가 충돌해 힉스 입자가 생성됐
다 순식간에 붕괴하면서 페르미온의 일종인 타우입자 2개로 붕괴한
다는 사실을 처음 확인했다. 우주의 기원 가설이 입증된 것이다.

터널 지름이 3m, 길이가 27km인 세계 최대의 실험 장치 LHC 거대 입자 충돌기, CERN

무슨 말인가? 쉽게 이야기하기 위해 검색해보니 매일경제 신문에 힉스 입자를 잘 요약한 기사가 있어 인용한다.

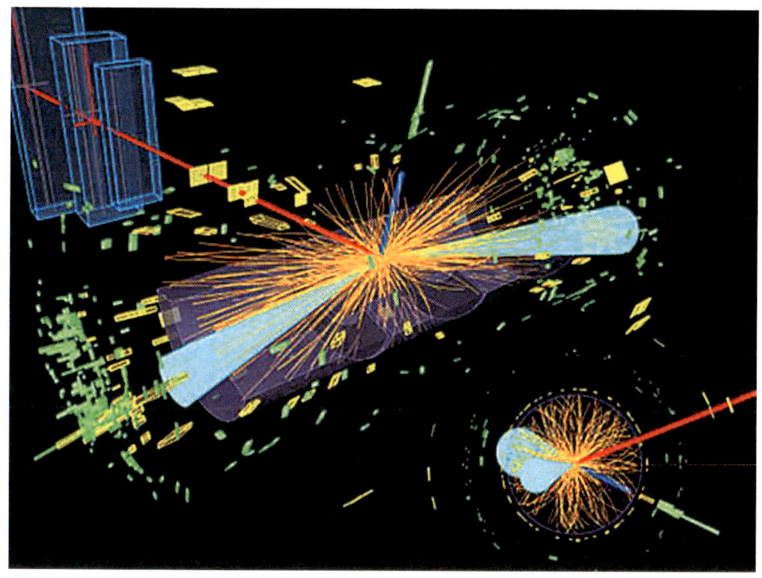

LHC에서 양성자 충돌로 생긴 힉스 입자가 붕괴하는 흔적이 검출기에 포착된 모습, CERN

사진에서 보는 것처럼 LHC에서 양성자 충돌로 생긴 힉스 입자가 붕괴하는 흔적이다. 붉은 선과 푸른 선은 각각 2개의 타우입자가 전자와 뮤온으로 붕괴함을 의미한다.

힉스 입자의 개념은 '세상이 어떻게 만들어졌을까?'라는 질문에 대한 답을 찾는 과정에서 나왔다. 현대 물리학에 따르면 137억 년 전 우주가 대폭발한 직후만 해도 입자에는 질량이 없었다. 질량이 없다면 우리가 손으로 잡을 수 있는 물체는 만들어지지 않는다. 단지 빛처럼 흩어질 뿐이다.

다행히도 우주가 식어가면서 입자들은 질량을 갖게 됐고, 덕분에 온 갖 물체로 가득 찬 지금의 세상이 만들어졌다. 그런데 각각 입자는 어 떻게 질량을 갖게 됐을까? 피터 힉스 에든버러대 교수는 각각의 입자 에 질량을 부여한 또 다른 가상의 입자가 존재한다는 가설을 내놓았 다. 이 가상의 입자가 바로 힉스 입자다.

아인슈타인이 1916년 발표한 '일반 상대성 이론'을 우주 전체에 적용하면 '우주가 팽창한다'는 놀라운 결론이 나온다. 오늘날에는 당연하게 받아 들여지는 이론이지만, 아인슈타인이 일반 상대성 이론을 쓰던 당시에는 도저히 받아들일 수가 없었다. 그래서 아인슈타인은 자신의 일반 상대 성 이론을 증명하는 수식을 일부 고쳤다. 적분 과정에서 상수를 집어넣 어 '우주가 팽창하지 않는다'는 기존 이론에 부합되는 결론이 나오게 유 도한 것이다. 나중에 과학자들은 이 상수를 '우주항'이라고 불렀다.

바로 우주는 팽창하지 않는다는 당시 이론을 고수하기 위해 아인 슈타인은 우주항이라는 상수항을 집어넣었다. 본인의 상대성 이론 과 배치되는 것이었다. 우주는 팽창한다.

빛은 초속 30만 km를 갈 수 있다. 지구 7바퀴 반이다. 그야말로 광속이다. 그러한 빛이 1년을 가는 거리를 1광년이라 한다. 상상이 나 되는가?

밤하늘에 보이는 무수한 별들, 육안으로 보이는 은하수 즉 galaxy 는 그 크기가 10만 광년 정도이다. 숫자가 무의미하게 보인다. 거의 무한 공간이다. 그런데 우주 전체의 galaxy 숫자는 2,000억 개 정도로 현재 파악되고 있다. 개별 galaxy에는 2,000~5,000억 개 정도의 별이 있다. 가히 상상할 수 없는 공간이다. 더군다나 이 공간은 지금도 팽창하고 있다.

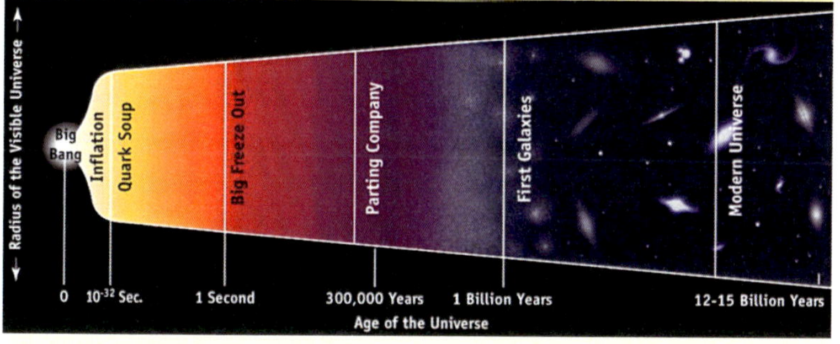

우주의 생성이론 Big Bang, 온라인 강의 http://slideplayer.com/slide/5150769/

그림은 우주 초기 단 1초 이내에 거대한 폭발과 그에 따른 팽창 과정의 시작을 보여 주고 있다.

우리는 137억 년이 지난 지금 우주의 기원이 어떠하다고 가설과 이론을 탐구하고 있다.

宇宙라는 한자의 宇는 집 우자이고. 집을 나타내는 갓머리에 음을 나타내는 우(소리를 내는 모양)를 합한 것이고 宙는 집을 나타내는 갓머

리에 볼록한 형상을 나타내는 由, 옥편에서는 여자의 웃는 모양이라
고도 설명한다. 공간적 개념의 宇와 시간적 개념의 宙가 합쳐져, 즉
시공간을 의미하는 뜻이 되었다.

　즉 우주는 시간과 공간의 개념이다. 이 시간과 공간이 사라지는
즉 다른 차원으로 변하는 우주의 장소 그곳이 바로 블랙홀(blackhole)
이다. 블랙홀이 있으면 화이트홀(whitehole)도 있다. 사진을 보면 우주
공간의 블랙홀은 마치 목욕탕 물마개를 빼면 물이 소용돌이치며 빨
려 나가는 모양과 같으며 화이트홀은 그 반대이다. 즉 우리가 살고
있는 이 우주 시공간과 다른 우주의 연결 통로가 바로 블랙홀 화이
트홀 중간 부분이다.

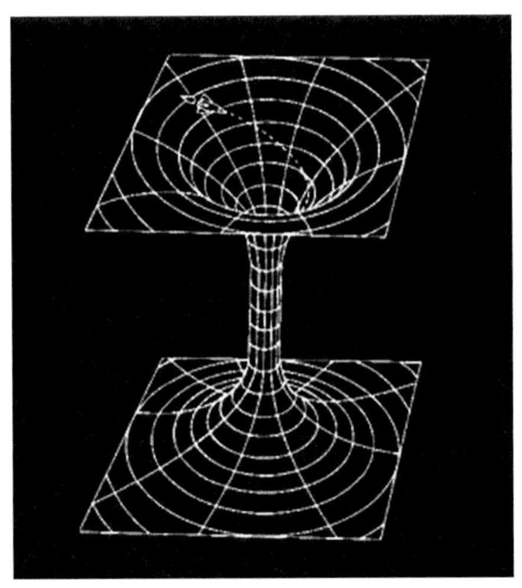

블랙홀과 화이트홀 개념도, Time Travel Research Center

　그렇다면 이 우주는 진화론으로 설명 가능한 것인가? 우주 초기
에 이 우주라는 시공간에 아무것도 없었다면 어떻게 그 거대한 초

폭발 Big Bang이 일어났으며 수소, 질소, 산소, 탄소 등 우주와 생명을 구성하는 물질 원소들이 생기게 되었는가?

물리학자들은 시공간을 이야기하며 생명과학자들은 DNA를 이야기하며 철학자들은 어떤 절대적 존재가 있거나 있었거나 있을 수도 있다고 이야기하며 이 책을 읽는 귀하는 나름대로의 의견이 있을 수 있을 것이다.

성경 욥기에 보면 갑자기 망한 동방 최고의 부자 욥(Job)이 친구 세 명과 벌이는 대토론이 있다. 압축하면 이런 뜻이다. 오늘날 세계 최고의 부자 월가의 어떤 은행가이거나 석유왕 록펠러일 수도 있다. 그는 자기 신앙심을 질투하고 참소한 Satan에게 야훼 하나님께서 그의 생명은 상하게 하지 말라 하며 신앙 test를 허락하신다.

하루아침에 당시의 재산인 가축과 농사가 망하고 가족까지 죽게 된다. 동방 최대의 부자였으니 엄청난 재앙이었다. 몸까지 피부병에 걸려 삼중고를 겪는 그에게 지인 3명이 와서 쟁론을 벌인다. 만약 하나님이 계시고 욥 자네가 올바르게 행동했다면 왜 이런 재앙이 발생했겠는가. 욥 자네는 하나님을 잘 섬긴다 하고 또한 잘못이 없다고 계속 변명하며 오히려 이러한 재앙이 발생하는데 침묵을 지키고 계시는 하나님을 원망하고 있지 않은가? 그것은 옳지 않다고 본다며 자신들은 의로우므로 이런 재앙이 발생하지 않았고 욥은 불의하기 때문일 것이라고 위로하는 척하면서 비난하는 것이다.

욥은 육체적 고난뿐 아니라 이제 친구들에게조차 비난을 받는다. 사면초가. 이 광경을 다 보고 계신 하나님께서 욥에게 드디어 말씀하신다. 친구들을 벌하고 욥을 칭찬할 것 같지만, 전혀 아니다. 욥의 무지와 인간의 한계에 대하여 정확히 지적하신다. 성경 욥기 38장이다.

1절: 그 때에 여호와께서 폭풍우 가운데에서 욥에게 말씀하여 이르시되

2절: 무지한 말로 생각을 어둡게 하는 자가 누구냐

3절: 너는 대장부처럼 허리를 묶고 내가 네게 묻는 것을 대답할지니라

4절: **내가 땅의 기초를 놓을 때에** 네가 어디 있었느냐 네가 깨달아 알 았거든 말할지니라

32절: **너는 별자리들을 각각 제 때에 이끌어** 낼 수 있으며 북두성을 다른 별들에게로 이끌어 갈 수 있겠느냐

33절: **네가 하늘의 궤도를** 아느냐 하늘로 하여금 그 법칙을 땅에 베풀 게 하겠느냐

바로 우주의 시초를 언급한 것이다. 오늘날 물리학자들에게 말씀하신다면 신의 입자, 우주팽창론, Big Bang, 물질 구성 원소, 전자기학 등으로 설명하셨을 것이다. 고대 사람의 눈과 그 당시의 천문 지식수준에 맞게끔 문학적으로 설명하신 것이다.

천문물리학에 지식이 없는 일반 대중에게 어려운 수식과 물리학 단어로 설명할 수 있겠는가?

죽어서 사후 체험을 한 사람들의 공통적인 진술은 소용돌이 같은 터널을 통과하는 것이고 매우 빠른 속도이며 자신이 자신에게 분리

되었으며(즉 또 다른 자신이 병상에 누워 있거나 사고로 숨진 자신을 바라보는) 꽃이 만발한 천국을 보게 되거나 유황불이 끓는 지옥을 보거나이다. 이것은 믿거나 안 믿거나의 문제가 아니고 100명이 넘는 사람들, 즉 임사체험을 한 사람들의 진술을 의사들이 정리한 것이다.

시간과 공간의 제약, 즉 차원이라는 제약을 받는 인간과 이 시공간과 연결되는 통로가 있고 그 통로를 지나면 새로운 시공간(혹은 시간이라는 개념은 없을 수 있다)과 연결되며 시간이 사라지면 영원한 세계로 첫 발자국을 들이민다. 그곳이 천국이든 지옥이든.

3,800만 광년 너머 위치한 카시오페이아 은하계,
허블 우주망원경으로 촬영, NASA Galaxy Photos

시간이 없다라는 것은 영원하다라는 의미이다. 죽어서 육체가 없다. 그런데 시간이 무슨 의미가 있는가?라고 반문은 당연하다. 우리 몸이 만약 다른 형태로 복제 copy 된다면 즉 뒤에 다시 설명하겠지만, 수소, 산소, 질소, 탄소 등으로 이루어진 우리 몸이 새로운 차원의 물질로 복제되어 죽지 않는다면, 즉 영혼 상태의 육체로 존재할 수 있다면 우리는 죽지 않는다. 물론 신의 영역이고 죽어봐야 알 수 있는 것은 맞다.

이러한 거대한 우주, 말로 설명되지 않는 시간과 공간의 세계가 만약 창조되었고 그것을 창조한 존재가 있다면 그 존재가 지구에 존재하는 모든 생명을 신중하게 오랜 시간에 걸쳐 설계하고 만들었다고 단 1분이라도 생각할 수 있지 않겠는가?

후반 생명에서 상세히 기술하겠지만, 우리의 몸에는 설계자의 설계 암호가 있고 그것이 DNA이며 컴퓨터과학자의 집요한 노력과 생명과학자의 지원으로 우리 몸속에 새겨진 그 암호를 해독하게 되었다.

천체를 보는 천문물리학자나 우리의 세포를 보는 생명과학자나 그 속에는 거대한 세계와 아주 지적으로 설계된 초정밀 세계가 펼쳐져 있는 것이다. 창조주께서 물으신다. 내가 이 우주와 네가 사는 땅 지구를 만들었을 때 너는 어디에 있었느냐?

12. 生命과 死亡

통계청에 의하면 한국만 2014년 하루 평균 1,193명의 신생아가 출생하고 7.35명이 사망한 것으로 조사되었다. 세계적으로는 하루에 36만 명이 태어나고 15만 명 이상이 죽는다. 곱해보면 1년에 1억 3천만 명이 태어나고 5천 5백만 명 이상이 죽는다. 즉 1년에 대한민국 인구만큼 죽는다. Welcome to the world and Goodbye 할 문제가 아니다. 지구에 들어온 1억 3천만 명의 귀중한 생명이 있고 지구를 떠나는 5천 5백만 명의 생명이 있다.

빨리 떠나는 생명도 있고 장수하는 사람도 있다. 의학이 발달하고 생활 수준이 올라간 요즈음 평균 수명은 늘고 있다. 그렇지만 죽지 못해 산다는 사람도 많고 죽고 싶어도 못 죽는다는 사람도 많다.

인간의 기본 명제는 태어난 이상 죽는다이고 죽으면 끝이라는 사상과 죽음은 새로운 시작이라는 종교가 서로 대립하고 있다. 둘 다 모두 진실은 아닐 것이고 둘 중 하나가 진실이거나 혹은 제3의 진실이 있거나 그중 하나다.

죽으면 끝이다, 즉 유물론적 사상은 공산주의나 사회주의의 기본이다. 신은 없다라는 게 그들의 기본 골격이다. 중세의 휴머니즘은 인간이 우선이다라는 생각이 기본이다. 인간의 행복을 추구하는 사상이다. 신의 위치는 애매모호하다. 인간은 적당한 죄를 짓고 그리 나쁘지 않으면 연옥을 가며 후손들이나 지인들이 속죄 헌물과 복을 빌면 천국으로 이동할 수 있다는 성경에 없는 이상한 논리를 만들었다. 종교가 돈에 굴복하는 계기가 되었다.

휴머니즘의 기본은 인간의 행복이고 죄의 기본은 자신을 기쁘게 하는 것이다. 일맥상통하는 것이다. 즉 수단과 방법을 가리지 않고 자신을 기쁘게 자신의 만족을 구하며 적당히 선하게 포장하는 기술이 매우 발달하였다. 마치 화장 전후의 여성을 알아볼 수 없을 때 우리는 그것을 화장이 아니라 변장이라고 농담하지 않는가?

예전 강남 어느 교회에서 직접 보고 들은 일화를 소개하면 강남 모 아파트에 당첨되었고 그것 때문에 새벽 기도를 열심히 했는데 하나님으로부터 응답을 받았다라고 간증 아닌 간증을 대예배 간증 시간에 하는 것을 듣고 보았다.

하나님이 복을 주시는 것은 맞으나 불신자가 듣기에는 부동산 중개인도 겸업하시는 하나님이신가 할 것이다. 우리는 그분에게 복을 구하고 달라는 것이 많지만, 그분 자체에는 관심이 별로 없다.

생명을 설계하신 분, 생명의 기한을 정하신 분, 생명을 거두어들이시는 분에 대해서는 별로 신경을 쓰지 않는다. 어느 종교이든 진리를 추구한다. 하지만 그 진리의 정답은 계속 추구 중이다.

나는 길이요, 진리요 또한 생명이다라는 예수의 폭탄적 선언에 유대인들은 요즈음 말로 멘붕이 일어났다. 한술 더 떠서 나를 본 자는 하나님을 보았다. 즉 예수는 자신을 하나님과 동일시하였다. 유대인들 입장에서는 신성 모독이고 절대로 용납할 수 없는 발언이었다. 앞에서 살펴보았듯이 하나님은 복수 명칭이지만 monogenes, 즉 동일한 유전자를 가지는 존재이다. 성부 하나님과 성자 하나님은 동일한 유전자로 표현된다. 나를 본 자는 하나님을 보았다, 즉 동일한 유전자이므로 마치 일란성 쌍둥이라는 말씀을 하신 것이다.

우주와 만물, 즉 시공간과 생명을 설계하고 창조하신 분이 인간으로 오신 인류의 대사건이었으나 겸손하신 그분의 모습에서 당시 유대인들이 신성을 발견하기는 쉽지 않았다. 왜냐하면 그들 대제사장처럼 각종 보석을 붙인 에봇과 화려한 의상과 모자 등은 아예 없었고 갈릴리 지방 촌사람 복장으로 머리는 산발했을 것이고 수염은 덥수룩하고 신고 있던 샌들은 먼지와 흙이 많이 묻었을 것이고 몸에서는 심지어 냄새도 났을 것이다. 좀 과하게 표현하자면 서울역 노숙자 모습으로 큰 교회에 가서 설교한다 정도이면 비유가 될는지.

　미국 어느 교회에서 일요일 오전 모든 교인들이 마당 앞에서 신임 목사님을 마중 나와 있었다. 그런데 목사님은 오시지 않고 미국 대도시에서 흔히 보는 백인 거지 한 분이 터덜터덜 왔다. 구걸을 하였으나 단 3명만이 말대꾸를 했고 배가 고프니 잔돈 좀 달라고 해도 반응이 없었다. 우여곡절 끝에 그 노숙자는 막무가내 들어갔고 앞자리에 앉았으나 뒷자리로 곧 끌려갔다. 이윽고 광고 시간이 되었고 신임 목사님이 부임했는데 어디 계십니까? Jeremiah Stipeck. 노숙자 아닌 목사가 강대상으로 올라갔다. 아연실색 노숙자 그 사람이 바로 신임 목사님이었다.

Jeremiah Stipeck 목사

노숙자 신임 목사는 마태복음 25장 31절부터 40절까지 읽었다.

내가 주릴 때에 너희가 먹을 것을 주었고 목마를 때에 마시게 하였고 나그네 되었을 때에 영접하였고, 여기 내 형제 중에 지극히 작은 자 하나에게 한 것이 곧 내게 한 것이니라.

스티펙 목사가 말씀을 마치자 모두 고개를 숙였고 교인들 중엔 흐느껴 우는 사람이 속출했다. 스타펙 목사는 자신이 겪은 일을 말하며 "오늘 아침 교인들이 모이는 것을 봤다. 하지만 예수 그리스도의 교회는 아니었다. 세상에는 교인들이 많다. 하지만 예수 제자는 부족하다. 여러분들은 언제 예수의 제자가 될 것입니까?"라는 말을 남기고 예배를 마쳤다고 한다.

일전에 서울 영등포 광야교회 임명희 목사의 책을 읽은 적이 있다. 그는 어려서부터 친형에게 무지 맞았다고 했다. 그런데 군대에 가니 또 때리더라는 것이었다. 자기는 맞는 게 운명인가 보다 했는데 하나님을 영접하고 신학교를 졸업하고 목사가 되었고 임지가 없어 방황하던 차 영등포 역전에서 노숙자를 보고 자기의 사명이라 결심하고 술 취하면 깡패가 되는 양순한(?) 노숙자 목회를 시작하였다. 그런데 세상에서 온갖 실패와 스트레스가 쌓인 그 노숙자들이 소주만 마시면 임 목사를 때리는 것이다.

내가 매 맞는 목사가 되기 위해 어릴 때 형에게 맞고 군대에서 그렇게 맞았나 보라면서 인내로 버텼으나 더 이상 버틸 수 없는 사건이 발생했다. 몇 년 이상 버티던 목사님이 아내를 추행하려는 노숙자를 본 순간 그를 벌 주기보다 그는 모든 것을 그만두어야겠다라고 결심하고 정처 없이 발걸음을 옮겼고 영등포 역전 아래로 걸어갔다. 멀리서 망가진 모자에 더러운 옷을 입은 나이 든 남자 노숙인이 지나가길래 습관적으로 어디로 가느냐고 물었다. 그 노숙인이 말했다. 임 목사 네가 그만두니까 내가 대신 가는 것이다.

임 목사 생애의 대전환점이다. 양치기 노인 모세가 야훼 하나님을 만나듯이.

다시 주제 생명으로 돌아가면 生이란 한자는 풀이나 나무의 싹이 트는 것을 의미하고 命은 입으로 명령을 전달하는 것이니 **생명이란 싹이 나듯이 새로이 태어나 명령을 수행한다**라고 해석하면 틀리지 않을 것 같다. 즉 생명은 명령을 수행하는 존재라는 뜻이다. 생명을 준다라는 것은 인간의 영역이 아니다. 더군다나 내가 생명이다라는 예수의 말씀은 어떻게 받아들이겠는가? 그 당시의 유대인들은 물론 오늘날에도 나는 성현이다, 나는 영웅호걸이다, 나는 부자다, 나는 권력자다 등등 하는 이는 있어도 내가 바로 생명이다라는 사람은 없다.

생명의 설계자이며 그 생명의 모든 구조를 알고 기능을 알고 기한을 아는 존재 그리고 그것을 다시 만들 수 있는 존재 정도가 되어야 내가 생명이다라고 말할 수 있다.

즉 예수 자신이 창조주 하나님과 monogenes가 동일한 분이시다라는 선언이다. 생명이다라는 분은 내가 너희들이 찾는 바로 그 진리이다라고 말할 수 있고 내가 바로 인간이 가야 할 길이다라고 선언할 수 있는 것이다.

죽음을 앞둔 사람에게 묻는다면 당신에게 지금 가장 소중한 것이 무엇입니까 라고 묻는다면 대개는 내게 필요한 것은 생명 혹은 시간입니다라고 할 것이다. 생명에는 기한이 있다. 그 기한이 지나면 원래의 구성 요소 수소, 산소, 질소, 탄소 등으로 분해된다.

死亡이라는 한자는 死 즉 뼈로 변한다라는 뜻이다. 물론 그 뼈도 시간이 지나면 흙으로 변한다. 亡은 원래 사람이 도망가다라는 글자의 변형이다. **즉 사망이란 사람이 도망가서 뼈로 변한다라는 뜻이다.**

앞의 생명은 싹이 트듯이 새로운 명을 수행 받는다면 사망은 새로운 명령을 거부하고 도망가다 뼈로 변했다라는 것이다.

영웅호걸의 무덤 속에도 뼈가 있고 진리를 탐구하던 대학자나 성직자도 뼈로 변했다. 생명의 설계자 이외에는 사망의 덫에서 피할 자

가 없다.

　의학적 사망은 심장이 멎는 것이고 숨을 쉬지 않아 결국 뇌가 정지하고 혈액 순환이 정지되어 세포에 필요한 절대 산소량이 떨어져 몸의 기능이 정지하는 것이다. 사람이 살려면 즉 세포에는 산소가 필요하고 혈액이 택배 역할을 한다. 물론 음식물을 통한 영양 공급도 필수이고 신진대사를 통해 신체의 각 구조가 에너지를 소모하는 화학 작용에서 반출되는 배설물까지 처리되어야 살 수 있다. 내가 의식하지 못하는 사이 나의 심장도 뛰고 있고 나의 소화기관은 영양분을 분리하여 혈액으로 이동 공급하며 나의 폐는 대기 중에 산소를 분리하여 혈액으로 공급한다. 혈액은 심장의 압력으로 혈관을 통해 뇌의 모세혈관에서 발가락 끝까지 순환하고 있다.

　우연인가? 설계인가? 귀하가 우연이라 하든 설계라 하든 진실은 하나이다.

　물리학적으로는 사망은 시간과 공간과의 분리를 의미한다. 앞에서도 잠깐 언급하였듯이 임사체험, 즉 죽었다가 살아난 사람들은 자신과 분리한 또 다른 자신이 공중에서 자기 자신과 울고 있는 가족이나 친지 친구들을 한참이나 보았다 하는 것이다.

　자신 속의 또 하나의 자신. 우리는 그것을 영혼이라 부른다. 투명한 몸을 가진 영혼. 시간과 공간의 제약을 받지 않으니 중력 gravity, 즉 밑으로 당기는 힘을 받지 않으니 떠 있을 수 있으며 시간과 공간의 제약을 받지 않으니 엄청난 속도로 이동할 수 있을 것이다.

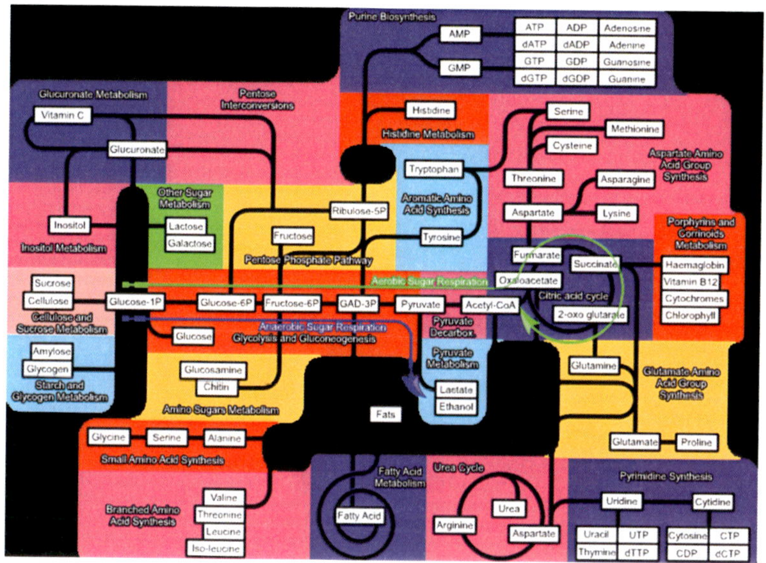

사람의 몸에서의 신진대사 체계 요약도, 위키백과

영적으로 사망은 한번이 아니고 두 번 반복된다. 한번은 육체적 사망이고 두 번째는 살아서 즉 새로운 몸을 가진 영혼의 사망을 말한다. 불행하게도 대부분 인간은 두 번 사망한다. 육체는 사망을 하나 영혼은 구원을 받고 새로운 생명을 받아 영원히 사는 것이 인간 최상의 시나리오다. 두 번 사망하는 인간이 가는 곳은 지옥이고 후반부에 다시 설명하겠지만 절대 가지 말아야 할 장소이다.

이 초거대의 우주와 이 초정밀의 생명체가 우연이 아니라면(우연일 확률은 지구의 모든 사람들이 바닷가에 모래 알갱이 하나를 줍는 데 그것이 모두 동일한 확률 정도에 불과하다 오히려 그보다 더 작은 확률이다) 생명을 창조하신 그러한 존재가 있다면 인간의 모든 행위에 대한 심판이 있어야 당연한 절차 아니겠는가? 극악무도한 살인마가 단순히 사형된다고 모든 형벌이 마친다면 그것은 불공평한 것이다. 새싹이 나듯이 어떤 명령을 받은 존재가 단순히 살다가 뼈로 흙으로 변하고 끝이다라고 한다면 인간은 너무 허무한 것이다. 깨닫지 못한 많은 철학자들은 결국 자살을 하거나 우울증에 걸리거나 하나님은 없다고 절규하거나 대부분 비극적으로 생을 마쳤다. 어떤 철학자가 신이 있다고 해서 있는 것도 아니고 신은 죽었다라고 말한 니체도 죽었고 신은 없다라고 말한 유물사관 철학자들도 다 뼈로 변하고 흙으로 돌아갔다.

인간의 생명은 두 번 죽고 두 번 산다. 엄마의 뱃속에서 태어난 아기는 장성해서 어른이 되고 노화되어 노인이 되어 죽는다. 예수께서 다시 태어나야 한다라고 이스라엘의 선생 니고데모에게 이야기하였다. 니고데모 왈 그럼 어머니 태 속으로 다시 들어갔다 나와야 합니까라고 물었다. 예수는 하나님의 靈으로 거듭나는 새로운 인격을 가져야 한다라고 말한 것이다. 죄를 걸머진 인간은 결코 하나님께 가까이 갈 수 없다. 인간은 스스로 죄 문제를 해결할 수 없다. 물론 새로운 인격을 가진 사람은 죄와 싸운다. 하지만 이미 저지른 죄는 어떻게 하는가?

최소한 니고데모는 율법대로 사는 사람이었고 죄와 싸우는 사람이었으며 일반 유대인들의 모범이 되는 사람이었으나 예수의 가르침에는 자신이 모르는 하늘의 나라에 관한 것이 있고 자신들은 경험하지 못한 여러 병 고침 심지어 죽은 사람을 살리는 초능력을 가진 사람이라는 것도 알았고 죄를 지은 인간이 갈 곳은 지옥이라는 예수의 가르침은 율법 이상의 것이었다.

예수에게 중생의 의미를 묻는 랍비 니고데모, Ellin Jimmerson 블로그

앞에서 설명한 대로 하나님과 동일한 유전자 monogenes를 가진 예수께서 스스로 속죄의 피를 흘렸다. 그 피를 인정하는가 즉 예수의 피로 자신이 저지른 죄가 사해질 수 있다라는 하나님의 제안을 받아들이는가, 거부하는가의 차이가 두 번째 생명이냐 사망이냐를 구분 짓는다. 어떻게 보면 참 허무한 일이다. 자신의 의지로 죄를 해결할 수 없으므로 창조주 스스로 제물이 되어 피조물들이 저지른 엄청난 죄를 해결한다는 논리이다.

아마 불신자이거나 심각한 신자가 아니라면 이는 황당한 논리이거나 아니면 동화 같은 이야기라고 말할 수 있을 것이다. 자식 대신에 죽은 부모 이야기는 더러 있다.

아픈 자식을 붙잡고 하늘을 향해 차라리 날 죽여 주세요라고 울부짖는 엄마는 더러 있지 않은가? 아니 모든 엄마의 심정일 것이다.

성경 말씀에 다음과 같은 구절이 있다. 이사야 49장 15~16절이다.

여인이 어찌 그 젖 먹는 자식을 잊겠으며 자기 태에서 난 아들을 긍휼히 여기지 않겠느냐 그들은 혹시 잊을지라도 나는 너를 잊지 아니할 것이라 내가 너를 내 손바닥에 새겼고

창조주의 자식(인간)에 대한 사랑의 확증이다. 자식을 구하기 위해 창조주 그분이 대신 죽었다라는 말씀이다. 창조에 관한 모든 책임을 지신 것이다.

왜 생명을 창조하셨나 또는 왜 나라는 인간을 만드셔서 이렇게 삶의 질곡을 지나게 하시느냐고 말할 수는 있다. 창조주는 선한 뜻으로 창조하셨고 우리가 알지 못하는 엄청난 것들을 예비하시고 상속하시려는 goodwill, 즉 선한 의지로 우리를 대하신다. 우리의 잘못을 대신하여 대가를 치렀다.

앞에서도 언급하였듯이 창조주 하나님의 가장 큰 속성이자, 인간들이 가장 간과하는 것이 바로 그분의 거룩함Holiness이다. 죄를 가까이하실 수 없고 죄인을 가까이하실 수 없다. 반면 인간으로 오신 예수는 유대인들이 비난한 것처럼 세리와 창기들을 가까이하셨다. 그들은 외형적인 죄를 보았고 예수는 인간 본연의 사악함, 즉 내재하는 죄, 교만, 위선, 음란, 방탕, 시기, 질투 등을 꿰뚫어 오히려 비난하는 그들이 죄인이라고 하셨다.

다시 말하면 선한 의지로 창조한 인간의 타락과 속죄 그리고 인간

의 자유 의지에 의한 선택 그리고 두 번째 생명 혹은 사망 - 인간계에서 모든 개인에게 반복적으로 일어나는 사건이다.

한때 기독교인들을 앞장서서 박해했던 당대의 석학 사도 바울의 서신 로마서 1장에 나오는 유명한 문구이다.

19절: **이는 하나님을 알 만한 것이 그들 속에 보임이라** 하나님께서 이를 그들에게 보이셨느니라

20절: 창세로부터 그의 보이지 아니하는 것들 곧 그의 영원하신 능력과 신성이 그가 만드신 만물에 분명히 보여 알려졌나니 그러므로 그들이 핑계하지 못할지니라

사람은 고대로부터 어떠한 형태이든지 어떤 절대자가 있다고 믿었다. 중국 산동 반도에 가면 노산 태청궁이라는 오래된 고적이 있다. 불교 사찰이 아니고 중국 사람들의 오래된 신앙을 엿볼 수 있는 장소다. 중국 청도에서 자동차로 40분 정도 걸리는 곳이다.

중국 산동 반도 청도시 인근 노산태청궁, 필자

사진에 있는 이 문을 지나면 목조 대문 위의 현판을 만나는데 엄청난 행렬이라 중국 어떤 황제의 행렬인가 하였는데 알고 보니 그 유명한 옥황상제 행차 그림이란다. 아, 중국 사람들에게 창조주는 옥황상제인가 하였더니 또 그게 아니었다.

내부 사당에 들어가니 초상화 다섯이 걸려 있는 데 현판에 있는 옥황상제는 제일 좌측에 걸려 있었고(문자 그대로 서열이 4위 아니면 5위) 가운데에서 좌측은 예전 학교에서 배운 신농, 즉 농사 전문가였고 나머지 우측 2분은 기억이 나지 않는다. 중요한 것은 가운데 태극 문양의 북을 가진 수수한 분이 누구냐고 통역 해설자에게 물었더니 가운데 그분이 바로 조물주라고 한다.

너무 높아서 아무 꾸임도 없이 그냥 수수하게 표현했다고 부연 설명한다. 이러한 글을 예전에 소소하게 블로그에 올렸는데 많은 분들이 인용하고 있다. 어떠한 형상으로도 표현하지 말라는 하나님의 명령에 없고 고대 중국인 자신들의 상상력으로 중국인으로 그린 창조주이니 흥미로만 참고하시기 바란다.

하나님의 신성은 천지와 우주뿐 아니라 모든 피조물과 바로 우리 자신의 몸속에 있다. 내가 보고 듣고 말하고 생각하고 먹고 자고 화장실 가고 운동하고 기뻐하고 슬퍼하고 울고 웃는 일상의 모든 행동과 생각은 흙으로 변하는 우리의 뇌가 조절 통제한다. 불현듯 오래전 일도 갑자기 기억나는 것도 뇌 저장고에 깊숙이 보관되었던 정보가 신경망을 통해 다시 영상 정보화되는 것이다. 우리의 뇌 속에는 창조주가 만든 특별한 공간이 있고 과학자들은 그것을 God spot,

즉 신의 접촉점이라 부른다.

노산태청궁 사당 조물주, 필자

영상 과학의 발달로 뢴트겐의 x-ray 이후 재래식 자기공명(MRI) 영상이나 CT, PET, f MRI 등 보다 정밀하게 인체 내부를 들여다볼 수 있게 되었다. 인체의 구조를 볼 수도 있고 그 구조의 기능도 볼 수 있다. 예전에는 각각 촬영해서 겹친 이미지를 만들어 뇌 같으면 구조와 혈관 속에 피가 응고된 것 등을 보았지만, 지금은 아주 비싸지만, 통합 영상 장치가 제작되어 환자로서는 비용은 부담되지만 한번에 구조와 기능 양쪽을 한 번에 촬영이 가능하게 되었다.

기능적 MRI(functional 자기공명검사)이란 쉽게 풀이하면 두뇌의 한 부분의 활동이 증가하면 그쪽으로 혈류가 일시적으로 증가하며 혈당도 증가하고, 그리고 산소공급이 증가한다. 뇌세포에 산소가 혈류를 통해서 공급되려면 헤모글로빈이라는 것이 작용하게 된다. 이때 산소와 결합한 헤모글로빈은 철분 이온과 결합하여 있는 것이고 산소를 넘겨주고 이산화탄소를 받은 헤모글로빈과 철분 이온과의 결합상태가 달라서 자기장에 영향을 주는 속성도 다르다. 쇠붙이가 자석에 반응하듯이 철은 자기장에 영향을 주므로 MRI는 자기장의 성질을 이용하여 정밀한 방법으로 촬영하는 기법이다. 산소와 결합한 헤모글로빈과 이산화탄소와 결합한 헤모글로빈과의 농도의 차이가 발생하므로 MRI가 찍을 수 있는 신호의 강도 차이가 생긴다. 활동이 왕성한 뇌 조직 주변을 지나는 모세 혈관에 결국 일시적으로 산소(+헤모글로빈)가 과잉 공급되는 순간을 포착하면 두뇌의 어느 동네가 지금 분주한가 하는 귀한 정보를 지도로 만들 수 있게 되는 것이다.

반면 CT는 평면 x-ray를 단층으로 조합하여 입체 영상을 만드는 기법으로 혈관의 혈류 등 기능적인 것보다는 뼈의 구조 근육의 손상 등 구조 손상을 보는 데 적합한 기법이다.

양전자 방출 단층 촬영(Positron Emission Tomography, PET)은 양전자 단층 촬영이라고도 부르며 양전자 방출을 이용하는 핵의학 검사 방법의 하나로 양전자를 방출하는 방사성 동위원소를 결합한 의약품을 체내에 주입한 후 양전자 방출 단층 촬영기를 이용하여 이를 추적하여 체내 분포를 알아보는 방법이다. 암 검사, 심장 질환, 뇌 질환 및 뇌 기능 평가를 위한 수용체 영상이나 대사 영상도 얻을 수 있다

사진은 창조주에 대한 개념이 전혀 없는 무신론자 티베트의 승려들을 대상으로 하나님에 대하여 명상하라 하고는 일정 시간이 지난 다음 촬영한 영상들의 평균적 이미지이다. 좌측과 우측이 크게 다르지 않다. 즉 하나님에 대하여 무반응이다. 오랫동안 망각한 결과 아

주 미세한 차이밖에는 없다. 의식적이든지 무의식적이든지 세대에 걸쳐 수천 년 동안 하나님은 없고 자연이 섬기는 대상이거나 아니면 종교심이 전혀 없다면 하나님이라는 단어에 반응이 미세하다는 사실이다. 반면 성당 수녀들에게 동일한 질문, 즉 하나님에 대하여 생각하라 하였을 때의 전후 반응이다.

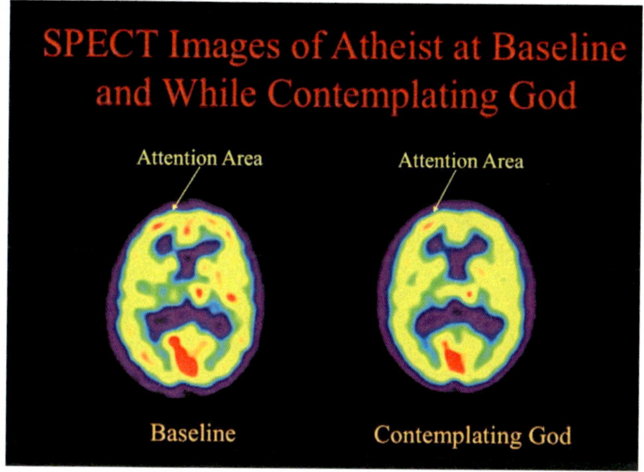

티벳 승려들의 뇌 반응 사진, 《Science 저널》

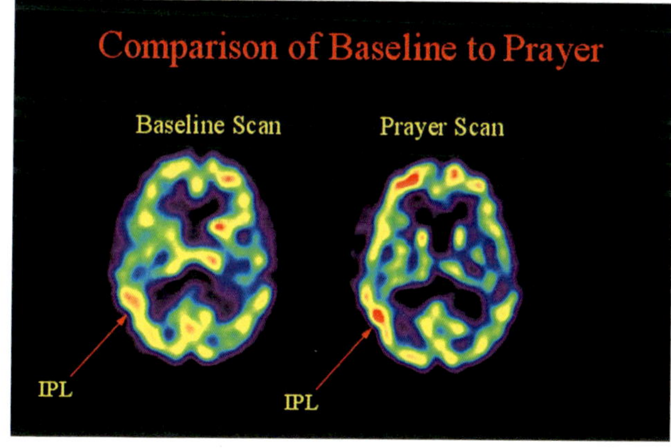

수녀들의 뇌 반응 사진, 《Science 저널》

뇌의 앞부분과 좌측 중후반 부분에 아주 선명한 반응들이 나타난다. 인간 1호 아담의 반응은 어떠했을까 매우 궁금한 대목이다. 또한 『이교도에서 기독교인으로』라는 유명한 책을 쓴 임어당 선생의 경우도 사진 앞의 반응에서 개심한 이후는 사진 뒤의 반응으로 나타났을 것이다.

우리의 뇌는 설계자에게 반응한다. 자신이 인정하든 하지 않든 그것은 변명할 수 없는 증거이다. 티베트 고원처럼 오랜 세월 격리되어 하나님이라는 단어 자체에 생소한 환경을 가진 지역이나 사람들이 아니라면.

창조주에 대한 명상이나 기도는 뇌의 어떤 일정한 부분의 활동을 크게 증가시켜 산소 공급량이 많아진다라고 간단히 요약할 수 있으며 그 부분을 앞에서 명명하였듯이 God spot, 즉 인간과 신의 접촉점이라고 추론한다.

13. 慾望과 遺傳

慾은 사람이 하품하는 모양의 欠(흠) 글자와 골짜기 谷(곡)에 마음 心을 조합한 글자이다. 쉽게 생각하면 하품하는 골짜기의 마음, 즉 나태한 상태의 사람의 골짜기, 즉 본능이 재촉하는 마음이다. 谷이란 단어는 성 기능의 혈맥을 칭하기도 하므로 바른 해석이라 보인다. 다시 말하면 慾이란 인간의 골짜기 본성이다.

望이란 멀리 바라보다라고 그냥 지나치는 글자이고 희망 등 긍정적인 한자로 사용되나 자세히 들여다보면 도망간 인간의 형상을 나타내는 亡과 달月이 합하여 壬(임) 글자 위에 위치한다. 여기서 壬은 북방을 나타내며 음양오행 십간(十干)의 아홉 번째 글자이기도 하다. 앞에서 月(달)과 북녘 北 글자의 합 背는 배신을 뜻하는 것이고 月자가 들어가는 한자는 사람 몸과 관련 있으며 신체 장기 등을 사용할 때 붙는 글자이기도 하다. 사람 자체가 창조주 하나님을 배신한 존재이므로 고대인들이 글자를 만들 때 정확한 개념을 가지고 있었다고 짐작된다. 놀라운 일이다.

다시 말하면 望은 북쪽으로 도망간 인간, 즉 창조주를 배신하고 흐릿한 달빛 아래 몸을 숨기고 세상을 살피는 모양새를 나타낸다. 별로 그리 긍정적이지 않은 모양새다.

인간 골짜기 깊숙한 본능을 추구하며 북녘 흐릿한 달빛 아래 하품을 하는 것이 慾望이다.

이스라엘은 King David(다윗 왕)가 국가의 상징이다. 우리나라의 태극기처럼 다윗의 별이 이스라엘 국기이다. 그만큼 다윗 왕은 이스라엘 역사의 핵심 인물이다. 우리나라로 치면 세종대왕이나 이순신 같은 인물이다. 다만 다윗 왕은 소년 전쟁 영웅이다. 많은 형제의 제일 막내로 양치기 소년이었다.

광야에서 양을 잘 보살피려면 기본적으로 몇 개의 경호(?) 기술이 있어야 한다. 야생 동물들이 호시탐탐 노리기 때문이다. 첫째로 지형을 잘 살피고 양들이 먹을 풀과 마실 물이 있는 곳으로 안내해야 한다. 둘째로 언제 어디서 야생 동물이 나타날지 모르니 경계 임무를 소홀히 하면 안 되고 때로 양순한 특성 때문에 아래만 내려다보다 길을 잃는 양도 있으니 외적 경호와 내적 안내를 동시에 수행해야 한다. 셋째로 야생 동물이 위협할 경우 가까이는 막대기, 즉 검술이 필요하고 비교적 먼 야생 동물을 내쫓기 위해서는 특수 기술이 필요한데 당시에는 줄에다 돌을 매달아 그것을 돌려 표적을 맞히는, 즉 소총 구실을 하는 물 맷돌을 썼다. 평균적으로 200m 이상 야구공처럼 빠른 속도로 날아가며 고대 그리스 로마군대도 이러한 기술을 익혀 사용하였을 정도니 동양의 화살 역할이라 하겠다.

양치기 소년 다윗이 팔레스타인 거인 골리앗 장군을 이 물 맷돌을 던져 죽임으로써 전쟁에 승리하였고 급기야 당시 이스라엘 초대 건국 왕인 사울의 질투를 유발하게 된다. 여하튼 다윗은 평소 들판에서 맹 훈련한 이 물 맷돌 기술로 나라를 구하고 왕에 추대된다.

당시 이스라엘 민심을 대변하는 말이 전쟁 영웅 사울이 죽인 적이 천이라면 다윗이 죽인 적은 만 명이다라는 말이었다. 소년 다윗에게 는 엄청난 정치적 자산이 생긴 것이다.

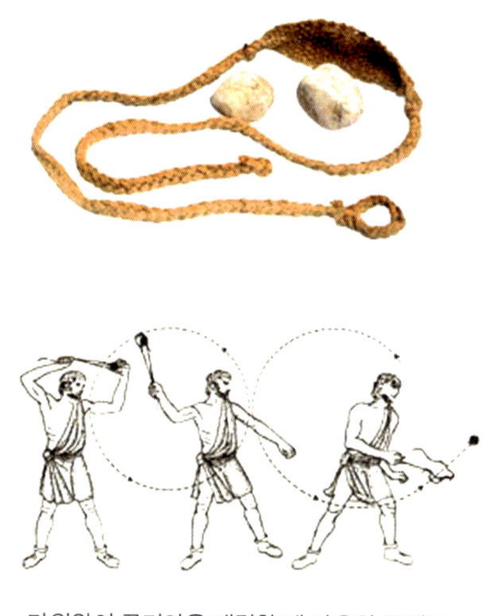

다윗왕이 골리앗을 대결할 때 사용한 물맷돌,
Malcolm Gladwell

세월이 흘러 주변국들을 거의 평정한 다윗 왕은 어느 날 달빛 아 래 무슨 생각이 들었는지 궁성 위를 배회하였고 마침 내려다보니 달 빛 아래 아리따운 여인이 목욕하고 있었다. 일차적으로 거기서 돌아 서야 했다. 그러나 욕망의 스위치가 on으로 작동된 이상 멈추지 못 하고 자초지종 정보를 취득했고 당시 전선에서 전투를 벌이고 있는 고위 장교 우리야 아내인 것을 알게 되었다.

왕이라면 거기서 멈추어야 했다. 며칠 후 우리야 아내 밧세바를 궁으로 불러들인 다윗은 왕의 지위를 이용하여(성경에는 밧세바가 거세게 반항했다는 말은 나오지 않는다, 아마 전선에 있는 남편도 생각났을 것이고 이스라엘의 영웅이며 왕인 다윗이 내민 손에 흔들렸을 수도 있을 것이다) 밧세바를 임신시킨다. 그러나 그 아이는 태어나자마자 죽는다. 하나님께서 불륜으로 생긴 자식에게 왕위를 계승시킬 수는 없었던 것이다. 이후 세월이 지나 태어난 아이가 바로 솔로몬이다.

완전 범죄를 기하기 위하여 인근 적국(지금의 요르단 일대)과의 치열한 전투를 벌이고 있던 우리야 장교에게 특별 휴가를 명한다. 휴가를 사양하는 우리야 장교와 휴가를 강권 명령하는 다윗 왕. 참 서글픈 장면이다. 그러나 어쩔 수 없이 돌아온 우리야 장교는 내 전우들이 싸우고 있는 이때 아내를 가까이할 수 없다는 결의를 보인다. 다윗의 기획은 실패로 돌아간다. 다시 전장으로 출정한 우리야 그리고 그를 가만 내버려 둘 수 없었던 다윗, 총사령관 요압에게 비밀 지시를 내린다.

우리야 장교가 최전방에서 싸울 때 엄호 병사를 모두 후퇴시켜라, 즉 적진에서 혼자 전사하게 하라. 엄청난 잘못이다. 그렇게 되었고 완전 범죄는 성공한 듯 보였으나 하나님은 보고 계셨다. 인간의 자유 의지로 욕망의 스위치를 off로 돌리지 못해서 사건은 발생했다. 그러나 다윗의 실수 혹은 비겁함은 계속된다.

태연자약하던 다윗 왕에게 어느 날 시골에 있던 선지자 나단이 나타나서 하나님의 경고 메시지를 전달한다. 비유인즉 어느 마을에 소와 양이 아주 많은 부자가 손님을 위해 양 한 마리를 딸처럼 키우던

가난한 사람의 양을 잡아 대접했다고 말했다. 당시 이스라엘에는 이러한 경우 4배로 갚아야 했지만 물론 그렇게 하지 않았다. 다윗 왕은 매우 노했다. 그 사람은 반드시 죽어야 한다. 선지자 나단이 당신이 바로 그 사람이요. 말했다.

선지자 나단에게 질책을 받는 다윗왕,
Dwelling in the word, wordpress.com

앞의 배신에서 설명하였듯이 이후 첫째 아들 암논이 이복 여동생을 겁탈하고 이복 남동생 압살롬이 암논을 죽이며 결국에는 모반을 일으켜 다윗 왕의 후궁을 겁탈하고 결국 압살롬까지 죽는 비극이 연속적으로 일어나게 되었다.

욕망은 죄를 낳고 죄는 사망을 부른다.

권력의 욕망에 눈이 먼 사람들은 무엇을 하는가? 동조자를 찾는다. 바로 음모를 꾸민다. 선동을 한다. 관련 없는 척 위선으로 포장한다. 커튼 뒤에서 술잔을 든다. 음모에 협력한 사람들은 전리품을 챙긴다.

2016년 가을에서 2017년 잔인한 봄까지 대한민국 상황이다. 그러나 잘못된 음모의 마지막 장은 역사적으로 항상 좋지 않았다. 성경에는 이러한 경우 칼, 기근, 전염병으로 응보하고 있다. 칼은 전쟁이다. 기근은 경제 공황이다. 전염병은 에이즈 같은 난치 불치병 그리고 AI 조류 독감 같은 것이다.

유사 이래 이렇게 많은 생명(가축)들이 산채로 생매장된 경우가 있었던가? 이것은 심판이다. 물론 정치적인 이유만은 아니다.

기본적으로는 인간의 타락이 하나님의 심판을 촉진하고 있다. 그러나 1호 인간 이래 인간의 죄성은 유전되고 있으며 문명과 과학이 발달할수록 경제적 풍요가 생길수록 식량을 위해서 전쟁하던 예전의 전쟁이 아니라 잘못된 사상과 탐욕에 의해 칼, 기근, 전염병이 초래되며 땅이 흔들리고(지진) 바다가 출렁이며(쓰나미) 돌풍과 태풍이 인간을 향해 돌진한다.

죄의 세균이 있다면 그것에 대항하는 항균 작용이 있어야 한다. 종교 특히 기독교의 역할은 죄의 세균을 없애는 것이 아니라 몸이 이길 수 있도록 항균 작용을 하는 것이다. 이것을 생선이나 음식물을 상하지 않게 하는 소금의 역할이라 예수는 언급했다.

소금이 짠맛을 잃고 있다. 휴머니즘에 젖은 소금, 물질적 번영에 소금은 존재가 희미해지고 있다.

　遺傳은 기본적으로 부모의 유전인자가 자식에게 어떤 형태로 전해지는 것을 말한다. 20세기 초에 유전은 세포의 핵에 있는 어떤 구성 요소일 것이라고 추론되었고 이후 염색체와 그것을 구성하는 DNA가 이중 나선 구조로 되어 있다는 것을 밝혀내었다.

　DNA는 기본적으로 알칼리, 즉 4가지 염기, A(아데닌) G(구아닌), C(시토신), T(티아민) 분자로 구성되는 데 신기하게도 오늘날 컴퓨터 소프트웨어나 메모리의 기본 언어인 이진법, 즉 0과 1의 숫자 조합과 동일하다. 예를 들어 이진법이란 0101 0110 1100 0111 이런 식으로 0과 1이 반복적으로 임의 조합으로 결합하여 어떤 정보를 나타내며 자릿수에 따라 16진법, 32진법, 64진법이라 말한다.

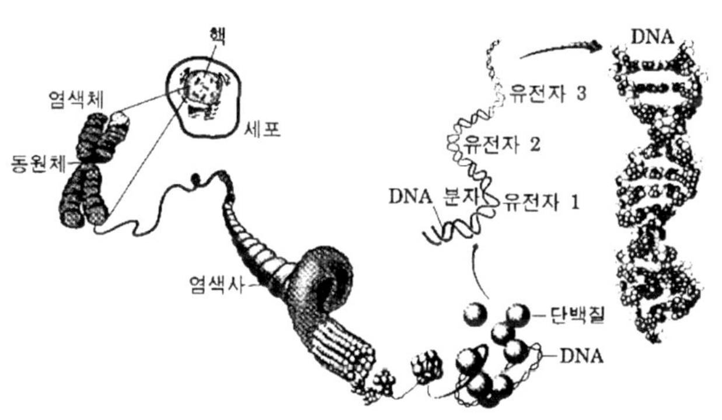

사람의 DNA 구조, 위키백과

　참고적으로 A와 T의 결합은 0, G와 C의 결합은 1로 해석할 수 있다. 이들 조합이 결국 유전자 정보를 갖게 되고 유전자 조합들이 모여 염색체가 된다. 어떤 좋은 설명을 인용한다.

DNA 유전인자를 쉽게 이해하기 위해 컴퓨터의 하드디스크에 비유해서 설명한다면 컴퓨터에는 2~3개의 하드디스크가 설치되어 있고 그 안에 프로그램이 설치되어 있는데, 프로그램은 '0, 1'로 기록되어 있습니다.

여기서, 하드디스크에 해당하는 것은 염색체이고, 그 안의 프로그램에 해당하는 것은 유전자이며, '0, 1'(2진법)에 해당하는 것이 DNA입니다.

참 명료하고 알기 쉬운 설명이다. 1980년 후반 한국을 떠들썩하게 했던 경기도 화성군의 연쇄 살인 사건, 이후 영화 살인의 추억으로 제작된 엽기적인 살인 사건이다. 당시에는 DNA 검사가 아직 우리나라에 도입되기 전이었고 외국에서도 영국에서 처음 도입된 이후 그리 오래되지 않았다.

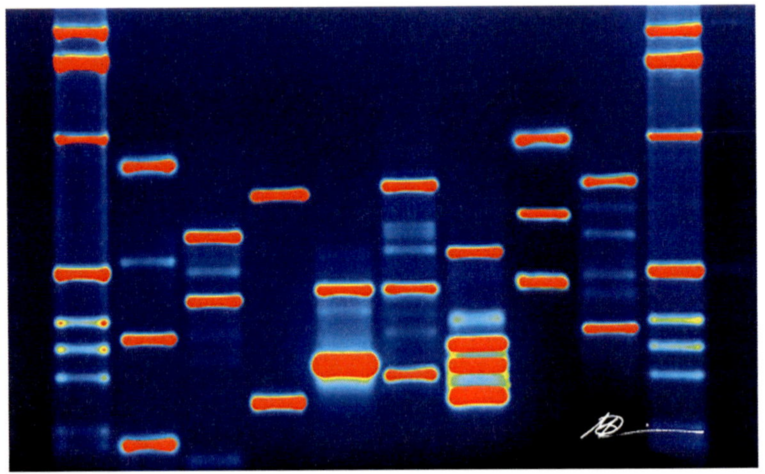

범죄 수사에 처음 사용된 DNA 분석 기법, 《Scientific American 저널》

사람마다 지문이 다르듯 저 ATGC의 조합이 다르다는 뜻이다. 사람의 세포를 원심분리기 넣고 적절한 중간 화학 처리를 한 이후 사진 모양의 패턴이 나오는데 사람마다 다르다는 의미이다.

DNA의 이중 나선 구조를 밝혀낸 사람은 1953년도 그 유명한 왓슨 박사와 크릭 박사이다. 이들의 호기심 어린 연구가 인간 몸의 비밀을 여는 1호 대문을 발견한 것이다. 세포 하나의 DNA를 직선화하면 길이가 약 1.8m 정도 된다. 여기에 우리 몸이 평균 60조 개 정도의 세포를 가지고 있으니 곱하면 도대체 지구를 몇 바퀴나 감을 수 있을까? DNA는 길이뿐 아니라 그 가늘기 또한 경이적이다. 1m의 1억 분이 1이 나노 미터 단위이다. DNA는 이러한 단위로 측량되며 그 가는 실 안에 당신의 유전자 인간으로서의 갖추어야 할 모든 특성이 담겨있다.

범죄 수사에 DNA를 노입한
영국의 제프리 박사

우연인가? 이후 시간이 지나 1984년 가을 영국의 한 대학교 유전학 연구자였던 제프리 박사는 우연히도 한 가족의 DNA를 연구하고 있었는데 한 가족이라도 DNA의 배열이 달랐다. 물론 다른 가족 구성원에 비해 공통점은 많이 있었지만 분명히 달랐다.

범죄 수사의 새로운 장을 여는 순간이었다. 논문 발표 이후 실제 사건에서 죄를 짓지 않았으나 살인범으로 오인된 사형수 대신에 진범을 잡아내는 대반전이 일어났다.

진범을 찾기 위해 한 마을 모든 남성의 혈액 검사를 하였으나 허탕이었다. 하지만 혈액 검사를 대신 해준 한 남자가 선술집에서 떠드는 것을 이상하게 여긴 사람의 신고로 진범은 마침내 검거하게 되었다.

우리나라도 요즈음 국립과학수사연구소에서 DNA 검사를 실시하며 주요 병원 그리고 바이오 회사 연구기관 등에서 활발하게 DNA 응용 기술들을 개발하고 있다.

그런데 이 DNA의 ATGC 염기 서열이 혹시 창조주의 비밀 암호문이라면 하고 의문을 품은 컴퓨터 소프트웨어 연구자가 있었다. 그리 오래되지 않은 일이다.

DNA 안에 무수히 반복되는 이 염기 서열 ATGC. 체중에 따라 다르지만, 사람은 약 60조 안팎의 세포를 가지고 있다. 물론 체중이 많이 나가는 사람은 더할 것이고 야윈 사람은 덜 할 것이다. 즉 60조 개의 세포 그리고 그 세포는 일정한 DNA 체계를 가진다. 머리카락 하나 또는 손톱 정리 시 무심코 버리는 손톱과 가는 살점들 조금만 있으면 당신의 DNA는 밝혀진다. 사람마다 다르다는 것 자

체가 경이로운 것이고 사람 안의 세포 DNA는 또 동일하다는 것은
더욱 경이롭다.

우연인가 설계인가?

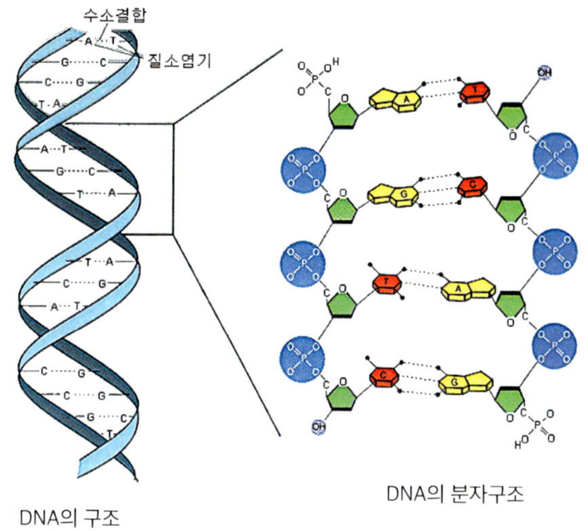

DNA ATGC 구조, 위키백과

　찰스 다윈(1809~1882)이 살아있을 때는 물론 DNA 존재 자체도 모를
때였다. 원숭이가 사람이 될 수 없음은 바로 DNA가 근본적으로 다
르기 때문이다. 아직도 진화론을 가르치는 학교는 자연발생적으로
생기는 다소의 발달을 창조와 연계시킨다. 더운 지방에 사는 사람
은 피부도 검고 코는 더운 공기에 맞게 낮고 펑퍼짐하나 추운 지방
사람의 코는 찬 공기를 코 안에서 순환하고 머무르게 하여 데운 다
음 폐로 집어넣는다. 자연히 코가 크고 높다. DNA 구조는 반면 바
뀌지 않는다.

그림에 보듯이 DNA는 이중 나선 구조이면서 4가지 염기 서열 ATGC의 무한 반복 구조이다. 그렇다면 인간 DNA 안에 이 4가지 염기 서열 ATGC의 조합이 만들 수 있는 정보의 양은 얼마나 되는지 다음의 적절한 설명을 인용한다.

사람이 USB 드라이브, CD, 칩이 들어간 신용카드, 비디오카세트, 도서관의 책, 바빌로니아 점토판을 모두 모으면 얼마만 한 정보량이 될까? 즉 인간이 가지고 있는 정보 장치의 총합을 말한다. 사이언스지에 게재된 데이터를 특집 연구논문에 따르면 약 295엑사바이트의 저장용량이 된다.

데이터 저장 능력에 1엑사바이트는 1024페타바이트이고, 1페타바이트는 1024테라바이트이며, 1테라바이트는 오늘날 데스크톱 PC에 저장되는 데이터 양에 해당한다.

즉 인류가 만들어 낸 저장 능력과 지금까지 축전한 데이터 총량도 인간 DNA가 가진 저장능력에 비하면 하찮다. 295엑사바이트 정보량은 DNA의 저장능력의 100분의 1에 불과하기 때문이다.

다시 생각해 본다면 인간의 DNA는 우주 공간에 떠돌던 수소 산소 질소 탄소 등이 임의로 그러한 패턴으로 조합되고 진화되고 그 단백질 일부가 눈이 되고, 코가 되고, 뇌가 되고, 심장이 되고 위장이 되었는가?

아니면 어떤 초월적인 존재, 즉 창조주에 의해 고도의 정밀도와 치밀한 계획에 의해 오랜 시간 걸쳐 설계되고 제작되었는가?

미국의 컴퓨터 소프트웨어 연구자이며 전자통신 관련 방위 산업체 및 컴퓨터 데이터베이스 회사에서 오래 근무했던 Gregg Braden (1954~)은 어느 날 이 DNA의 염기 서열, 즉 ATGC의 배열에 무슨 뜻이 있을 것이라고 연구를 시작하였다.

물론 아무 답도 찾을 수 없었다. 바이오 학자들과 연합 팀을 구성하여 몇 년간 연구에 연구를 거듭하였으나 세상에 영어, 불어, 독일어, 라틴어 등 과학 용어를 구성하는 기본적인 공용어로는 아무런 답이 나오지 아니하였다.

오랫동안 고심하고 기도하던 그는 어느 날 불현듯 고대 어를 뒤지기 시작했다. 고대 중동 지방에서 사용되는 언어, 아람어, 그 변화된 형태가 오늘날 유대인들이 사용하는 히브리어 체계가 되었다. 히브리 알파벳을 분석하던 그는 놀라운 발견을 하게 된다.

히브리어는 다른 고대 중동어와 마찬가지로 글자이면서 동시에 숫자를 가지고 있다. 우리 한글로 비유한다면 가나다라, 즉 기역 자가 1이라는 숫자이고 니은이 2가 될 것이고.

Braden 팀은 결국 DNA를 이루는 4가지 원소 수소(H), 질소(N), 산소(O), 탄소(C)가 고대 아람어(히브리어)의 Y, H, V, G에 해당된다는 것을 알아냈다.

사람 DNA의 창조적 의미를 밝혀낸
Gregg Braden(1954~)

THE HEBREW ALPHABET

consists of 22 (2 × 11) letters, so the 5 finals were added to make up three series of 9, or 27 in all :

Aleph א = 1	Yod ׳ = 10	Koph ק = 100
Beth ב = 2	Kaph כ = 20	Resh ר = 200
Gimel ג = 3	Lamed ל = 30	Shin שׁ = 300
Daleth ד = 4	Mem מ = 40	Tau ת = 400
He ה = 5	Nun נ = 50	Koph ך = 500
Vau ו = 6	Samech ס = 60	Mem ם = 600
Zayin ז = 7	Ayin ע = 70	Nun ן = 700
Cheth ח = 8	Pe פ = 80	Pe ף = 800
Teth ט = 9	Tsaddi צ = 90	Tsaddi ץ = 900

Finals.

원소	의미	히브리어	글자	숫자
H	수소	Yod	Y	10
N	질소	He	H	5
O	산소	Vau	V	6
C	탄소	Gimel	G	3

앞에서 모세에게 나타난 하나님께서 누구시냐 묻는 모세에게 I AM THAT I AM, 즉 히브리어로 야훼 YHVH라고 답하셨다. 아래

YHVH에 해당하는 히브리 글자를 보면 숫자 10을 나타내는 Yod, 5를 나타내는 He, 6을 나타내는 Vau(V=W), 그리고 다시 5를 나타내는 He로 되어 있다. 10, 5, 6, 10의 합은, 즉 야훼 하나님의 이름 숫자 합은 26이다.

이 비밀은 고대 연금술에서 불을 나타내는 수소는 1, 공기를 나타내는 질소는 5, 그리고 물을 뜻하는 산소는 6으로 표현했고 히브리어로는 1에 해당하는 글자가 Y, 5에 해당하는 글자가 H, 그리고 6에 해당하는 글자가 V이다. 즉 Hydrogen(수소) = Yod(Y), Nitrogen(질소) = He(H), 그리고 Oxygen(산소) = Vau(V).

יהוה

여기서 YH는 고대 어로 Eternal, 즉 영원하다는 뜻이다. 반면 VG는 Eternalness 영원함이 있다. 즉 Eternalness within the body(영원성이 몸 안에 있다. 즉 야훼 하나님이 몸 안에 있다).

DNA 염기 서열 ATCG는 기본적으로 수소, 질소, 산소, 탄소의 결합물이다. 즉 인간은 이 네 가지 주요 원소가 몸의 96% 이상을 차지한다. 흙의 구성 성분과 매우 일치한다. 즉 인간은 흙으로 만들어졌고 인체 분자생물 화학적으로 정답이다.

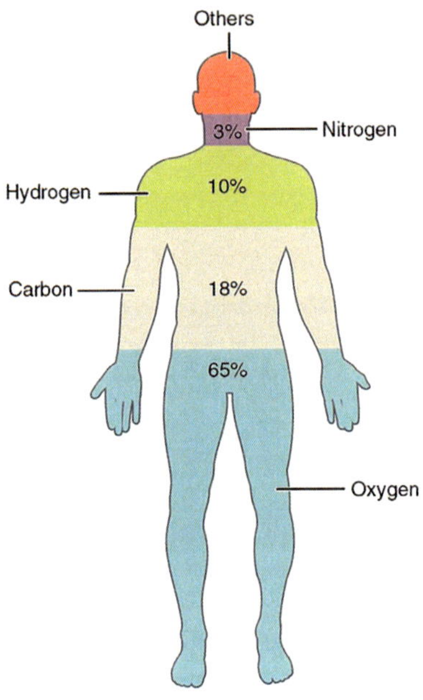

　다시 정리하면 인간의 세포 즉 60조 개 정도 되는 세포마다 핵이 있고 그 안에 DNA가 있으며 그 DNA는 아데닌 A, 구아닌 G, 티아민 T, 시토신 C 4가지 염기(알칼리)로 이루어지고 그 염기들은 수소 H, 질소 N, 산소 O, 탄소 C로 구성된다. 흙과 같은 성분이다. 인체의 나머지 원소들도 흙과 동일하다.

　즉 흙으로 만들어진 인간의 몸 안에는 설계하고 창조하신 야훼 하나님의 영원성이 각인되어 있다. 로마서 1장 20절, "창세로부터 그의 보이지 아니하는 것들 곧 그의 영원하신 능력과 신성이 그가 만드신 만물에 분명히 보여 알려졌나니 그러므로 그들이 핑계하지 못할지니라"라고 적혀 있다.

귀하의 몸 안에는 60조 개의 창조의 Sign이 있다.

우리는 창조하신 분의 피조물이며 이 우주 만물도 그의 작품이다. 즉 창조주의 작품 화랑에 한 100년 정도의 시간 동안 초대된 것이다.

Gregg Braden의 그 유명한 저서 『The God Code(신의 암호문)』이란 책을 읽어 보면 이 창조의 비밀에 대한 내용이 고대 히브리어로 더욱 상세하게 설명이 되어 있다. 여러 번 반복해서 읽어 보아야 겨우 깨닫는다. 경이로운 세계이고 놀라운 연구이다. 존경을 보낸다.

다시 遺傳으로 돌아가면 우리의 몸 안에는 이러한 神聖(신성)이 세포 단위로 각인되어 있다. 우리 몸 자체가 성경 말씀에도 있듯이 창조주의 영이 거하는 성전이라는 뜻이다.

성경 고린도전서 3:16~17절에 "너희가 하나님의 성전인 것과 하나님의 성령이 너희 안에 거하시는 것을 알지 못하느뇨 누구든지 하나님의 성전을 더럽히면 하나님이 그 사람을 멸하시리라 하나님의 성전은 거룩하니 너희도 그러하니라"라고 적혀 있다.

그러나 1호, 2호 인간 아담과 이브의 타락 이후 앞에서도 살펴본 바 우리의 몸에는 근본 신성과 유전적인 죄성이 뒤엉켜 있다.

그러한 신성 바탕 위에 죄성의 유전자를 물려받은 것은 우리 인간의 잘못이 아니다. 죄를 가까이하실 수 없는 창조주 하나님의 Holiness, 즉 거룩함은 스스로 육체의 몸으로 인간 세상에 거하시고 죄를 청산하기 위해 십자가에서 羊 대신 속죄의 피를 흘렸다.

조건은 간단하다. 그 사실을 인정하느냐 하지 않느냐이고 인정한다면 그 육체로 오신 하나님 즉 Yeshua(예슈아, 히브리 원어) 예수를 구원자라고 시인하고 그분이 길이고 진리이며 생명이라고 고백하는 것이다.

어려운 일인가?

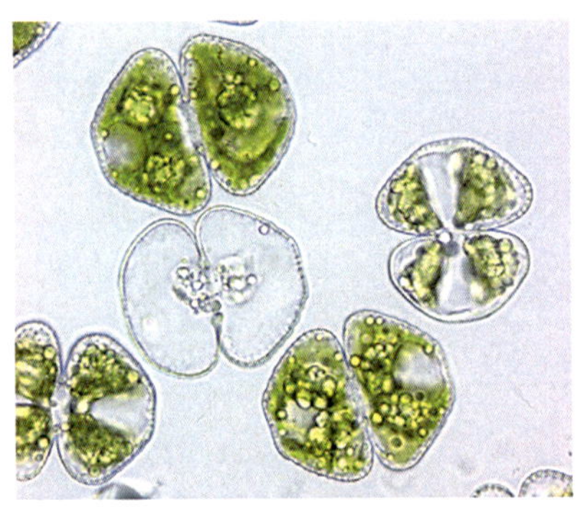

바다의 플랑크톤 현미경 확대 사진, 위키백과

다소의 홍미로 바다나 강에 있는 무수한 플랑크톤, 즉 육상에서의 나뭇잎이나 풀입의 엽록소의 광합성을 하는 것과 동일한 기능을 하는 것이다. 임의의 플랑크톤의 DNA 배열 예이다.

TCAACAAATCATAAAGATATTGGTACTTTATATATATTTTTAGGAGCATTTGCA**GGTGTTATTGG
AACTGTAGTTTC**TGTAATGATACGTACAGAATTAGGTGGAATTGGTGATCAAATTTTACAAGGA
AATTATCAATTTTATAATGTTTTAATTACTGCTCACGCTTTTTTAATGATTTTTTTTATGGTTATGC
CTATTTTAATGGGAGGTTTTGGTAACTGATTTGTACCTATTATGATTGGTGCACCAGATATGGC
ATTTCCGAGATTAAATAACATTAGTTTTTGACTATTACCACCATCTCTTTTATTATTATTAAGCTC
TTCTTTTGTAGAAACTGGAGCAGGTACTGGTTGAACTGTTTACCCACCATTAAGTAGTATTCAA
GCACATTCTGGACCATCTGTTGATTTAGCCATTTTTAGTTTACACTTATCTGGTTTATCTTCTAT
TTTAGGTTCTGTAAATTTTATCGTAACTATTTTTAATATGAGA**GCTCCAGGCTTTTTTATGCATAA**
AATTGAATTATTTGTTTGAGCTGTTTTAATTACTGCATTTTTATTATTAATTTCTTTACCAGTTTTA
GCAGGTGCTATTACAATGTTATTAACTGATAGAAATTTTAATACTACTTTTTTTGATCCAGCTGG
AGGAGGTGATCCTGTTTTATATCAACATTTATTTTGATTTTTTGGACATCCAGAAGT

바닷속에 그 종류와 수를 알 수 없는 플랑크톤의 DNA 구성이
나 우리나 모두 단백질 염기 종류는 ATGC로 동일하다. 그렇다면
만약 창조주를 믿지 않는 귀하는 플랑크톤에서 유래했다고 주장
할 것인가?

귀하의 몸 안에 세포 단위로 창조주 예수의 흔적이 있다. 귀하가
인정하느냐 아니냐는 별로 중요하지 않다. 과학적으로 입증된 사실
이기 때문이다.

14. 審判과 絶望

　이 책을 쓰게 된 동기는 2년 전 정도 義와 惡의 한자적 의미를 깨닫고 언젠가 시도하리라 하고 생각하였으나 2017년 3월 10일 11시에 발표된 이후 헌법재판소 판결문 마지막 부분은 우리 과반수 이상의 국민에게 절망감, 정말 비탄한 마음을 주었고 나로 하여금 이 책을 쓰게 하였다. 설령 박근혜 대통령을 지지하지 않는 국민도 그 장면에선 TV를 똑바로 직시할 수 없었을 것이다.

　예수를 창으로 찌른 그 로마 병사도 하늘이 어두워지고 지진이 일어나며 천둥 번개가 치는 것을 보고 그는 진정 하나님의 아들이었다라고 말했다.

　우리는 국가 자체를 상징하는 대통령을 언론이 증거를 조작하고 검찰이 눈을 감고 국회가 신문 기사 짜깁기로 탄핵 소추문을 작성하고 헌법재판소는 관련 주요 증거를 조사하지도 않고 속전속결로 3개월 만에 판결하였다. 최소 6개월이 법정 시한이나 무슨 연유인지 시간에 쫓기듯 이정미 재판관의 퇴임에 맞춰 처리해 버렸다. 9억 원의 부정한 돈을 받았던 한명숙 전 총리의 재판은 5년을 훌쩍 넘겼다. 대통령을 탄핵하다 못해 대통령에게 임명장을 받은 검찰총장이 증거 인멸 운운하며 대통령을 구속 신청하고 대통령의 아들 뻘 되는 젊은 판사는 무슨 공정성을 외치는지 영장을 발부하였다. 촛불을 들고 선동하였던 정치인들은 이제 자기 세상, 그리고 자기 권력인 양 의기양양하며 선거판을 누비고 있다.

인간 자체에 환멸을 느끼게 하는 장면이다. 후환이 두려워서 그런 것인가 뒤늦게 이번 사건의 밀고자이며 국가 혈세 및 재단 기부금을 가로채려는 고영태 일당에 대한 수사가 뒷북을 치고 있다.

재판에는 확실한 증거가 있어야 한다. 앞에서도 언급하였듯이 미국에서는 신문 기사로 검사가 기소하면 판사가 쓰레기통으로 던져 버린다고 김평우 변호사가 말했다. 미국 의회나 미국 대법원이었으면 아마 쓰레기통이 아니라 오물통에 던졌을 것이다.

審判이라는 한자를 살펴보자. 매우 흥미롭다.

審이란 집을 뜻하는 갓머리 아래에 밭에서 씨를 뿌리고 자세히 살피는 모양이다. 또한 집안에 볏단을 모양새 있게 동일하게 묶고 잘라서 잘 저장한 것을 말하기도 한다. 곡식을 저장해 놓은 창고를 두루 살피는 것은 당연한 이치이다.

判이라는 글자는 칼 刂변에 둘로 나눈다는 뜻이다. 예전에는 증거 문서나 돌 금속 등을 글자를 쓰고 둘로 쪼개어 각자 하나씩 보관하여 나중에 그것을 서로 맞추어 보았다.

무슨 말인가? 심판은 곡식이나 어떤 임무를 잘 수행하고 그 결실을 세어보며 또 반쪽을 가지고 서로 맞추어 본다는 뜻이다.

예수의 가르침에 달란트 비유가 있다. 가정이든 회사든 경영 원칙이라 할 것이다. 요약하면 금 다섯 달란트(달란트는 34kg, 2017년 4월 시세로 17억 정도), 즉 85억 받은 하인과 두 달란트 34억 받은 하인 그리고 마지막으로 한 달란트 17억 받은 하인이 몇 년 뒤 주인에게 경영 성과 보고하는 자리다.

다섯 달란트는 다섯 달란트, 두 달란트는 두 달란트, 즉 원금 대비 100% 수익을 남겼다. 반면 한 달란트 받은 하인은 귀찮기도 하고 주인이 혹시 돌아오지 않을 수도 있을 것이라는 생각에 땅에 묻었다. 여차하면 가지고 튈 생각도 있었으리라.

돌아온 주인에게 한 달란트는 심한 책망과 함께 해고되며 한 달란트도 경영 성과가 있는 두 하인에게 나누어 주었다.

審 하고 判 하였다. 세어 보고 그 이후를 정하였다.

성경의 주제는 심판이다. 종교의 끝도 심판이다. 심판이 없다면 종교를 믿을 아무 이유가 없다. 그냥 세상에서 정한 法에 따라 살고 자

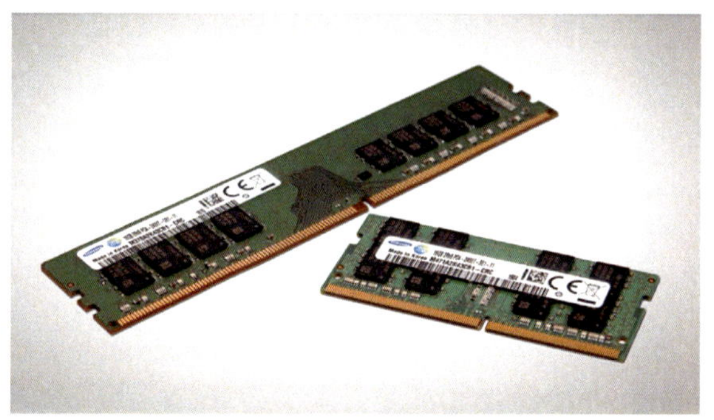

메모리 반도체 2016, 삼성전자

기 양심과 양식에 따라 살면 그 이상 더 무엇을 바랄 것인가? 실정법에 어긋나지 않으면 벌을 받을 리가 없고 사소한 잘못은 과태료나 벌금 정도에 그친다.

어떤 사람을 마음속으로 비난한다면 그것은 실정법 상으로 아무런 죄가 되지 않는다. 그러나 예수는 분명히 말했다. 여인을 보고 음욕을 품은 자는 이미 그 죄를 지었다라고 정의했다. 인간계의 법을 뛰어넘는 마음속의 동기나 불순한 의도 자체도 죄로 규정된다.

그런 기준에 비추어 본다면 나는 죄가 없다, 전과가 없다라고 할 사람은 과연 몇 명이나 될 것인가?

앞에서 살펴보았듯이 조그만 메모리 반도체 담을 수 있는 정보의 양은 어마어마하다. 최근 삼성전자에서 개발한 메모리 반도체를 보자.

삼성전자의 설명을 인용하면 반도체는 크게 두 종류로 나뉜다. 컴퓨터·스마트폰 등에서 데이터 연산·처리 기능을 맡고 있는 '시스템 반도체'가 하나, 데이터 저장용으로 쓰이는 '메모리 반도체'가 다른 하나다. D램은 메모리 반도체 중에서도 아주 빠른 속도로 작동하는 중앙처리장치(CPU)나 그래픽처리장치(GPU)가 요구하는 데이터를 임시로 저장, 처리하는 역할을 담당한다.

하나의 D램 칩은 수억 개의 셀(cell)로 구성된다. 각각의 셀은 데이터를 저장하는 캐패시터(capacitor)와 데이터를 제어하는 트랜지스터(transistor)로 구성된다. 삼성전자가 이번에 양산한다고 한 10나노급 D램은 8Gb. 80억 개 이상의 셀이 들어갔다는 얘기다. D램과 같은 집적회로(Integrated Circuit, IC) 칩은 얇은 실리콘 원판(일명 '웨이퍼') 위에 전자 회로를 새긴 후 이를 다시 작은 조각으로 절단해 만든다. 이때 웨이퍼 위에 더 미세한 설계와 공정이 적용될수록 더 많은 IC 칩이 생산될 수 있다.

반도체 제조 공정의 관건은 '손톱만 한 칩에 나노 단위 회로를 설계하는' 기술에 있다. '20나노'니 '10나노급'이니 하는 용어는 셀을 작동시키는 비트 라인(bit line)과 워드 라인(word line)에 적용된 공정의 평균값을 일컫는다. 다시 말해 웨이퍼 표면에서 반짝이는 메탈 공정 패턴이 아니라 그 아랫부분에 형성된 초미세 회로 공정 패턴을 가리킨다.

10나노급 D램 공정엔 '포토(photo) 설비'가 사용된다. 사람 육안으로 보이지 않는, 얇고 강력한 레이저 빛으로 초미세 회로를 그리는 설비다. '포토'란 명칭은 웨이퍼 위에 전자 회로를(사진 찍어내듯) 그린다고 해서 붙여졌다.

다시 말하면 손톱만 한 반도체에 책은 물론이고 몇 개월 치 신문이 들어갈 수도 있다는 것이다. 만약 동네 도서관 만한 공간에 이런 초고집적 메모리 반도체 기억 저장소가 있다면 얼마나 많은 정보가 들어가겠는가?

미국의 종교 채널 중에 〈It's supernatural(초자연의 세계)〉이란 장수 프로그램이 있다. 언젠가 어느 중년 백인이 나와서 자기가 청년 때 교통사고로 70분간 죽었고 천국을 다녀왔는데 작년에 교통사고로 죽은 학교 친구를 거기서 만났고 둘이서 천국의 문서 저장고를 둘러보았다는 것이다. 그 도서관에는 정말 책이 많았고 어떤 책을 보았는데 자기 이름이 적혀 있더라는 것이다. 생명 책, 또한 영상 자료도 있었는데 사람이 언제 어떤 행동을 했는지 CCTV처럼 모두 녹화되어 있더라는 것이었다. 메모리 반도체를 생각하면 충분히 가능한 일 아니겠는가? 지구의 현존 기술이 천상의 기술의 단지 일부라는 말이 있다. 창조주의 필요로 택한 누구에게 지혜와 지식을 주어 어떤 도구가 만들어지는 것이다.

라이트 형제가 세계 최초의 항공기를 만들었지만, 공기 자체는 원래 존재한 것이었다. 공기의 밀도, 온도에 따른 점성, 고도에 따라 변하는 밀도 등 초정밀한 설계가 없었다면 오늘날의 보잉 항공기도 없었을 것이다.

다시 주제로 돌아가서 만약 어떤 사람의 일생이 CCTV 형태로 모두 녹화되어 있다고 가정한다면, 죽어서 어떤 곳으로 가니 그 영상을 볼 수 있다고 한다면 대부분 매우 당혹해 할 것이다. 아무도 몰래 훔쳐 먹은 빵, 선생님 몰래 커닝하는 장면, 친구의 소중한 기념품을 슬쩍했다거나. 경기도 화성군(당시)의 연쇄 살인 사건 장면들이 실제 영상으로 돌아간다면 그 범인은 놀라서 쓰러지지 않겠는가?

성경 요한계시록에는(계 20: 13) "각 사람이 자기 행위대로 심판을 받고"라는 말씀이 있다. 그렇다면 모든 사람의 행위에 대한 증거물이 있어야 할 것이다. 즉 문서나 영상이나 어떤 형태든 그 증거는 우리 모두의 일생 기간에 축적되어 하늘 증거 창고로 실시간 전송된다는 말이다.

되돌아보면 개인적으로 가장 좋지 않았던 교리 가르침이 있었다. 어렸을 때 마룻바닥에 무릎을 꿇고 들었던 교리이다. 어머니 태 이전에 구원받을 사람과 받지 못할 사람이 정해져 있었다 하는 교리이다. 소위 칼뱅주의 예정론이다. 그럼 택한 사람은 대충대충 신앙생활을 하더라도 어떤 동기에 의해 마음을 추스르고 하나님을 잘 섬기는 사람으로 된다는 뜻인가? 아무리 잘 믿고 성경의 가르침과 합치되려고 노력하는 사람도 택함을 입지 못했다면 결국 타락하고 배도하는가?

신학적 지식이 일천한 사람들 대부분 어떤 반박도 하기가 쉽지 않다. 그러나 성경에 보면 생명 책에 이름이 있더라도 죄를 범하고 뉘우치지 아니하고 계속되면 흐릿해지다가 삭제된다고 분명히 씌어 있다. 오랜 세월 이러한 예정론 이론에 빠져 나는 어려서부터 믿었으니

단연코 택함을 받은 사람이다라고 당분간 일정 기간 또는 젊어서는 내 의지대로 적당한 수준에서 죄도 짓고 인생을 즐기겠다 하는 사람이 한둘이겠는가? 솔직히 필자도 그 범주에 속했다. 매우 뉘우치는 사실이다.

또한 모든 사람을 구원하겠다 하는 것이 창조주의 일관된 구원 메시지이다. 인종의 차별도 없고, 인물의 차별도 없고, 개인적 신체적 장애도 그 구원과는 아무런 연관이 없다. 자유 의지를 가진 인간이 하나님의 offer 즉 죄를 청산해 주는 탕감 책을 받아들이느냐 아니냐의 선택의 문제인 것이다. 물론 긍정적인 선택을 하였다면 요구되는 것은 일관성이고 죄를 다시 되풀이하지 않도록 노력하는 것이다.

사진은 미국 LA 다운타운에 위치한 Final Bookstore이다. 책들을 아주 예술적으로 전시한 곳으로 유명하다. 전통적인 방법으로 책을 찾아야 한다. 대신 책방에서 시간을 보내기는 안성맞춤이다. 책을 사랑하는 미국인들임을 다시 한번 알 수 있고 그게 국력이다.

Final Bookstore, Los Angeles, 2016, 필자

다시 말하면 예수의 가르침, 내가 곧 길이요 진리요 생명이다, 나로 말미암지 않고는 아버지(God)께로 올 자가 없다라고 말씀한 것은 심판 때 나를 통하라 하신 말씀이고 통하려면 신분증이 있거나 신원이 확인되어야 하는 것이다. 또는 몸속에 예수의 영이 있어 신분증 없이 지나가면 바로 pass 사인이 떨어져야 한다. 이기는 자에게 내가 흰 돌을 주겠다 하는 요한계시록의 구절을 문자적으로 흰 돌을 보여 주면 pass, 즉 천국의 문을 통과한다는 뜻이리라.

2015년 2월 개인적 꿈에 Yeshua 예수를 만났다. 만났다라기보다 예수님이 직접 내 침대에 걸터앉으셨다. 밝지 않은 표정이었다. 일어나 얼굴을 보니까 눈에 눈물이 맺혀 있었다. 흘러내릴 정도는 아니었지만 좀 슬픈 표정이었다. 감히 물었다. 왜 우십니까? 예수님의 답은 '큰 교회가 너무 내 말을 안 듣는다' 딱 한마디였다. 꿈에서 깼고 2년이 지났지만, 매우 선명하다. 누군가 물었다. 예수님인지 아닌지 어떻게 알 수 있나요? 그런데 참 희한한 게 누군가 누구라고 말하고 소개하지 않아도 바로 예수님이라는 것은 알 수 있다.

요한계시록에 보면 예수님의 관심사는 당연 교회이다. 일곱 교회가 소개된다.

예수 십자가 사건 이후 이스라엘에서의 기독교 탄압은 더욱 극렬하여져서 오히려 이스라엘 인근 지방이나 국가에서 더 번져나갔다. 지금의 터키, 당시 소아시아 지방의 일곱 교회의 위치는 빨간 점으로 표시되어 있다. 바다에 표시된 섬은 Patmos 섬으로 사도 요한이 석공으로 포로 생활을 한 장소이다.

AD 1세기 경의 소아시아 초기 교회, Pastor Russel

니골라당(Nicolatian)은 초기 기독교 즉 1세기 터키 지방에 있던 일곱 교회 중에서 에베소와 버가모 지역의 교회를 괴롭힌 이단 분파 중 하나이다. 니골라 자신은 초기 일곱 집사 중에 한 사람으로 비유대인이면서 유대교로 개종했다가 다시 기독교로 개종한 사람이며 예루살렘에 거주했다. 니골라당 사람들은 스스로 기독교인이라고 주장하면서도 육체의 욕구를 자제할 필요가 없다고 주장했다. 육체의 타락된 행동과 죄를 짓는 행위는 영의 구원에 아무런 관계가 없다고 가르쳤다. 요약하면,

1. 인간의 육신은 근본적으로 악하다.
2. 인간의 영혼은 육신의 행위와는 아무 상관 없이 믿음으로 구원을 받게 된다.
3. 인간의 구원에 육체는 중요치 않다. 그리스도인들은 율법에서 해방

되었기 때문에 육체가 짓는 죄는 정죄의 대상에서 제외된다.

4. 인간은 자신이 원하는 대로 살 수 있는 자유가 주어져 있다.

익숙하지 않은가? 오늘날에도 이단인 구원파, 즉 세월호 사건의 주범인 구원파 유병언이 내세우는 것이 바로 이 니골라당과 거의 동일하다. 한번 구원받으면 더 이상 회개할 필요가 없고 그 구원받았다는 시간과 날짜가 분명하여야 한다고 주장한다.

즉 이런 교리에 따르면 토요일 저녁 밤새 술을 마시고 유흥업소 여자들과 향락을 즐기고 다음 날 교회에 가서 예배를 드려도 하나님이 아무 상관도 안 하신다 하는 논리이다. 많은 사람이 유혹을 받기에 안성맞춤이다. 오늘날 하나님은 복을 주시는 존재이지 벌을 주시는 존재가 아니다라고 가르치는 사람들이 있다. 그들의 주장은 하나님은 사랑이시기 때문에 인간을 벌하지 않으신다라는 뜻이다. 과연 그런가? 종교가 죄에 대하여 엄격하지 않거나 무슨 이유이든 죄와 혈투를 벌이지 않는다면 그 종교성은 바로 타락한다. 오, 하나님 죄를 짓기 좋아하는 우리의 본성이 이런 논리를 얼마나 좋아했는지 참으로 후회스럽습니다라고 탄식해야 한다.

요한계시록의 일곱 교회 중에 특별히 버가모 교회에 대하여 그곳은 사탄의 권좌가 있는 곳이라고 지적하였다. 사탄이 지상에 머무는 장소, 즉 그리스 로마 신화에 나오는 제우스로 변장한 Satan이 지상에 거하는 장소는 바로 저 사진에 있는 버가모의 제우스 신전이었다. 원래의 규모는 저 신전뿐 아니라 그 뒤에 대학과 도서관 강의실 등이 있는 이단 종교 아카데미였다.

창조주 자리에 앉은 제우스, 그를 神이라 섬기는 인간. 지역과 문명에 따라 인간은 신을 龍으로 표현하기도 하고 황소로 표현하기도 했다. 고대 중동 지방에선 용으로 표현하기도 했고 바알(Baal)로 신의 이름을 바꾸었을 때는 황소로 우상화했다. 제우스는 그리스식 표현이다. 예수의 자리에 제우스가 앉아 있다고 생각하면 맞다. 중국에서는 龍이 집이나 공공시설 그리고 각종 문화 행사의 아이콘이다. 참 무서운 인간의 죄성이다.

베를린 박물관에 복원된 버가모(Pergamon Zeus Temple) 제우스 신전, Berlin Museum

사람 이름에도 龍이 얼마나 많이 애용되는가? 성경에는 분명히 기록되어 있다. 마지막 때 큰 뱀, 즉 용(dragon) 리워야단(레비아탄, Leviathan)이 무저갱(bottomless pit, 중력이 없는 회전체 중심, 즉 지구의 핵)이 빠진다고 명시되어 있다. 다음 페이지에 있는 사진은 현재 영국 브리턴에 있는 사탄교 상징이다. 리워야딘 왕을 섬기는 사람들이라 되어 있고 십자가 문양을 거꾸로 새겨 넣었으며 황소의 뿔의 형상과 괴물의 팔 일부를 표시하고 있다.

Satan교 문양, 브리턴, 영국

돌이켜 보면 1960년대 1970년대 초등학교 중학교 시절 학교에서는 무슨 이유인지 그리스 로마 신화 읽기 및 대회가 유행하였다. 그 두꺼운 책을 읽어야 했고 또 등장하는 각종 신들의 이름과 사건 영웅담 등등을 암기하여 부산 시내 초등학교 중학교 대회에 나가기도 했다. 참 어이없는 일이다, 현재 기독교인 입장에서는.

악마의 뿔을 마스코트로 애용하는 한국식 Rock 가수 서태지. 논쟁이 많았던 축구 응원단 붉은 악마. 현대인은 자신도 모르게 Satanism에 무방비로 노출되어 있다. 미국의 한 복음 성가 연구자가 청소년 사이에서 유행하는 락 음악을 거꾸로 돌려보는 연구를 하였는데 그 내용은 가히 충격적이다. 악마를 찬양하라. 우리나라 가수들 중에도 해당하는 사람들이 있다.

요한계시록에 나오는 교회 중 책망받는 교회는 번영하는 도시에 자리잡은 대형 교회였다. 칭찬받은 사데 교회나 빌라델비아 교회는 작은 교회였다. 오늘날 시사하는 바가 없지 않다.

질책 사유는 니골라당, 음녀 이세벨, 미지근함으로 압축할 수 있다. 즉 죄와 싸워야 할 종교의 본질에서 벗어난 교리, 교회 안에서 일어나는 각종 스캔들, 그리고 하나님은 필요할 때만 찾는 적당한 신앙의 풍조. 오늘날 우리 교회의 자화상이다.

성경에 보면 하나님께서 견디지 못하겠다, 도저히 내가 화를 참지 못하겠다라는 다소 과격한(?) 표현이 나온다. 하나님께서 정말 싫어하신다는 뜻이다. 무엇인가?

성경 이사야서 1장 13절 말씀이다.

헛된 제물을 다시 가져오지 말라 분향은 내가 가증히 여기는 바요 월삭과 안식일과 대회로 모이는 것도 그러하니 성회와 아울러 악을 행하는 것을 내가 **견디지 못하겠노라**

즉 앞의 니골라당같이 이중생활을 말하는 것이며 위선의 예배를 마친 후 향락을 쫓아가는 현대 일부 기독교인들을 지적한 것이다. 필자의 예전 모습이 정확히 오버랩 된다. 끔찍한 일이다. 교회가 죄를 경고하지 않고 복을 논하며 턱 밑까지 칼이 들어왔는데도 깨닫지 못하고 평화를 외치면 어느 순간에 쓰나미는 밀려온다.

에스겔서 22장 30~31절 말씀이다.

이 땅을 위하여 성을 쌓으며 성 무너진 데를 막아서서 나로 하여금 멸하지 못하게 할 사람을 내가 그 가운데에서 찾다가 찾지 못하였으므로 내가 **내 분노를 그들 위에 쏟으며** 내 진노의 불로 멸하여 그들 행위대로 그들 머리에 보응하였느니라 주 여호와의 말씀이니라

미국 대선 기간에 미국 어떤 복음 방송을 듣는 데 알래스카 지방의 한적한 곳에 사는 시골 교회 신자 한 분이 전화했다. 자기가 참 흥미로운 꿈을 꾸었다는 것이다. 내용인 즉 미국을 위해 차기 미국 대통령을 위해 기도를 하고 잠이 들었는데 꿈속에 자기가 백악관 집무실을 내려다보고 있었다고 한다. 불이 환하게 켜진 밤의 백악관. 왼쪽에는 Hillary 후보가 책을 읽고 있었고 맞은 편 오른쪽 방에는 Trump 후보가 책을 읽고 있었다고 한다. zoom up 되어 가까이 보니 Hillary 후보는 일반 잡지 책을 읽고 있었고 Trump 후보는 성경책을 읽고 있는 데 눈물을 흘리고 있더라는 것이었다. 다시 더 가까운 장면이 보이는 데 Trump 후보의 시선이 멈춘 글을 바로 저 에스겔서 22장 30~31절이더라는 것이었다.

나는 그 방송을 듣고 아 하나님이 선택한 후보는 바로 Trump다라고 확신을 했다. 모든 언론이 Hillary 당선을 기정사실로 하고 압승 예상을 하던 작년 봄 여름 사이였다.

그 이후 나는 잘 알지 못했던 Trump에 대해 공부를 했고 그의 책을 읽었으며 그의 연설에 귀를 기울였다. 미국을 위한 대통령이지만 대한민국을 위해서 꼭 당선되어야 할 후보였다. 물론 한국 신문에 미국 대선 보도가 나올 때마다 Trump 후보를 홍보하고 그의 당선 가

능성을 주장하였으나 모두 엄지손가락을 내렸다. 언론은 도대체 무엇을 믿고 무엇을 보고 무엇을 생각하며 무슨 결론과 확신을 얻었길래 그렇게 Hillary 후보만 맹종하였는가? 우리 언론은 단순히 번역만 하였다. 연구 분석이 없었다. 구한말 시대로 돌아간 것이다. 언론의 사악함뿐 아니라 무능함, 정말 언론 개조는 절대 명제이다. 그런 선동 기획 보도에 춤추는 국민의 민도가 맞장구를 치는 것이니 모두 자성해야 살 수 있다.

주제로 돌아가서 그 당시 가장 부자 도시인 라오디게아, 직물 산업과 의약 산업 풍부한 농축산물 그리고 무역 등으로 세상 부러울 것이 없는 대도시였다. 주변에는 뜨거운 온천물이 있었고 또한 찬 계곡 물이 있어 그 둘이 지형적으로 절묘하게 합하여 도시에는 항상 적당한 미지근한 물이 수로를 통해 공급되었다. 당시로서는 유토피아 도시였다.

요한계시록 3장 14~19절의 말씀이다.

라오디게아 교회의 사자에게 편지하라 아멘이시요 충성 되고 참된 증인이시요 하나님의 창조의 근본이신 이가 이르시되 내가 네 행위를 아노니 네가 차지도 아니하고 뜨겁지도 아니하도다 네가 차든지 뜨겁든지 하기를 원하노라 네가 이같이 미지근하여 뜨겁지도 아니하고 차지도 아니하니 **내 입에서 너를 토하여 버리리라** 네가 말하기를 나는 부자라 부요하여 부족한 것이 없다 하나 네 곤고한 것과 가련한 것과 가난한 것과 눈 먼 것과 벌거벗은 것을 알지 못하는도다 내가 너를 권하노니 내게서 불로 연단한 금을 사서 부요하게 하고 흰 옷을 사서 입어 벌거벗은 수치를 보이지 않게 하고 안약을 사서 눈에 발라 보게 하라 무릇 내가 사랑하는 자를 책망하여 징계하노니 그러므로 네가 열심을 내라 회개하라

하나님께서 견디지 못하시고 분을 쏟으며 그리고 이번에는 토하겠다라고 말씀하신다. 정말 두려운 일이다. 라오디게아 교회와 우리나라 대형 교회가 다르다고 할 수 있겠는가? 북한 선교를 한다고 앞다투어 북에 가서 수백억 돈을 들여 평양과학기술대학을 설립했다. 그 땅은 토마스 선교사가 순교한 것을 기념한 토마스 교회당 자리였다. 이전하지 않겠다고 고집을 부린 군부대 장성들을 김정일이 설득하고 중요 명령을 내려 건설 공사를 시작했는데 얼마 되지 않아 교회 유물들이 나왔고 그 교회가 바로 토마스 순교 기념 교회였다.

토마스 선교사 순교 기념교회, 『한국기독교사』

저 교회에 자리한 평양과학기술대학(옆 페이지 사진)이 정보통신기술이 주 분야이고 아이러니하게도 우리나라 사이버 공격 전사, 즉 해킹 기술과 해커 양성의 본거지라고 한다. 한국 대형 교회 세 곳이 낸 신자들의 순수한 헌금 수백억이 결국 자신들을 위협하고 우리나라

의 전산망을 혼란시키며 국가 중요 시설의 정보를 수집하고 국방부 작전 계획을 해킹하고 있는 것이다. 공산주의자들이 복음을 받아들이면 변할 것 같은가? 그것은 우리의 알량한 신앙으로 악마와 토론을 하는 격이다. 하나님께서도 포기한 사람들이다. 성경에 보면 다음과 같은 구절이 있다.

요한계시록 22장 11절 말씀이다.

불의를 행하는 자는 그대로 불의를 행하고 더러운 자는 그대로 더럽고 의로운 자는 그대로 의를 행하고 거룩한 자는 그대로 거룩하게 하라

즉 선교를 하겠다고 북한에 가서 누구나 해야 한다는 김일성 김정일 만수대 동상에 가서 꽃을 바치고 고개를 깊숙이 숙인다면 그것은 신사참배 동방요배와 본질상 동일하며 우상숭배이고 하나님께서 건디지 못하시겠다 하는 것이다. 하나님의 거룩함 Holiness를 별로 중시하지 않기 때문에 자신의 업적과 공 또는 사회적 명성이나 기타 부수적인 이득을 위한 동기라면 사람은 판단치 못하겠으나 하나님은 본질을 보고 계실 것이며 그에 대한 대가는 치러야 할 것이다.

평양과학기술대학 강의실, 중국신화통신

사진을 보면 강의실마다 김부자 사진이 걸려 있다. 저런 환경에서 민족을 앞세우고 선교로 포장하여 수백억 원 돈으로 건물과 시설을 하고 북한 국제화에 앞장선다는 명분은 하나님 입장에서는 배교하는 것이 아닐까 매우 두렵다. 다음은 2015년에 열린(사진) 평양과기대 실상 토론회 신문 기사《크리스챤투데이》인용이다. 연사들 대부분 탈북민이거나 탈북 단체에 관련 있으며 실제 사이버전사 출신의 증언이다.

평양과기대와 북한 사이버 테러,《크리스챤투데이》

북한 사이버부대에서 근무했었다는 장세율 대표는 "평양과학기술대학 졸업생들의 배치가 상당히 정치적이다. 북한 중앙급 대학의 경우 전문 요원들이 배치돼 있다. 과기대의 경우에도 중앙당에서 직접 배치하는데, 이들의 기준 자체가 상당히 높다. 북한은 '군사강국, 정치강국을 했는데, 이제 경제강국만 이루면 선진국이 될 수 있다'고 주장하면서 경제강국을 위한 단위의 파견을 많이 하고, 외국 투자 기업이나 해외 진출 기업에 졸업자들을 집중적으로 배치한다"고 설명했다.

그는 "평양과기대 졸업생들은 군수산업 총국 같은 곳에 가는데, 연구산업으로 배치받아서 소프트웨어 프로그램과 관련된 일을 한다. 테러조직에 충분하게 관련이 있다는 것이다. 일단 졸업 배치가 되면 그 임무에 충실할 수밖에 없다. 실제 대남 사이버부대라고 하면 예전에는 총무부 소속 백신 연구소 등인데 현재는 기술 정치국으로 바뀌었다"고 전했다.

또한 "우리가 연평도·천안함 사태 등을 다 겪었는데, 북한에 적게 주어서 포탄이 날아오는 것이 아니다. 원칙적인 지원을 하지 않으면 대한민국에 안보가 없을 것이다. 저희 탈북민들이 북에서는 김 부자의 폭정에 피눈물을 뿌렸다면, 여기서는 말이 통하지 않고, 우리를 밟고 인권을 유린한 정권과 가깝게 교제하니 또 한 번의 피눈물을 흘린다"고 했다.

북한 보안성에서 근무했었다는 이철 씨는 "지금까지 북한에서는 김일성대학 등에서 재래식 컴퓨터 기술을 익히게 했다. 수재들을 보내어 양성한 후, 작년부터 연변과학기술대학에 한 해 10명씩 보냈다. 연변과기대 이름으로 영국으로 유학을 시킨다. 지금 과학기술대학의 설비 자체가 북한 교원들에게는 너무 최신이기 때문에 외부 강사들이 학생들을 가르친다. 이렇게 해커부대를 양성한다"고 설명했다.

그는 "한국에서 동정심을 담아 북한을 지원하면, 북한은 핵과 화학적 물질을 내려보낸다. 이를 과학기술 수재들이 조종한다. 또한 사이버 테러의 기본적인 기술 인력을 평양과기대에서 양성하고 있다. 해킹, 사이버 테러, 보이스 피싱 등을 배운 이들이 이 기술을 어디에 써먹겠는가?

자신들의 경제난을 극복하기 위한 보이스 피싱에 들어갈 수밖에 없다"
고 주장했다.

이어 "우리가 평양과기대를 지원하는 것은 외견상 상당히 인도적이고
북한의 글로벌 인재 양성을 돕는 의미 있는 일이라고 볼 수 있지만, 이
는 우리에게 상상할 수 없는 무기가 되어 앞으로 통일한국 시대에 큰
타격을 입힐 수 있다. 총과 칼이 되어 돌아오지 않도록 해야 한다"고
했다.

강철호 목사는 "저는 한국교회 목사이자 탈북민의 한 사람으로서 한국
교회가 평양과기대를 지원해 주었다는 사실이 개탄스럽다"며 "평양과
기대 중앙에 '영생탑'이 세워진 것을 보았고, 이 문제의 심각성을 계속
제기했다. 한국 기독교가 김일성·김정일 사상을 교육시키는 대학에 엄
청난 돈을 지원하는 것은 큰 문제라고 본다"고 했다.

강 목사는 "평양과기대는 인민생활을 위한 과학기술을 공부하는 곳이
아니라, 군사 분야 사이버 테러범들을 키우는 대학이다. 얼마 전 중국
에서 만난 탈북민 형제는 '한국교회가 우리에게 하나님을 믿으라고 하
면서 어떻게 자신들은 김일성·김정일 사상에 동조할 수 있는가?'라고
물었다. 한국 기독교는 정치색을 버려야 한다"고 했다.

지금 한국교회는 내부로는 신천지(이만희), Church of God(안상홍) 같
은 니골라당과 북한 주체사상을 추종하거나 동조하거나 협력하는
소위 종북 목사들 연합 그리고 국가 안보 위험은 외면한 채 경제 발
전의 과실을 누리며 세금 한 푼 내지 않는 웰빙 목사들 연합, 한술

더 떠서 무슨 재벌 회사 경영 같은 1인 독재에 자식에게 교회를 물려주는 그야말로 비리의 완결판으로 변질되고 있다.

하나님을 믿는 신자로서 자기 집을 비판한다라고 할 수 있겠으나 성전에서 3배의 폭리를 취하며 병든 양을 팔던 이스라엘 성전에서 예수님은 눈물을 흘리시고 그들 종교 기득권 세력들에게 회칠한 무덤이요, 독사의 자식들이라 하였다.

신사참배 회개를 거부하거나 외면한 한국 교회, WCC 종교 연합을 위하여 교단까지 쪼갠 한국 교회 원로 목사, 1조 원이 넘는 자산을 가진 교회를 사업하던 아들에게 물려주기 위해 편법 목사로 만든 원로 목사, 북에 달려가서 김일성 동상에 머리 조아리고 북한 선교를 외치는 한국 교회 지도층 목사들, 교회 이십 년, 삼십 년 당회장, 즉 행정과 경영 설교 삼위일체를 독점하는 목사들, 양을 치겠다고 하면서 가난하고 병든 양은 좋아하지 않는 목사들. 신학교는 수백 개나 뜨거움은 없고 문헌으로 예수를 탐구하는 풍조. 19세기 독일을 영적으로 병들게 했던 자유주의 신학, 후일 나치와 협력하는 것에 별 주저함이 없었던 민중해방자, 예수가 그들의 롤 모델이었지 않는가? 우리나라에서도 유별나게 번성하는 민중신학, 해방신학 아닌가?

현재 영국은 기독교 국가가 전혀 아니다. 인구 2%에 불과하다. 오히려 이슬람 국가로 급속히 변질하고 있다.

바로 차별금지법 좋게 말해서 인권법이다. 기독교 목사가 이슬람 믿으면 지옥 간다라고 하면 철창행이고 동성애자 주례 거부하면 경찰 조서를 받고 벌금을 내거나 계속 거부하면 철창행이다. 영국 교회가 하나님을 버렸고 하나님도 영국 교회를 버렸다. 존 웨슬리가 지금 영국을 보고 있다면 아마 숨도 쉬지 못하리라.

우리나라도 예외는 아니다. 야당이 비슷한 인권법을 국회에 입법 제안하였다. 다행히 부결되었지만, 또 시도할 것이다. 현직 서울시장은 서울시 한복판에서 서울시민 세금 수억 원을 들여 게이 축제를 2년 벌였다. 첫해 메르스 전염병이 갑자기 터졌다. 지지한 서울시민이 감당해야 할 몫이다. 앞에서도 언급했듯이 유사 이래 이렇게 많은 가축을 생매장한 적이 있던가? AI 조류 독감이라 하지만 왜 이렇게 자주 발생하는가?

좌파정권 10년간 북으로 간 돈은 공식 비공식 그리고 민간단체 차원의 지원과 그리고 금강산 관광, 개성공단, 새터민들이 고향에 보내는 돈까지 포함하면 수십조 원이다. 그 돈으로 그들은 핵과 미사일, 화학무기 그리고 대한민국 지하를 바둑판처럼 땅굴을 파고 있다. 믿지 않는 것은 개인의 자유나 혹 조금이라도 그럴 수도 있겠다 하면 땅굴 관련 유튜브 영상들을 보시라.

물론 국방부는 부인한다. 별다른 자체 조사나 연구는 하지 않고 그냥 땅굴은 없다라고 말한다. 국방부 땅굴 관계자가 민간단체에서 땅굴 발견한 곳을 구경삼아(?) 내려가는 데 옷에 흙이 묻지 않을까 조심조심 내려가며 사진 몇 장 찍고는 소식 두절. 이게 현실이다. 만약 유사시 국군 복장의 인민군 특수부대가 지하철 바로 밑바닥에 진 치고 있다가 강력한 폭발물로 벽을 뚫고 일시에 수천 명이 쏟아

저 나온다면 그때는 귀하는 이 세상 사람이 아닐 수도 있다.

안전 불감증에 이어 안보 불감증이다.
바벨론이 이스라엘 예루살렘 성을 포위하고 있는 데도 그들은 난 공불락이라 하며 절대로 함락되지 않는다라고 하였으며 함락을 예 언한 선지자 예레미야를 옥에 가두었다. 지금 우리와 비슷하지 않은 가? 결국 그들은 바벨론의 칼에 수십만이 죽었고 왕은 눈알이 뽑힌 채 쇠사슬에 묶여 1,000㎞를 끌려가 바벨론에서 죽었다. 수십만의 포로는 물론이며 난공불락 예루살렘 성은 완전히 파괴되었다.

바빌론 제국에게 함락당하는 예루살렘성, Donald C. Burney

종북을 청산하려는 대통령에게 세월호 사건으로 시동을 걸고 사 소한 개인의 친분 관계를 비리로 포장하고 문화융성의 애국심을 뇌 물로 덮어씌우고 탄핵하고 구치소에 보낸 우리의 기득권 세력과 무 지몽매한 일반 국민들. 심판이 두렵지 않은가?

絶望이란 한자의 絶 즉 실타래를 끊는다는 뜻이다. 실 絲변에 色이 합해졌으나 원 의미는 실타래를 칼 刀로 끊는다는 뜻이다. 望은 앞에서도 살폈듯이 북녘으로 도망간 인간이 희미한 달빛 아래 숨어서 보는 형상이다.

현재 우리나라는 우리의 운명을 우리 손으로 해결할 수 없는 국면이다. 한반도 주위로 미군의 전쟁 물자와 장비, 항공모함 전단, 핵잠수함, 스텔스 구축함, 스텔스 전폭기 및 전투기, 특수부대, 병원선, 화학부대 등 전쟁 일보 직전이고 북은 마지막 카드인 핵과 미사일 그리고 화학 무기로 무장하고 있다. 우리가 산업을 발전시킬 시간에 저들은 전쟁 준비만 하였다. 고난의 기간을 견디면 남조선 것은 다 우리 것이 된다라고 허리를 동여매고 맹물을 마시며 견딘 그들이다.

우리는 어떤가? 정신 상태가 이미 틀렸다. 좌경화 정치 세력은 돈을 갖다 주지 못해 안달이고 민간단체는 인도적 차원, 종교 단체는 선교를 앞세워 경쟁적으로 돈을 퍼다 주고 있다.

심지어 주체 사상을 신봉하는 목사 그룹들이 있다. 놀라운 일이다. 유명하다는 사람들도 포함되어 있다.

우리는 현재 무정부 상태이며 좌 편향 정부를 만들기 위해 국회 언론 검찰 법원이 합작하는 형국이다. 식견이 없는 일반 국민들은 또 한 번의 선거인 듯 일상에만 몰두하고 있다.

한미동맹 실타래가 현재로서는 유일한 소망이다. 만약 주한 미군이 철수하고 소위 좌파 정권에서 시도했던 전시작전권 회수와 북한과의 평화 공존 민족끼리 등등 구호가 신문을 도배한다면 그때는 바로 절망이다.

국민 스스로 뒷일은 감당해야 한다. 누구를 탓하랴. 이 백성이 무지함으로 망하는구나 하는 하나님의 말씀이 바로 우리를 두고 하는 말씀이다.

정말 몰랐다 속았다라고 할 때는 이미 늦었다. 정말 아쉽다. 갑오경장 이후에 비로소 양반들이 상업에 종사할 수 있었고 세브란스 병원의 초기 입학생들은 대부분 갖바치(가죽 기술자) 자제나 소 잡는 백정의 자식들이었다. 당시 양반들이 어떻게 칼을 잡을 수 있었겠는가?

바로 새로운 문화나 종교를 외면하며 기득권을 사수하려다 나라까지 잃게 되었다.

오늘날 우리의 강남 좌파들은 공산주의 해방 전쟁으로 폐허가 된 대한민국을 산업화하고 세계 경제 강국으로 이끈 박정희 대통령의 과실을 먹으며 얼굴은 北을 바라보고 있다. 민족의 영웅 박정희 대통령의 정치적 상속인 박근혜 대통령의 역사적 사명은 종북 청산이다. 통진당 해산과 국정교과서 그리고 민노총 귀족 노조 개혁으로 요약된다.

통진당 해산으로 1라운드 KO 패한 종북 세력은 세월호 사건으로 2라운드를 준비한다. 30년 이상 김일성 부자가 길러온 이 땅의 위수김동 장학생들의 반격은 현재 성공한 것처럼 보인다.

글로벌 정부 세력, 즉 하나의 종교 WCC, 오바마가 외치던 하나의 통일 정부, 이스라엘 예루살렘을 둘로 쪼개어 팔레스타인에게 돌려 주자는 반이스라엘 세력(일본 등).

세계의 돈 절반 이상을 가진 로스차일드 가문, HSBC 은행, 독일 도이치방크, 미국 골드만 삭스, 그리고 미국 연방준비은행 FRB 등이 로스차일드 가문 개인 것이라는 사실을 아는 사람은 별로 많지 않다.

우리는 어쩌면 인류 마지막 세대일지 모른다. 희망인가? 절망인가? 지금 삶이 좋은가? 좋은 주택에 좋은 자동차에 이번 주말은 어디서 무엇을 사고 먹으며 무엇을 보러 여행을 가고 무슨 영화나 음악회를 갈 것인가 하는 일상의 삶을 항구적으로 지속할 수 있을 것인가?

헬 조선이라는 저주의 말은 누가 만든 것인가? 물론 취업이 어려운 청년들의 자조이겠지만 청년들의 취업을 막는 주범이 3%에 해당하는 민노총이라는 사실을 언론은 보도하지 않는다. 왜 그런가? 언론 노조가 바로 민노총 산하 조직이기 때문이다.

천안함 사고 당시 미군 잠수함 운운, 세월호와 미군 잠수함 운운. 공통점은 물론 유언비어이고 선동이나 본질은 반미 운동이고 우리 민족끼리 그리고 평화로 포장한 종북 선동인 것이다.

참 이해 불가한 것은 베트남의 경우 월맹군 부사령관의 인터뷰를 보면 사이공 함락 이후 가장 먼저 처형한 사람들이 자신들에게 협조한 월남 언론인 종교인들이었다. 이유는? 자본주의하에서도 반역을 했는데 우리 사회주의 체제에서 그들은 견딜 수 없을 것이다. 제일 먼저 또 배반할 사람들이기 때문에 먼저 정리하였다라고 증언했다.

대한민국의 절망의 주체는 바로 강남 좌파다. 남들이 부러워하는 사회적 위치에서 끊임없이 정부를 비판 비난 폄하하고 은근슬쩍 북을 높인다. 또한 평균 연봉 1억 원을 받으며 쇠파이프로 무장하고 광화문에서 경찰 버스를 뒤집는 바로 그들이 우리의 가장 큰 위험이며 북이 내려오더라도 가장 먼저 죽을 사람들이다.

1945년 8월 15일 우리는 일본 제국주의 36년간의 식민 통치에서 해방되었다. 우리의 독립군이 저항하고 많은 순국선열들이 피를 흘렸다. 이승만 박사가 아니었으면 아마 미국은 우리를 외면했을 수도 있다. 8월 중하순 경 일주일 정도 뒤에 패망하던 일본은 마지막 광기를 부린다. 한국에 있는 모든 기독교 신자들을 모두 처형할 비밀 계획을 수립한 것이다. 정말 소름이 끼치는 일이다. 결과는 물론 그들이 핵폭탄을 두 번 맞고 항복으로 결말이 났다. 심판이다.

원자폭탄이 투하된 1945년 8월 히로시마

당시 절망하던 한민족에게 갑자기 찾아온 해방이었다. 그러나 이후 죄성은 다시 살아났다. 지금보다 더 치열한 좌우 이념 대립이 있었다. 좌파 학생들이 반공주의 선생을 죽이고 또 우파 학생들이 사회주의 선동 선생을 테러하였다. 사회는 양분되었다. 1947년 당시 부산 동래고등학교 교사를 하던 부친은 야밤에 들이닥친 좌파 학생들에게 붙잡혀 트럭으로 실려 부산 앞바다로 가던 도중 틈을 타서 뛰어내렸다고 한다. 그런 상황이 비일비재하였다.

결국 6·25 전쟁은 터졌고 조선일보 기자를 하다 사회주의자여서 해고되어 광주 지역에서 지하 조직을 구축하던 박헌영의 남로당은 김일성과 함께 민족 이념 전쟁을 일으킨다. 대한민국을 폐허로 만든 공산주의. 그들은 제2 라운드를 또다시 남쪽의 반체제 사람들과 연합해서 시도하고 있다. 신앙적으로는 북에서 종교 자유를 박탈당하여 논과 밭 없어도 남으로 가서 신앙의 자유를 찾겠다 하던 사람들이 현재 대한민국 번영의 1등 공신이 되었다.

지금 우리 현실도 되돌아보자. 멀리 볼 것도 없이 제주 해군기지 반대는 누가 앞장섰는가? 심지어 가톨릭 신부 소위 정의구현사제단이 제일 선봉이다. 나는 그들에게 묻고 싶다. 그 정의는 무엇을 의미하는가? 한미 FTA 반대. 지금 그들은 가격이 내린 미제 물건을 즐기고 있고 농사 망한다고 하던 농민들은 다 어디로 갔는가? 광우병 선동. 참 한심한 민도이다. 조작한 언론 MBC는 스스로 내리막길을 걸어 내려갔다. 최근 다른 행보를 보여 그나마 다행이다.

제주 해군기지 반대 시위, 연합뉴스, 2012

참고로 천주교 신자들이 벌이고 있는 종북 사제 퇴출 운동에 관한 글을 참고 인용한다.

한국 천주교회 103인 성인 중에 92분이 평신도이고 김대건 신부를 제외한 10분은 외국 신부님이다. 한국 천주교회는 평신도 순교자의 숭고한 순교 정신에 가난한 신자들의 피땀으로 성전을 건립했다. 그래서 천주교회의 주인은 신자들이다. 그런데 예수님 말씀 전하러 온 사제가 주인 노릇하며 신자를 하인처럼 부리면서 온갖 구실을 붙여 헌금과 교무금을 요구해 왔다. 신자들은 사제의 말을 거역하면 죄를 짓는다고 생각하여 사제의 요구는 무조건 옳다고 믿고 따랐다. 사제 말이면 거역 못 하는 신자들을 이용하여 광우병 촛불시위에 동원, 제주 해군기지 반내 시국미사에 동원, 4대강 사업반대 시국미사에 동원, 세월호 촛불집회에 동원, 대통령 퇴진 촛불집회에 동원 등 신자들을 사제들 정치적 도구로 이용해 왔다. 신자들이 사제들에게 따지고 들면 절이나 개신교로 가라며 성체도 주지 않고 고백성사에서 보석도 주지 않는다. 그리고 젊은 신부가 나이 많은 신자에게 반말하며 함부로 대하기도 한다. 그래서 냉담자가 늘고 있다. 천주교에서 발표한 통계에 따르면 천주교 신자는 540만 명이다. 그중 420만 명이 냉담자고 120만 명이 교회를 다닌다고 발표했다. 그러나 정부통계청 발표에 따르면 2005년 502만이던 천주교 신자 수가 2015년에는 112만이 감소 389만 명이라고 발표했다. 이 중 75%인 282만 명이 냉담자고 실제로 신자 수는 107만으로 줄었다. 500만 신자가 100만으로 줄었는데도 책임을 지려는 신부도 주교도 없다. 그러면서 신자들이 낸 헌금을 사제들이 자기 돈 쓰듯하며 반정부 친북 활동 등 정치활동에 쓰고 있다. 이를 막기 위해 헌금 교무금 안 내기 운동을 벌이고 있다.

잠잠하던 그들에게 '고맙다'라 할 만한 대형 사건 세월호가 발생했다. 선주의 욕심과 불법, 그리고 관련 공무원들의 부패, 혼자 도망간 선장, 늑장 대처 해경, 담당 전남 도지사에 대해 언론 일언반구 없고 인천시장이나 경기도 교육감에 대한 비판은 없다. 대통령 일정과 시간대별 활동 사항은 국가 보안 사항이라는 약점을 간파한 언론은 지저분한 소설을 만들어 확대 재생산했다. 모든 것이 밝혀진 지금 그들

은 인면수심이다. 반성도 없다. 아주 잔인하다. 사악하다. 심판을 두
려워하지 않는다. 동생 아벨을 죽인 가인의 속성이 보인다. 내가 내
동생을 지키는 자입니까? 대꾸하고 반항하며 자기 합리화를 한다.

이후는 되풀이할 필요도 없다. 드디어 박정희 대통령의 산업화와
종북 청산의 박근혜 대통령에게 잠시 이긴 것처럼 보인다. 강남 좌파
의 승리는 언제까지인가? 좌파 정부가 수립되어 한미동맹이 훼손되
고 미국 국익에 도움이 안 된다 하여 철수하고 베트남처럼 우리 민
족끼리 운운이 드디어 성공하여 고려연방제로 선거가 벌어지거나 아
니면 전격적으로 무력 침공하여 인민민주주의공화국이 되면 강남
좌파의 승리인가? 강남 좌파들은 광화문 사거리에서 표창을 받을
것인가 아니면 고사총 세례를 받을 것인가? 스스로 답하기 바란다.

그건 바로 절망이다.

15. 悔改와 聖潔

회개는 기독교 종교의 본질이고 핵심이다. 영어로는 동사 repent
(회개하다), 명사 repentance(회개)이다. 회개는 그리스어로 '메타노이
아', 메타는 변하는 것이고 노이아는 마음이다. 히브리어로 '슈브'이
다. 집을 부순다는 뜻이다. 즉 마음을 깨어버린다는 의미이다.

달리 말하자면 회개는 나무 밑동을 잘라버리는 것이다. 자신이 지
은 집 또는 자신이 키운 나무, 그 나무는 사상일 수도 있고, 가치관,
행동양식, 지금까지 살아온 방식 등일 수 있다. 그 나무의 밑동을
자른다는 것은 상상하기 어려운 일이다. 즉 회개란 자신을 부정하는
것이다. 어렵다.

悔改에서 悔는 마음 忄 변에 매일 每 자, 즉 '매일 마음을 쓴다'라는 의미인데 좀 더 살펴보면 每자는 어린 아기(人) 어머니 母 품에 안겨 젖을 먹는다는 뜻이다. 어린 아기는 매일 먹어야 하며 하루에도 수차례 어머니 젖을 먹어야 산다.

改는 굽은 것은 바로 하기 위해 회초리로 치다라는 한자적 의미가 있다. 즉 다시 말하면 회개의 한자적 의미는 굽은 것을 바로 하기 위해 자신을 매일 또는 매일 수차례 자신을 회초리로 친다라는 뜻이다.

히브리 원어 집을 부순다 또는 마음을 부순다라는 말과 크게 다르지 않다. 행동이 바뀌려면 먼저 마음이 바뀌어야 한다. 참회의 눈물 없이 말로만 반성한다고 해서 개과천선이 가능한가? 도박을 끊지 못해 손을 잘랐는데 나중에 발로 하더라는 말이 있다. 좀 끔찍한 극단적인 비유이지만 내적 변화 없이 외적 행동의 변화를 기대하기는 난망이다.

예수의 공적 생활은 회개하라 천국이 가깝다는 것이었다. 가깝다는 near이기도 하지만 King James 판에는 at hand로 표현되어 있다. Repent, for the kingdom of heaven is at hand. 뒤집어 보면 회개하지 않으면 천국에 가지 못한다. 또는 그 반대의 개념 지옥에 간다라는 뜻이다. 천국과 지옥 편에서 다시 살펴보겠지만 예수아(Yeshua, 히브리어 Jesus)는 천국을 외쳤다. 로마의 식민지에서 해방된다 또는 경제적 부요가 생긴다라는 것이 아니고 당시 유대인들의 개념에 없던 천국을 소개한 것이다.

그 조건이 회개였다. 그래서 마음이 가난한 자, 마음이 깨끗한 자, 애통하는 자, 온유한 자, 서로 화평하게 하는 자 등 당시 랍비(선생)들과는 다른 가르침을 설파하였다.

회개는 영어로 또 turn around(back)로 표현하기도 한다. 가던 길에서 돌아선다라는 뜻이다. 넓은 길에서 좁은 길로 돌아선다라는 뜻이다.

성경의 주연 인물은 당연히 Yeshua이고 인간의 agenda(의제)는 회개이다. 역사의 반전을 이루는 사건은 십자가 사건이다.

앞에서 살펴보았듯이 창조주가 동물을 대신해서 단번에 인류 모두의 죗값을 치렀다는 뜻이다. 사람을 사랑하시고 긍휼히, 즉 불쌍하게 보시지만 죄를 가까이하실 수 없는 그분의 특성상 죄로 더러워진 인간을 품에 안을 수는 없다. 그의 Holiness 거룩함 때문이다. 또한 인간은 자신의 죄를 스스로 해결할 수는 없다. 망각할 수는 있어도 씻을 수는 없다. 비극이다.

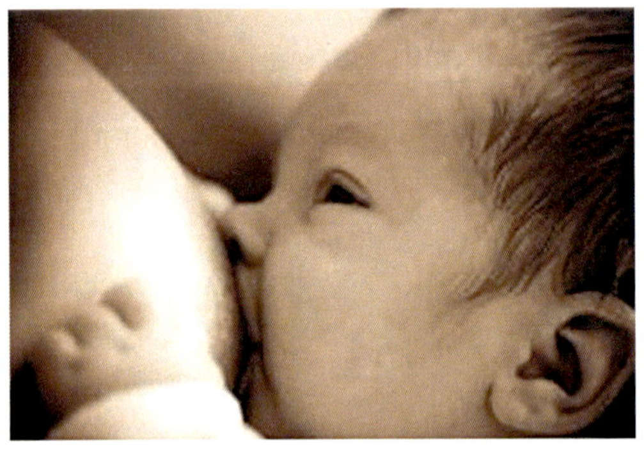

聖潔은 무엇인가? 문자적으로 깨끗하게 한다라는 의미로 생각할 수 있다. 들여다보면 聖은 귀 耳와 입 口의 王이 본다, 즉 聖, 神이 듣고 본다는 뜻이다. 潔은 삼수 氵변에 인삼 등의 삼을 칼 刀로 잘라 잘 정리한다. 즉 삼을 물로 씻고 베어 가지런히 하다라는 뜻이다. 예전 농사에서 온 한자이다.

즉 귀와 눈, 듣기에도 보기에도 깨끗하게 잘 정리된 상태를 성결이라 한다. 귀하가 성결한가 아닌가는 하나님이 듣기에도 보기에도 깨끗하게 씻고 잘 정리되었다라는 판정 이후에 말할 수 있을 것이다.

나는 법 없이도 산다 혹은 법 없이도 살 수 있는 사람이다. 매우 좋은 사람이다. 우리는 가끔 그런 훌륭한 인격자를 만난다. 존경의 대상이다. 그러나 하나님의 판결은 좀 다르다. 인간적으로 아무리 훌륭하여도 의인은 한 사람도 없다라고 탄식하신다.

우리 인간 사회에서는 죄의 중함에 따라 징역 10년, 3년 등으로 죗값이 매겨진다. 가벼운 죄는 1개월 또는 벌금형 식으로. 죄의 무게가 있는 것이다.

인간의 논리라면 나는 전과가 없다 혹은 아예 경찰청 한번 가지 않았다면 법 없이 사는 사람이 맞다.

그러나 하나님은 죄의 무게보다 죄 그 자체를 싫어하신다. 즉 죄를 조금 지었다고 그분에게 가까이 갈 수가 없다는 뜻이다. 인간의 고민은 바로 여기에 있다. 나는 의인처럼 살았다 하지만 그분은 너는 죄인에 불과하다라고 판결을 내리신다.

앞의 죄에서 살펴보았지만, 우리 인간 자체가 죄성을 지니고 있기 때문에 인간계의 義나 善으로 화장을 하여도 다소 미화는 되지만 죄성 본질 자체가 변하지 않기 때문이다.

이 점이 매우 난해하였고 수긍하기가 어려우며 아둔한 탓에 오랜 시간이 걸렸다. 그리고 또한 죄는 매우 달콤한 스낵이며 아침에 눈 뜨면 향기가 집안에 퍼지는 원두커피 같은 속성이 있다.

죄의 본질은 자신을 기쁘게 하는 것이다(패리스 레이드헤드 목사: 유투브 설교).

인본주의의 목적은 인간의 행복이다. 즉 회개는 어디에도 찾아볼 수 없다. 인간 자신의 정당화 합리화 이후 행복론을 내민다. 죽음 이후는 알바 아니다라는 태도이다. 살아서 행복한 것이 지상 목표이다. 운동선수들 인터뷰 단어가 물론 어휘력 부족 탓이지만 이겨서 또는 우승해서 행복이다. 결혼해서 행복하다. 대학에 입학해서 행복하다. 좋은 직장에 취직해서 행복하다. 좋은 집을 마련해서 행복하다가 다다.

물론 인간 삶의 행복을 부인하는 뜻이 전혀 아니다. 오히려 더 큰 행복, 즉 대어를 놓치고 잔챙이를 챙기는 것을 말하고자 한다.

죄의 문제를 해결하는 것. 죄와 혈투를 벌이는 것. 죄에 굴복당하지 않으려고 노심초사 그리고 결연히 이기는 것.

이미 돌이킬 수 없는 죄, 머리를 조아리고 가슴을 치고 후회하는 죄. 예수의 피로 속죄함을 얻기는 하지만 인간 자체에는 죄의 흔적은 여전히 남는다. 그 흔적이 가끔 불현듯 떠오르는 것은 나쁘지만은 않다. 당신의 죄성과 죄는 당신을 겸손하게 한다.

평생 다닌 교회지만 죄에 대한 경고 또는 회개에 대한 강력한 설교는 별로 기억이 없다.

20세기의 위대한 설교가 레너드 레븐힐 목사의 설교에 이런 대목이 있다. 미국 건국 초기 이민자 교회에서 그 유명한 스펄전 목사가 지옥에 대하여 설교를 하였는데 촛불을 켜고 원고를 그냥 읽었다고 했다. 잠시 후 회중을 내려다보니 의자에 앉아 있던 교인들이 모두 바닥에서 뒹굴고 있었다고 했다. 죄에 대한 뉘우침, 지옥에 대한 두려움 등이었을 것이다. 그것은 큰 소리를 내지 않아도 그 메시지를 전하는 설교자의 진심 및 영적 권위, 즉 하나님의 영과의 동기화(synchronized), 주파수가 맞아야 일어날 수 있는 장면이다. 진정한 회개란 견딜 수 없이 뒹구는 것이다.

1903년 원산에서 시작한 기독교 부흥은 어디에서 시작하였는가? 1907년 평양 장대현 교회의 부흥은 평양신학교 1기 졸업생인 길선주 목사가 자신부터 죄를 고백하고 회개하는 데서 시작하였다. 그의 죄는 친구의 재산을 정리하면서 얼마를 챙긴 것이었다. 많은 이들이 연이어 죄를 고백하였고 이는 평양 시내를 뒤흔들었다.

　회개는 쉽지 않다. 또한 회개 다음은 더 어렵다. 죄와 혈투를 벌여야 하기 때문에. 기독교의 부흥은 회개에서 시작한다. 사도행전에 보면 성령이 임하는 장소는 어디였는가? 잘 정리된 곳이었다. 예수께서 최후의 만찬을 한 바로 그 다락방이었다. 최후의 만찬 장소(사진, 시온 산 인근)는 잘 정리되어 손님이 사용할 수 있는 상태였다.

예수 최후의 만찬 장소, 예루살렘 시온 산 인근

　최후의 만찬을 하고 제자들의 발을 씻기신 예수는 근처 겟세마네 동산으로 가서 땀방울 같은 피를 흘리는 최후의 기도를 하고 배신자 가룟 유다에 밀고를 당하고 대제사장 뜰로 잡혀간다.

　현대 교회는 죄보다는 용서에 중점을 둔다. 심판 보다는 축복의 단어 횟수가 빈번하다. 모두 번영 신학의 산물이다. 하나님의 자녀가 세상에 살면서 좋은 집에 살고 좋은 인생을 사는 것은 너무도 당연하다라고 말한다. 그렇다면 20년간 옥살이를 한 중국의 설교가 워치만 니 목사는 불행한 것인가? 살아있는 순교자 루마니아의 리처드 범브란트 목사는 어떻게 이해를 할 수 있을까? 그의 스토리 일부를 인용 소개한다.

범브란트 목사는 1948년에 그의 조국 루마니아에서 공산당에 의해 납치되어 14년간 말할 수 없는 옥고(獄苦)를 치른 뒤 서방신자들의 재정적 도움으로 석방되었으며 부인 사비나 범브란트 여사도 3년간 강제 노동수용소에서 복역했다. 그의 증언이다.

저는 유대인입니다. 저는 루마니아에서 태어나 거기서 자랐습니다. 제가 루마니아에서 살고 있었던 27세 때에 그리스도를 믿게 되었고 후에 목사가 되었습니다. 나라가 나치 통치 아래 있던 때였기 때문에 최악의 때에 목사가 된 셈입니다. 저는 두 가지 점에서 범죄자가 된 것입니다. 첫째는 제가 유대인이라는 사실과 둘째는 게다가 그리스도인이 되었다는 것입니다. 제 아내도 유대 계통으로 우리는 둘 다 군법회의에 회부되어 감옥에 갇히게 되었습니다.

우리 가족의 대부분은 나치에 의해 죽임을 당했습니다. 나치가 물러간 뒤 이번에는 공산주의자들이 이 나라에 세력을 폈습니다. 우리가 두 가지 점에서 범죄자가 되었다는 사실, 즉 첫째는 유대인이고, 두 번째는 그리스도인이라는 점 때문에 범죄자가 되었다는 사실입니다.

공산주의자들은 교회를 핍박했습니다. 어떤 교회들은 지하(地下)에 숨어서 비밀리에 예배를 드려야 했습니다. 아이들을 위한 주일학교나 일반 학교도 모두 금지당했습니다. 그들은 지하로 숨어야 했습니다. 모든 교파의 수많은 신자들이 투옥되었습니다. 공산주의자들의 치하에서 몇 년을 지낸 뒤 저도 투옥당했습니다. 저는 공산주의 감옥에서 14년을 보냈습니다. 루마니아 출신의 유대인으로 저는 나치 치하에서 죄수로 지냈습니다. 저는 모든 교파들을 핍박하는 공산주의자들의 치하에서 또다시 죄수가 된 것입니다. 저는 제 조국 루마니아에서 14년간 감옥살이를 했습니다.

이 기간의 몇 해 동안 저는 격리 수용되었습니다. 이 몇 해 동안 저는 태양이라고는 보지도 못했습니다. 달도 전혀 보지 못했고 바깥 빛은 물론 별도 전혀 보지 못했고 천연계의 아무것도 보지 못한 채 지냈습니다.

살아있는 순교자, 리차드 범브란트

루마니아 공산당은 범브란트 목사님에게 매우 혹독한 고문을 가하였다. 차마 글로 옮기기 힘든 정도이다.

현대 한국 교회의 풍조 중 하나가 밴드를 동원한 찬양이다. 찬양 사역이라 하면 30분 이상 진행하며 전통적인 찬송보다는 잘 들어본 적이 없는 신곡들이 많다. 드럼도 쿵쾅거리고 앰프에 연결된 전기기타 연주가 대표적이다.

문제는 무엇인가?

**회개 없는 찬양은 하나님을 기만하는 것이고
회개 없는 기도는 하나님과 거래하자는 것이다.**

나는 문득 떠오른 이 문장을 어느 날 벽에다 포스트잇 해서 부쳤다. 물론 다 그렇다는 것은 아니지만, 풍조가 집단적 찬양으로 시작하며 죄에 대한 엄중한 경고보다 사랑의 하나님을 외친다.

좀 살아보니 사랑은 하나님의 동전 앞면이다. 감추어진 동전 뒷면 즉 진노하시는 하나님, 궁극적으로 나는 너를 모른다라고 심판하실 하나님은 소개하지 않고 있다.

큰 죄이든 작은 죄이든 죄를 품고는 가까이 갈 수 없는 존재에 대한 메시지는 실종되고 있다. 회개가 없다. 이것이 오늘날 현대 교회 모든 문제의 핵심이다.

미국 LA 인근에 Grace Community Church의 담임 목사 John MacArthur를 잠시 소개한다. 그는 신학교를 막 졸업한 1969년 이 교회에 신출내기 목사로 부임했다. 조건은 단순했다. 나는 오직 설교 말씀만 연구 할 테니 교회 살림 즉 행정 등은 내게 맡기지 마세요 라는 조건이었다. 방문한 자에 따르면 그의 방은 1969년 즉 지금으로부터 48년 전과 동일하고 방도 너무 협소해서 놀랐다고 했다. 그는 히브리어 라틴어 등에 능통하여 성경을 밑바닥까지 꿰뚫고 있다. 요한복음 하나만으로 2년을 설교한다. 그 깊이는 감탄할 만하다. 교회 살림은 13명의 장로(elder)들이 맡으며 각자 대를 이어 성실하게 수행한다.

교회는 사회의 존경을 받는다. 교인들이 늘어난다. 말씀에 깊이 잠긴다. 최소한 그렇게 살려고 노력한다. 눈물이 있다. 죄의 고백이 있다. 하나님께 응석을 부리는 것이 아니고 두려워 벌벌 떤다. 큰 건물을 지어 위세를 나타내지도 않는다. 교인이 몇 명이고 1년에 헌금이 얼마이며 어느어느 단체에 얼마를 후원하며 오지에 선교사를 파송한다라고 홍보하지 않는다. 이 목사님은 신학 박사 학위도 없다. 물론 신학생들을 가르친다. 자신을 teacher라고 한다.

미국 캘리포니아 LA Grace Community Church & 존 맥아더 목사, 홈페이지

반면 우리의 대형교회는 어떤가? 목사들이 마치 구약시대의 제사장처럼 가운을 입고 교인들 위에 군림하지 않는가? 행정 경영 설교 3가지 모두 독점하며 특히 교회의 재산권을 행사하여 분쟁의 소지가 너무 많고 실제로 빈번하다.

지방 어느 교회가 큰 길이 생기며 교회가 시 재정으로 큰 보상금을 주었고 연이어 그 보상금으로 새로운 교회당으로 건축하였다. 잘못된 것은 없다. 그러나 담임 목사가 내가 개척한 교회이니 일부는 내 집을 짓는 데 사용하겠다 하여 분쟁이 생겼는데 그럴 수도 있겠다 하였으나 너무 호화로운 집을 지은 것이다. 수입 목재로부터 기타 등등. 평생 그 교회를 섬기던 장로 몇 분이 조용히 그만두었다고 한다. 따지고 보면 헌금은 목사가 낸 것이 아니다.

가난했던 후유증에 대한 보상 심리인가? 대기업 사장처럼 모두 검은색 대형 세단에 운전기사와 수행 비서를 두고(물론 바쁜 일정이 많아서 이해하지만) 이런 교단 모임 저런 모임 즉 비본질적인 것에 너무 많은 시간을 쓴다 - 그러면 신문에도 많이 나고 유명해진다라는 정치인 행동양식과 매우 흡사하다.

신학박사 학위로 포장하며(더러 대필도 하고) 1년에 수십 번 또는 백 번 이상의 취미생활에 매진(?)하는 대형교회 목사도 있다. 우리나라 대형교회 목사는 축복을 받은 것이고 루마니아 범브란트 목사는 징계를 받은 것인가?

미국 텍사스의 대형교회 조엘 오스틴 목사. 이 목사는 목사라기보다 축복 성공 마케팅 전문가이다. 지극히 인간적인 관점에서만 이야기한다. 죄의 문제는 아예 취급하지 않는다. 죽음도 없다. 살아서 돈을 많이 벌어 잘 살다 죽어라가 복음이다. 우리나라에도 책이 소개되어 베스트셀러가 된『긍정의 힘』저자이다.

기독교는 긍정의 종교가 아니다. 자신을 부정하는 데서 출발하는 종교이다. 자신의 마음, 자신이 키운 잘못된 나무를 밑동을 자르는 일부터 해야 진정한 교인이 되는 종교이다. 그렇다고 세상을 염세주의적으로 살아라 하는 말도 아니다.

인간의 죄와 죄성의 본성을 정확히 알고 죄와 싸워야 한다는 것을 천박한 복음 장사들은 외면한다. 장사가 안 되기 때문일 것이다. 고객의 입맛에 맞는 메뉴만 제공한다.

레너드 레븐힐 목사는 말했다. 진정한 종교는 당신이 죽고 난 다음 어떻게 되느냐를 해결하는 것이다. 오늘날 장사꾼 목사들은 반대이다. 당신이 살아있을 동안 잘살게 되는 것만 관심 사항이다. 그분의 설교에 있는 내용이다. 남아프리카 항구 도시 더번(Durban)의 백인 교회에 어느 날 흑인 청년 뒤마가 예배를 드렸다. 예배가 끝나고 의례적인 인사로 백인 목사는 흑인 청년에게 뭐 필요한 게 있냐고 물었다.

뒤마는 "네 있습니다. 이 교회를 내게 주세요."라고 답했다. 목사는 물었다. "뭐라 하였나요?" 뒤마가 다시 말했다. "교회를 내게 주세요." 목사는 웃고 넘어갔다. 다음 주에도 듀마는 또 교회를 달라고 말했다. 목사는 물었다. "신학교는 졸업했나요?", "아니요.", "교육은 받았나요?", "아니요.", "그럼 어떻게 목사를 할 수 있나요?"

뒤마는 답했다. "나는 엄청난 경험을 했고 그것을 신자들과 나누고 싶어서입니다." 목사는 물었다. "그것이 무엇인가요?", "내가 짊어졌던 무거운 죄짐이 없어지고 나는 새로운 삶을 살고 있습니다." 목사가 답했다. "나도 한때는 그랬어요." 그래도 양심이 있어 고민이 생

긴 목사는 장로들과 의논했다. 장로들이 말했다. "저기 산 넘어 우리
가 개척한 조그만 교회가 있으니 그걸 맡겨 보세요. 아마 얼마 지나
지 않아 항복할 것이에요."

뒤마는 그 교회를 1,500명이 넘는 교회로 이끌고 있다. 그의 비결
은 회심을 한 후 산속 동굴로 가서 금식하며 하나님과 씨름하였던
것이다. 나를 죽이시든지 목사로 만드시든지 이번에 결정해 주세요,
하나님. 계곡에 흐르는 물만 마시고 11일간 버티던 끝에 어느 날 그
는 하나님을 체험한다. 가슴이 불타는 사람이 된다. 성경 공부에 매
진했다. 많은 영혼을 하나님에게로 인도하고 있다. 차디찬 가슴으로
세상이 주는 학위와 권위로 영혼을 살리고자 한다면 그것은 마케팅
이다.

요한계시록에 있는 일곱 교회에 대한 창조주 구세주의 경고 공통
사항은 회개이다. 처음 사랑으로 돌아가라. 당신이 무슨 잘못을 하
든 무슨 죄를 짓든 상관없이 한번 구원받았으면 영원하다라는 니골
라당을 경계하라 했고 교회의 음녀 즉 이세벨을 조심하라. 육체적
간음도 문제이고 복음의 본질을 흐리게 하는 사단의 작업을 경계하
라는 뜻이며 나는 부족함이 없다라는 교회에 대한 경고는 앞에서
살펴본 듯이 토해버리겠다이다.

더욱 심각한 것은 폐허의 1950년대 가난했던 1960년대 잘 살아보
세의 1970년대를 지나 불과 30년, 즉 한 세대가 채 지나지도 않아 한
국교회가 수십 개 교단으로 분열되고 세계 종교 통합에 앞장서고 있
다는 사실이다.

좀 불편한 이야기이지만 한국 기독교를 대표하는 대형 교회 목사들이 WCC에 앞다투어 가입하고 지지하고 있다. 찬반양론이 분분하다. 찬성 쪽에서는 이교도들을 포용해야 복음을 전할 수 있다라고 하고 반대쪽에선 교회의 타락, 제2의 신사참배라 한다.

본질은 무엇인가? 하나님의 거룩함에 관심이 없어서이다라고 생각한다. 어느 날 교회 예배당에 유명 불교 승려가 등장하고 불당에 유명 목사가 서 있는 모습이 상상이 아니고 현실이다. 마치 불만 피우면 되지 무슨 불이냐 상관없어하다 불에 타죽은 제사장 아론의 두 아들 나답과 아비후를 연상하게 한다.

2011년 9월 미국 최대의 종교 건축물인 뉴욕 리버사이드 교회에서
대구 동화사 승려가 참 자아에 대하여 설법하고 있다. 《중앙일보》

찬성 쪽에 질문한다. 그렇게 해서 얼마나 많은 타 종교에서 기독교로 개종한 사람이 있는가? 국내의 이단 종파 하나인 '하나님의 교회', 외국에서도 널리 선교하고 있다. 예수는 없고 안상홍이 예수 대체자이다. 지금은 안상홍이 죽고 그 부인이 그 역할을 한다. 또한 신천지

는 무엇인가? 교주 이만희가 하나님인 이단 종교이다. 참으로 끔찍한 일이다. 안상홍은 죽었고 이만희도 나이가 많으니 평생 안 죽을 것처럼 처신하던 통일교 문선명같이 어느 날 죽는다.

주제로 돌아가서 인도네시아 WCC 예비 대회에 현지 하나님의 교회가 적극적으로 참석했다는 기사를 보았다. 다른 불 정도가 아니다. 심판이 두렵지 않은 우리나라 교회의 담대함에 놀랄 뿐이다. 당시 대회장을 했던 한국의 대형교회 유명 목사의 연설 일부를 인용 소개한다.

세계는 모두 하나로 연결되어 있고 모든 생명은 서로 의지하고 살아간다는 아프리카의 우분투(ubuntu) 사상이나 한국의 '상생' 같은 아시아적 가치들로 인류의 문명이 거듭난다면 일치는 가능할 것입니다. 이번 WCC 총회를 통해 이 같은 '일치'가 우리 아시아와 세계의 교회와 온 인류에게 임하기를 소원합니다. 그리고 이번 인도네시아 '일치의 축제'가 그 서곡이 되기를 간절히 기대합니다.

우분투(ubuntu)는 사람들 간의 관계와 헌신에 중점을 둔 윤리 사상이다. 이 말은 남아프리카의 반투어에서 유래된 말로, 아프리카의 전통적 사상이며 평화운동의 사상적 뿌리이다. 우분투 정신을 갖춘 사람은 마음이 열려 있고 다른 사람을 기꺼이 도우며 다른 사람의 생각을 인정할 줄 아는 포용과 관용의 정신이다.

좋은 말이다. 성경에서 예수의 선한 사마리아 사람 비유에 해당할 수 있다. 누가 강도 피해를 당한 자의 친구인가라는 질문에 유대인들은 말을 할 수 없었다. 자신들이 상대도 하지 않는 혼혈 민족 사마리아(원래 유대인과 북방 이스라엘은 점령했던 인근 아시리아 사람들 간의 후손과 바빌론 포로로 잡혀가지 않았던 유대인들 포함)인이 진정한 친구라는 말씀이다.

하지만 일치 또는 하나 됨에 대한 오해와 잘못된 해석에서 출발하는 것이다. 창조주 하나님이 지시한 상세한 예배법(모세오경의 레위기)을 보면 재료의 순수성을 매우 강조하고 있다. 메노라 금 촛대를 만들 때는 순수한 정금으로 만들고 가운을 만들 때도 양털실만으로 하지, 베 실을 섞지 말라고 하며 보석도 구체적으로 무슨 무슨 보석을 어떻게 사용하라 등 매우 구별되는 것이다.

타 종교와 하나 됨은 인간적인 관점에서 볼 때는 훌륭할 수도 있다. 인종 차별, 종교 차별, 지역 차별, 국가 차별 등 모든 인간적 차별을 뛰어넘는 서로 상부상조 또는 상생하는 등의 말로 포장할 수 있다.

모든 생명은 서로 의지하고 살아간다 하는 아프리카의 우분투 사상에서 빠진 것은 무엇인가? 이게 핵심이다. 조엘 오스틴 목사가 삶을 긍정적으로 살아라와 서로 다른 듯 같은 것이다. 목적이 이끄는 삶 또한 마찬가지다.

인생은 하나님의 인도로 안내로 말씀을 지침으로 살아야 한다. 모든 생명은 서로 의지하는 것이 아니라 서로 돕는 차원이라야 하고 인생을 창조한 절대자 창조주 하나님을 의지해야 한다는 것이 정답이다. 목적이 이끄는 것이 아니라 내가 하나님의 이끌림을 받아야 성공적인 삶이다. 그곳이 비록 루마니아의 감옥이나 북한 정치범 수용소라도 하나님의 임재하심과 그분의 이끄심이라면 그것이 옳은 삶이다.

일제 신사참배 의결은 우리 교단이 앞질러 서둘러 의결해 버려 잔뜩 긴장하고 만약 끝까지 항거한다면 장로교는 포기하라는 일본 경찰 본청의 명령은 시행될 수 없었다. 우리에게는 주기철, 한상동 목사 등 위대한 신앙의 롤 모델이 있었던 반면 신사참배 의결을 하고 바로 신사에 달려가 넙죽 절을 했던 교단 지도부, 즉 기득권 집단이 있었다.

신사참배를 하고 강단에서 죄짓지 말고 성결한 삶을 삽시다라고 한다면 좀 과장되게 비유를 한다면 남의 집에 들어가 도둑질을 하되 살인은 하지 말라 또는 배가 고프면 좀 남의 것 적당히 훔쳐 먹어라 등이나 다를 바가 없다.

성결한 삶은 자기가 기준이 아니다. 공자, 맹자 등 도덕군자 기준이 아니다. 성결한 삶은 하나님 기준이고 성경 말씀 기준이다. 이것을 청년의 때에 깨달았어야 했다. 예정론이 맞든, 틀리든 이런 하나님 기준 성결한 삶이 정답인 것을 머리가 하얗게 변한 다음 깨달았으니 정말 통탄할 일이다.

최고의 학문을 하고 최고의 가문, 즉 왕의 입양 손자가 된 모세, 어떻게 보면 노예 민족이었던 히브리 민족 모두의 롤 모델이었을 수도 있다. 하나님 기준이 아닌 삶은 어느 날 갑자기 추락할 수도 있다. 살인자 모세가 갈 곳은 이집트 사람도 히브리 사람도 없는 사우디아라비아 메디안 광야였다. 광야는 침묵하는 곳이 아니다. 원어로는 말한다라는 뜻이라 한다. 광야에서는 인간 본연의 신앙심이 살아난다.

사우디아라비아 메디안 사막과 모세, meditacionesdiarias.com

하늘에 가득 찬 은하수 별들을 보고 경외심이 생기지 않는다면 그것은 이미 세속에 너무 물들었거나 병들었다는 반증이다.

오늘 우리나라의 정치 갈등, 헌정 사상 유례없는 대통령 탄핵 인용(현재 그들은 헌법에도 없는 파면이라는 단어를 썼다)의 비극 뒤에는 4가지 힘들이 작용했다. 주체사상, 글로벌 단일 정부, 이슬람, WCC.

종북으로 표현되는 주체사상 신봉자 그룹에 대해서는 잘 알 것이고 앞에서도 충분히 언급했다. 글로벌 단일 정부 세력은 미국 과거 정부의 대통령 중 다수가 freemason이다. 즉 글로벌 단일 정부 신봉자이며 세계최대의 부호 로스차일드를 필두로 유대인 리더들의 하부 행동 조직이다. 우리나라에도 유명한 인사들, 언론계, 정치계, 재게, 종교계에 포진하고 있다.

이슬람은 오일 달러를 무기로 전 세계에 급속히 세를 늘리고 있다. 아프리카에는 이슬람으로 개종하면 월급을 준다. 즉 이슬람 복지 기금이다. 한국에는 두 가지 부류 이슬람 유학생들이 있다. 사우디, 쿠웨이트, UAE 등 석유 부자 나라에서 온 한량 이슬람들이 한국 여성들과 교제를 하고 심지어 아이를 낳고 나몰라라 하는 일부 다처주의 습성을 한국에서도 실현(?)하고 있다. 다른 부류들은 파키스탄, 인도네시아, 방글라데시 등 급진 이슬람 국가에서 온 유학생들이다. 이들은 지하드 성전을 신조로 하며 한국의 이슬람화를 기하고 있다.

그러면 이번 촛불 시위나 국회 탄핵 등에 이슬람이 직접 가담했느냐? 그건 그렇지 않다. 우리나라는 초대 이승만 대통령을 비롯해 제헌 국회의원들이 헌법을 제정하고 제헌국회를 열고 정부를 수립할 때 神人국가, 즉 하나님이 백성을 통치하는 국가로 선언했다.

그러나 이슬람이 침투하는 사회는 분쟁이 시작된다. 평온하던 유럽은 각종 테러 그리고 이슬람 다산에 힘입어 학교는 태생적 이슬람 아이들로 붐빈다. 조만간 학교를 점령할 상황이다. 이슬람은 마호메트가 창시한 6세기경 신천지나 하나님의 교회다. 즉 예수 대신 마호메트, 이만희, 안상홍이다. 이슬람 경전 코란은 Satan, 즉 알라를 위해 죽으라라고 말한다. 지하드, 즉 聖戰(성전)이라 하는 것이다. 기독교도와 유대인을 살려두지 말라고 되어 있는 코란이다.

무역과 경제 협력상 중동 이슬람 국가와 거래하는 것은 어쩔 수 없지만 그들의 문화와 종교를 아무렇지도 않게 받아들이고 심지어 사원을 짓고 대학에서 교양 강좌를 열고 등을 한다. 이러한 모든 일로 단기간에는 돈을 버는 듯하지만 시간이 지나면 기독교 국가는 혼란에 빠지게 된다.

대장금 시청률이 90%가 넘은 이란, 세계 최초로 이슬람 종교를 국교로 지정한 나라이다. 현재 백만의 이슬람들이 기독교로 개종하고 있다. 선교사도 많이 갔지만, 미국에서 보내는 이란어 영어 복음 방송 역할도 크다. 그들은 꿈이나 환상 또는 병실에서 죽어가다가 마호메트가 아닌 예수아(Yeshua)를 만나 자발적으로 개종하는 사람들이다.

40년 가까이 강성 이슬람 지도자들 밑에서 억압당하는 그들이 이슬람 종교를 떠나고 있다. 물론 이슬람 지도부 즉 기득권 세력들이 가만 있지는 않는다. 광장에서 교수형에 처하고 직장에서 내쫓고 온갖 박해를 하지만 기하급수적으로 늘고 있다.

기독교식 세례, 즉 침례를 받는 이란 기독교인들, 2014, 《크리스천 투데이》

중동과 유럽 일대를 풍미했던 강국 페르시아, 즉 오늘날의 이란, 그들은 변하고 있다. IS의 잔악성에 염증을 느끼고 미국의 위성 복음 방송은 이란에서 매우 높은 시청률을 기록한다. 문화 강국인 그들이 지금은 노래를 하질 못한다. 오랜 세월 퇴화하였다. 한류의 노래도 그들의 문화 감성을 깨운다. 팔레비 왕 시절 넘쳐나는 미국제 코카콜라, 커피 그리고 햄버거, 서방 문화에 대한 향수가 있다.

한국 이란 축구 경기도 이란에서는 인기가 있지만 가장 큰 경기는 문자 그대로 그 유명한 이란 테헤란 더비, 즉 이란의 좌파와 우파의 축구 경기이다. 세계에서 가장 치열한 경기라 한다. 팔레비 왕조 시절을 그리는 우파와 현재의 강권 이슬람 통치를 찬성하는 진영이 각각 5만 명씩 모여 경기장을 반 토막 내고 자리하여 응원 혈투를 벌인다고 한다. 억압되었던 모든 사회적 스트레스를 다 뿜어낸다고 한다. 목청껏 소리를 내도 아무렇지도 않은, 아무도 간섭하지 않는 유일한 장소이다. 그들은 페르시아 왕조의 부흥을 꿈꾸는지도 모른다. 바빌론 제국을 무너뜨린 페르시아 왕조. 바로 이만 오천 명 특수 군의 리더이자 왕이었으며 사병 한 사람 한 사람의 이름을 알았던 그 유명한 고레스(Cyrus) 왕이었다. 사병 출신의 아버지와 귀족의 딸 사이에 태어나 무수한 전공을 세워 왕까지 된 사람이었고 당시로서는 보기 드물었던 절대자, 즉 신을 두려워하는 겸손한 사람이었다. 그는 이스라엘 민족이 숭상하는 야훼 하나님을 인정하여 히브리 민족, 즉 이스라엘 사람들을 선의로 대하는 정책을 폈다.

이란은 다시 페르시아 왕조 시대로 회귀한다. 당시에는 물론 이슬람은 존재하지 않았다. 마호메트는 6세기 사람이니까. 페르시아 문명의 후손으로서 이란인들의 자존심은 매우 높다. 무진장의 자원 국가이며 고도의 문화를 이루었던 지성과 야성을 겸비한 민족이다. 기독교로 개종한 이란인들은 교수대로 끌려가면서도 나는 기독교인이 자랑스럽다 하며 목에 밧줄을 걸고 있다.

이란 테헤란 더비, 축구 경기, Mondofutbol

반면 우리는 반대로 가고 있다.

우리나라는 미국 다음으로 하나님의 직접 통치를 선언한 현대 국가이다. 영국은 여왕이여 만수무강하소서 이게 국가(國歌)이다. 일본은 천황 중심 국가이다. 프랑스는 민중 혁명을 통한 민주주의이지만 신인국가는 아니다. 民主主義라는 말이 좋기도 하지만 들여다보면 사람이 주인인 사상이다. 사람이 천해지면 천민 민주주의가 되고 사람이 고귀하면 고급 민주주의가 된다는 말이다. 데모를 한다, 시위를 한다의 democracy 민주주의는 사람들의 의사 표현이 기준이 된다. 때로 위험하기도 하다.

나치를 보면 대형 광장에 모여 열광하고 있다. 모두 자발적이다. 90%를 넘는 압도적 찬성이다. 그러나 그 결과는 참혹했다. 인류의 재앙이었다. 잘못된 사람 중심의 사상이 빚어낸 결과이다.

히틀러도 선동 연설에 카리스마가 있었고 특히 괴벨스의 게르만 민족의 가슴에 불을 지르는 선동 연설은 독일을 전쟁으로 이끌어서 결국 독일은 폐허가 되었으며 580만 유대인을 학살한 민족으로 오늘날도 집단 트라우마를 앓고 있다. 나치 선전부 장관 괴벨스의 악명 높은 문구를 몇 개 인용한다.

- 나에게 한 문장만 달라. 누구든 범죄자로 만들 수 있다:
예를 들어 '나는 가족을 사랑한다'라고 말하면 괴벨스는 '그럼 국가는 사랑하지 않는가?'라고 하며 반역죄를 씌우겠다.

- 민주주의가 철천지원수에게 자신을 파멸시킬 방법을 직접 알려 주었다. 민주주의를 비꼬는 풍자 중 가장 뛰어난 것이 될 것이다.

나치 전국대회 1938, rbn.com

무슨 말인가 하면 면책 특권과 연계되는 문구로 민주주의가 보장한 자유에 무임승차해서 체제를 조롱하고 뒤엎는데도 민주적 방식으로 뽑힌 면책 특권(국회의원)을 가지고 이용하고 있다는 뜻이다. 2016년 여의도 국회를 괴벨스가 방문한다면 이 사람들이 나한테 배운 것을 잘 이용하고 있구나 했을 것이다.

- 분노와 증오는 대중을 열광시키는 가장 강력한 힘이다. 지식인들은 이런 일에 가장 큰 적이다.
- 사람들은 한번 말한 거짓말은 부정하지만 두 번 말하면 의심하게 되고 세 번 말하면 이내 그것을 믿게 된다.

선동은 한 문장으로,
- 100%의 거짓말보다는 99%의 거짓말과 1%의 진실의 배합이 더 나은 효과를 보여준다.
- 인민 대중이란 작은 거짓말보다는 더 큰 거짓말에 속는다.

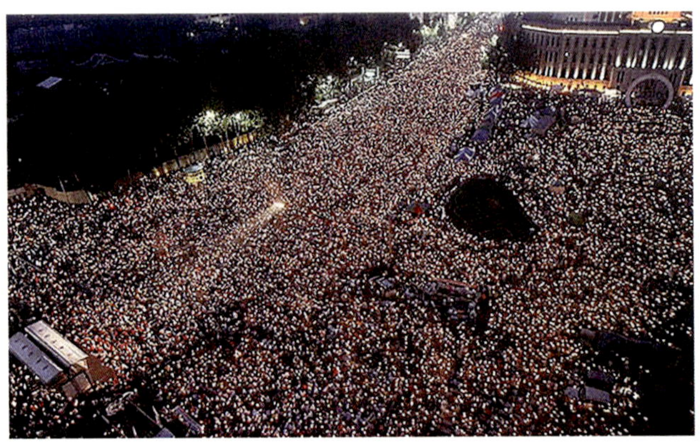

2008년 광우병 시위, 동아일보

옆 페이지 사진은 너무 익숙하다. 2016년 촛불시위인가? 본질상 나치 광장 대회와 동일하다.

답은 아니다. 2008년 광우병 촛불시위다. 미국산 쇠고기 괴담의 결과이다. 막말로 수입산 쇠고기 안 먹으면 그만이나 사생결단 태세이다. 물론 어이없는 조작 기획 보도의 산물이다. 무슨 이유인가? 한미동맹을 깨려는 의도였다. 수입산 쇠고기 중 유독 미국산에 초점을 맞추었다.

반미 감정을 일으키고 기름을 붓고 불을 질렀다. 주한미군 철수 구호도 당연히 나온다. 대통령 하야해라도 당연히 등장한다. 시나리오대로 잘 움직인다. 그러나 오래가지는 못했다. 안 먹으면 그만 아닌가? 그리고 매일 먹은 미국 사람들은 오히려 한국산 한우는 믿지 못해 안 먹는다고 보도되면서. 참 부끄러운 일이다. 지금은 미국산 쇠고기 없어서 못 판다. 저 때 촛불 든 사람 중에 스스로 부끄럽다고 말한 사람 아직 못 만났다.

2016년 다시 촛불이다. 이번에도 당분간 성공한 듯 보인다. 그러나 녹음테이프가 터지고 태블릿이 조작이라는 게 들통나면서 대통령 탄핵은 속전속결로 끝났지만, 박근혜 대통령의 담담한 소회처럼 언젠가 진실은 밝혀진다 - 이미 밝혀졌다가 맞는 말이다.

세상은 타락하고 사악한 사람들이 오히려 권세와 부와 명예를 누리는 곳이다. 그것은 성경에도 잘 명시되어 있다.

본질은 무엇인가? 바로 교회의 타락과 배도에 있다. 한국의 대형교회가 신도 수를 자랑하고 교세를 자랑하기 전에 성결하다면, 신사참배의 죄를 처절하게 회개했다면, WCC는 전부 한목소리로 반대했다면 지금 우리는 다른 세상에 살고 있을지도 모른다.

북한 주체사상은 파국이 났을 것이고 신천지 이단은 발을 붙이지 못했을 것이고 종북 목사는 아마 스스로 자결했을 것이며 이슬람이 넘보지도 못했을 것이다.

요한계시록에 일곱 교회에 대한 경고만 있지 당시 로마제국이나 이집트 또는 주변 동방 국가 등에 대한 경고는 없다. 즉 하나님의 관심은 교회다. 세상을 토하겠다라는 말씀은 없다. 대신 미지근한 교회, 즉 미지근한 신자를 입에서 토하겠다라는 말씀은 분명히 있다.

고래 뱃속에서 3일만에 살아나온 요나, sharefaith worship resources

구약 성경 요나(Jonah)서를 보면 BC 750여 년 전 당시 이스라엘의

주적 아시리아의 대도시 니느웨로 가서 회개의 메시지를 전달하라
는 야훼 하나님의 명령을 거부하다 배를 타고 도망가는 요나. 결국
풍랑이 일고 자초지종을 털어놓은 요나를 바다에 던지며 요나는 대
형 물고기(고래)의 뱃속으로 삼켜진다. 사흘 후 고래는 요나를 토해
내고 요나는 구사일생하게 된다. 요나는 내가 어찌하여 우리 민족
의 원수인 아시리아의 수도 니느웨로 가서 하나님의 메시지를 전달
하여 혹 그들이 돌이키면 다시 우리를 괴롭힐 것인데 수용할 수 없
다라고 생각했다. 한편 그 무렵 니느웨 사람들은 하늘이 깜깜해지는
완전 일식을 경험했다. 또한 자연 재앙들이 연이어 발생했다.

그런데 어느 날 어떤 대머리 이스라엘 히브리인이 성에 나타났다.
바닷가에서 내륙인 그 성까지는 며칠 이상 걸렸을 것이다. 그 성은
난공불락의 성이었으며 성내를 가로질러 갈려면 하루가 걸리는 큰
성이었다.

참고로 니느웨는 지금 이라크의 모술, IS가 점거하여 그들의 사령
부가 위치하여 전쟁의 포화가 계속되는 도시이나 원래는 쿠르드 족
자치 도시였다. 쿠르드 족은 인구가 3,300만 명 정도 되는 큰 민족
이고 나라 없는 유일한 민족이다. 터키, 이라크, 이란, 시리아 등지에
분산되었으며 이라크 사담 후세인은 특별히 탄압하였다.

유럽 고고학 발굴단의 1845~50년 발굴로 니느웨의 도서관 규모
가 밝혀지고 점토로 만든 서판들과 상형문자 비문도 발굴되었다. 도
서관에는 언어학, 천문학, 점성술, 종교적 문헌, 법전, 과학 서적과 기
구, 문학과 예술, 역사서와 연대표, 상업서, 각종 서간 등 서판이 무

러 2만6000개나 소장돼 있었던 것으로 조사됐다. 특히 니느웨는 이라크의 다른 도시들보다 사원이 많고 고대 아수르의 수도답게 많은 유적이 많이 있다. 이곳에서 발굴된 많은 고고학적 유물은 현재 영국 대영박물관에 소장돼 있다.

IS 전쟁 직전 모술에는 57만여 명이 살고 있었으며 시민 대부분은 쿠르드 족이다. 연평균 강수량은 400㎜로 남부에 비해 비가 많이 오며 기후는 자그로스 산맥의 영향으로 여름에는 섭씨 50도까지 올라가 무덥고 건조하며 겨울에는 영하까지 내려간다. 산업은 중세부터 직물로 유명했으며 바그다드 다음 가는 대도시로 이라크 경제의 중심지이다.

오늘날의 니느웨, 모술 성 유적

요나의 이야기는 이어진다(요나 3장 4~10절).

그 성읍에 들어가서 하루 동안 다니며 외쳐 이르되 사십 일이 지나면 니느웨가 무너지리라 하였더니 니느웨 사람들이 하나님을 믿고 금식을 선포하고 높고 낮은 자를 막론하고 굵은 베 옷을 입은지라

그 일이 니느웨 왕에게 들리매 왕이 보좌에서 일어나 왕복을 벗고 굵은 베 옷을 입고 재 위에 앉으니라 왕과 그의 대신들이 조서를 내려 니느웨에 선포하여 이르되 사람이나 짐승이나 소 떼나 양 떼나 아무것도 입에 대지 말지니 곧 먹지도 말 것이요 물도 마시지 말 것이며 사람이든지 짐승이든지 다 굵은 베 옷을 입을 것이요 힘써 하나님께 부르짖을 것이며 각기 악한 길과 손으로 행한 강포에서 떠날 것이라

하나님이 뜻을 돌이키시고 그 진노를 그치사 우리가 멸망하지 않게 하시리라 그렇지 않을 줄을 누가 알겠느냐 한지라

하나님이 그들이 행한 것 곧 그 악한 길에서 돌이켜 떠난 것을 보시고 하나님이 뜻을 돌이키사 그들에게 내리리라고 말씀하신 재앙을 내리지 아니하시니라

어떻게 보면 동화 같은 이야기이며 그렇게 타락하고 당시로서는 공격성이 강한 이스라엘의 주적 아시리아(여러 번 침공함) 사람들이 갑자기 왕부터 가축까지 회개를 하고 금식을 할 수 있다는 말인가?

지금 우리나라는 북한의 핵, 미사일, 화학무기, 땅굴로 잠입하는 특수군대 등의 사면초가인데도 회개는커녕 선거에 올인하며 강 건너 불구경하듯 미군의 화력 집결을 보고 있으며 야심한 밤 서울 시내 지하에서 착암기 소리가 들리고 폭발음이 녹음되어도 잡음이라

하고 있다.

이스라엘 탈무드에 의하면 고래 뱃속에 3일간 있던 요나는 고래의 위산에 의하여 살이 다 녹아내린 거의 뼈만 남은 괴물의 모습으로 니느웨 성에 도착하였고 그 성을 하루 동안 돌아다니며 40일 후에 이 성이 무너진다라고 외쳤던 것이다.

뼈만 남은 앙상한 괴물이 이 도시가 곧 망한다, 그러지 않아도 하늘이 캄캄해진 완전 일식을 목도하였고 땅이 흔들렸으며 이상한 자연 재앙들이 속출한 시점에 몰골 요나가 갑자기 나타나 망한다라고 경고하였으니 모든 사람들이 두려움에 떨었을 것이다.

얼마나 두려웠으면 왕까지 베옷을 입고 땅바닥에 넙죽 코를 박고 엎드렸을 것인가?

오늘날 우리나라 교회 특히 대형교회가 해야 할 일은 바로 이것이다. 가운을 벗고 초라한 행색으로 머리를 풀고 옷을 찢고 가슴을 치며 금식을 하고 회개를 하여야 한반도에 집결된 화약이 터지지 않을 것이다.

앞에서도 적었지만 회개 없는 찬양은 하나님을 기만하는 것이며 회개 없는 기도는 하나님과 거래를 하자는 것이다. 이것은 가증한 일이요 심판의 대상이다.

우리 민족이 저지른 죄로부터 특별히 신사참배의 죄, 그리고 신사참배를 교단 차원에서 한 번도 회개하지 않은 뻔뻔스러움의 죄, 6·25 참화를 겪고도 한국 기독교단은 한 번도 신사참배 회개 결의를 하지 않았다. 기득권 성직자들의 죄 때문에 일반 신도들, 즉 양들까지 떼죽음을 당할 일촉즉발의 위기에 놓여 있다.

신사참배 회개는 없었고 1947년 딱 한 번 어떤 교단의 노회에서 신사참배를 취소한다고 짤막하게 발표한 신문기사가 있다. 참 어이없는 일이다. 죄를 짓고 취소할 수 있는가? 도둑질하고 뉘우치는 것이 아니라 도둑질을 취소한다? 더 가증스러운 일이다.

이 죄가 넘치는데 세계 최대의 무슨 교단 교회 등등으로 외형적 성장을 자랑하고 있다. 물론 대형교회 크기가 안 좋다는 말이 아니다. 하지만 그 큰 교회들이 앞장서서 배도하고 있으니 문제란 말이다. 신사참배를 회개하지 않은 한국 기독교는 WCC로 제2의 신사참배를 하며 신사참배 죄의식이 거의 없는 가톨릭은 종북 사제 본거지로 변질하고 있다(가톨릭 수호 모임의 말이다).

모세의 광야 시대 모세와 아론에게 반역을 시도한 무리가 있었다. 당시 하나님의 성막 관리와 성전 일만 하도록 되어 있던 레위인 후손 중에 고라(Korah)와 다단과 아비람과 온이 중심이 되어 그들이 기획하고 선동하여 이스라엘 총회에서 택함을 받은 유명한 족상들 250명의 동조를 얻어 당을 이루어 모세와 아론을 대적한 것이었다.

핵심은 고라 일당과 250명의 모세와 아론의 리더십에 대한 탄핵 소추였다.

그들은 모여서 모세와 아론을 대적하여 그들에게 말하였다. "너
희가 분수에 지나도다. 회중이 다 각각 거룩하고 여호와께서도 그
들 중에 게시거늘 너희가 어찌하여 여호와의 총회 위에 스스로 높
이느뇨?"

요지는 그들 반역의 무리의 논리는 모세와 아론을 이집트의 노예
생활에서 해방으로 이끈 영웅이 아니라 양치기 노인 모세와 금세공
기술자 아론으로 격하시키는 것이었다.

하나님의 명을 따라 이집트에서 이스라엘 민족을 인도하였고 야
훼 하나님의 명령에 따라 광야에서의 생활 규범을 정했고 성막 짓
기와 예배 양식 등을 전달하고 감독한 일에 감히 도전을 한 것이다.

마치 종북 청산과 2016년 삼일절 연설에서 통일은 대박이며 북한
주민들에게 남으로 오라는 박근혜 대통령의 체제 승리 연설은 종북
에 대한 예비 사형 선고나 다름 아닌가?

이 땅에 살면서 호의호식하고 국민 혈세로 사회 각층에 도사리는
위수김동 장학생들의 장래 정체성 탄로는 임박한 것처럼 보였다. 북
의 공산당은 어떤 조직인가? 인민들의 숨소리까지 체크한다. 말 한
마디 체재 비난에 바로 정치범 수용소 아니면 공개 처형이다.

그들은 정상적인 인간들의 집단이 아니다. 이단 종교 주체사상에
수십 년 세뇌당한 사람들이다. 그런 사람들에 약점 잡혀 사상적 자
유를 제한받고 또한 출세를 했지만 어두운 그늘이 있는 사람들이 얼

마나 많은가?

고라의 대적하는 말을 들은 모세는 하나님 앞에 엎드렸다가 고라와 그 모든 무리에게 말하였다. "아침에 여호와께서 자기에게 속한 자가 누구인지, 거룩한 자가 누구인지 보이시고 그자를 자기에게 가까이 나아오게 하시되 곧 그가 택하신 자를 자기에게 가까이 나아오게 하시리니 이렇게 하라. 너 고라와 너의 모든 무리는 향로를 취하고 내일 여호와 앞에서 그 향로에 불을 담고 그 위에 향을 두라. 그때에 여호와의 택하신 자는 거룩하게 되리라. 레위 자손들아, 너희가 너무 분수에 지나치느니라."

모세는 엘리압의 아들들인 다단과 아비람을 부르러 사람을 보내었으나 그들은 말하였다. "우리는 올라가지 않겠노라. 네가 우리를 젖과 꿀이 흐르는 땅에서 이끌어내어 광야에서 죽이려 함이 어찌 작은 일이기에 오히려 스스로 우리 위에 왕이 되려 하느냐? 이뿐 아니라 네가 우리를 젖과 꿀이 흐르는 땅으로 인도하여 들이지도 아니하고 밭도 포도원도 우리에게 기업으로 주지 아니하니 네가 이 사람들의 눈을 빼려느냐? 우리는 올라가지 아니하겠노라."

나치 선동가 괴벨스나 이스라엘 선동가 고라(Korah)는 본질상 흡사하다. 사실을 왜곡하는 것이다. 모세는 고라에게 말하였다. "너와 너의 온 무리는 아론과 함께 내일 여호와 앞으로 나아오되 너희는 각기 향로를 잡고 그 위에 향을 두고 각 사람이 그 향로를 여호와 앞으로 가져오라. 향로는 모두 250이라. 너와 아론도 각각 향로를 가지고 올지니라." 그들이 각기 향로를 취하여 불을 담고 향을 그 위에 두고 모세와 아론과 더불어 회막문에 섰다. 고라는 온 회중을 회막문에 모아 놓고 그 두 사람을 대적하려 하였다. 그러나 그때 여호와의 영광이 온 회중에게 나타나셨다.

　여호와께서는 모세와 아론에게 말씀하셨다. "너희는 이 회중에게서 떠나라. 내가 순식간에 그들을 멸하려 하노라." 그는 크게 진노하셨다. 그러나 그 두 사람은 엎드려 말씀드렸다. "하나님이여, 모든 육체의 생명의 하나님이시여, 한 사람이 범죄하였거늘 온 회중에게 진노하시나이까?" 여호와께서는 모세에게 말씀하셨다. "회중에게 명하여 이르기를 너희는 고라와 다단과 아비람의 장막 사면에서 떠나라 하라."

고라의 반역과 땅 갈라짐, Grace Sundayschool.com

　모세는 일어나 다단과 아비람에게 갔고 이스라엘 장로들이 그를 따랐다. 모세는 회중에게 말했다. "이 악인들의 장막에서 떠나고 그들의 물건은 아무것도 만지지 말라. 그들의 모든 죄 중에서 너희도 멸망할까 두려워하노라." 무리는 고라와 다단과 아비람의 장막 사면을 떠나고 다단과 아비람은 그 처자와 유아들과 함께 나와서 자기 장막 문에 섰다. 모세는 말했다. "여호와께서 나를 보내사 이 모든 일을 행케 하신 것이요 나의 임의로 함이 아닌 줄을 이 일로 인하여 알리라. 곧 이 사람들의 죽음이 모든 사람과 일반이요 그들의 당하는 벌이 모든 사람의 당하는 벌과 일반이면 여호와께서 나를 보내심이 아니거니와 만일 여호와께서 새 일을 행하사 땅으로 입을 열어 이 사람들과 그들의 모든 소속을 삼켜 산 채로 음부에 빠지게 하시면 이 사람들이 과연 여호와를 멸시한 것인 줄을 너희가 알리라."

이 모든 말을 마치는 동시에 그들의 밑의 땅이 갈라졌다. 땅은 그 입을 열어 그들과 그 가족과 고라에게 속한 모든 사람과 그 물건을 삼켰다. 그들과 그 모든 소유가 산 채로 음부에 빠지며 땅이 그 위에 합하니 그들이 총회 중에서 망하였다. 그 주위에 있는 온 이스라엘이 그들의 부르짖음을 듣고 도망하며 "땅이 우리도 삼킬까 두렵다"고 말했고 여호와께로 불이 나와서 분향하는 250인을 소멸하였다.

본질상 무엇인가? 모세와 아론의 리더쉽에 도전한 것이지만 바로 그들을 세운 하나님께 도전한 것이다. 세상의 권력, 즉 대통령도 하나님이 세우시는 것이다. 우리 민족의 바람직 하지 않은 즉 나쁜 습성 하나는 고라의 기질이 사회에 팽배한 것이다.

끌어내린다, 집단으로 들고 일어난다, 왜곡한다, 선동한다, 사실관계를 확인하지 않고 분노한다. 고라(Korah)는 성직 임무를 맡은 종교인이었다. 그 당시 정의구현사제단 소속 신부라 보면 맞다.

그 성직자가 본연의 임무보다 모세와 아론이 가진 왕 같은 리더십에 질투를 느끼고 반역을 시도한 것이다.

지금 우리도 하나님이 세우신 대통령을 얼렁뚱땅 탄핵하고 대선에 올인하고 있다. 오늘 만약 하나님께서 우리 민족에게 물으신다면 다음과 같이 물으실 것이다.

너희의 대표는 각자 자기 향로의 불을 피우고 내 앞에 서라.

향로에 무슨 불을 피우고 있는가? 하나님을 섬기는 불인가? 하늘로 내려온 불인가? 자기의 알량한 지식이나 사상으로 피운 불인가? 인간의 눈에는 같은 불로 보일 것이다.

나답과 아비후는 다른 불을 제단에 올리다 바로 타 죽었다. 이스라엘 장로 250인은 땅이 갈라지고 향로의 불에 타죽었다.

우리의 여의도와 서초동 그리고 안국동에 있는 소위 사회 지도층은 2016년 가을부터 2017년 이 잔인한 봄까지 도대체 무슨 불을 피우고 있는가?

과거의 심판은 하늘에서 불이 떨어졌고 땅이 갈라졌으나 오늘날 북한 인민군은 핵을 만들고 미사일 불을 만들었으며 대한민국 주요 거점 전역에 두더지처럼 땅굴을 팠다.

한국교회 목사님들에게 감히 묻습니다.

아직도 축복만 강조하고 심판은 외면하십니까? 찬양만 강조하고
회개는 각자 알아서 하는 것입니까? 교회에 헌금이 넘쳐나니 또 건
물을 짓고 차를 바꾸고 1등석 항공권으로 선교 전도 여행을 다니십
니까? 내가 벤처 기업처럼 세우고 키운 이 교회, 피 한 방울 섞이지
않은 다른 목사에게 줄 수가 없어요, 그래서 아들에게 물려줬어요
하고 나름 방어를 하고 있습니까? 아직도 세상은 너무 살기 좋고 하
나님은 사랑이시고 용서를 너무 잘해주시고 자식의 사소한 잘못은
눈감으시고 기도를 하지 않아도 성경을 평생 일독을 하지 않아도 염
려하지 말고 교회 출석만 잘하고 헌금 잘 내면 문제 없습니다라고
가르치고 있습니까?

물론 낮은 곳에서 자신의 모든 것을 내려놓고 신자들을 섬기고 그
들로부터 온갖 스트레스와 수군거림을 당해도 다 견디어내야 하는
성직자로서의 고충과 고통, 조그마한 인간적인 약점이 잡히면 물고
뜯는 근성은 패역한 고라 일당의 재현일 것입니다. 그러나 헐렁한 양
복을 입고 옆구리에 성경을 낀 깡마른 모습의 목사님들이 이 땅에
흘린 눈물을 먹고 교회는 성장했습니다.

그 유명한 순천의 손양원 목사의 생애 마지막 설교의 요약이나. 그
는 인민군과 빨간 완장들에게 아들 둘이 살해당하고도 미국보다 천
국에 데려가심을 감사한다라고 기도했던 사람이며 하나도 아니고
둘을 동시에 데려감을 감사하다라고 말했으며 나병 환자의 고름을
입으로 빨기까지 한 한국의 성자이다. 그도 1950년 9월경 인민군에

총살당해 순교했다.

1950년 북한 인민군에 총살당한 손양원 목사

1. 국가 상류층 사람들의 범죄(기득권, 특권)
2. 민족 범죄성(사기 1위)
3. 신신학 자유주의
4. 신사참배, 다원주의(WCC, 종교통합운동)

정확한 지적이며 67년이 지난 더욱더 그러하지 않은가? 1950년 당시에도 외국에서 새로운(?) 신학, 즉 예수의 신성이나 인성 어느 한쪽으로 기울거나 둘 다 부정하는 해방신학, 민중신학, 자유주의 신학의 새로운 사조가 전통 신앙에 도전하였다. 물론 앞에서 살펴본 바와 같이 신사참배와 그에 대한 회개 외면에 의한 자연 발생적인 배도 움직이었다.

2007년 가을 어느 날 아프리카에서 온 외국인 노동자들의 영어 소통을 위한 자원봉사를 할 기회가 우연히 생겼다. 그들이 기숙하는 창고를 가보니 군대 내무 막사 같은 곳에 20여 명이 칼잠을 자고 있고 샤워 꼭지 1개에 쥐들과 동고동락하는 부엌 그리고 내부에 조금만 강대상과 교회 의자 몇 줄, 옆에 조그만 공부 공간 세 개가 있었다.

한국 사람은 한 번 왔다가 다 발걸음을 돌린다는 그곳. 2007년 가을 첫날 그냥 두 시간 가까이 그들 틈에 끼여 아프리카 국가 대항 축구만 봤다. 축구 마치고 영어 몇 마디 하자 그들이 깜짝 놀랐다. 당연히 영어를 못할 줄 알았던 한국 아저씨가 유창한 영어를 하였기 때문이다. 이삼일에 한 번씩 시간을 내어 그들이 말이 통하지 않아 애로를 먹는 공장과 그리고 병원에 갈 때 같이 가곤 했다.

그러기를 몇 달, 어느 날 갑자기 그들이 모여서 나를 자기네 추장으로 옹립(?)하겠다고 한다. 그 시커먼(?) 손으로 한국 벽지 도배할 때 풀죽을 쑤는 것과 똑같은 아프리카 공통 음식인 죽(물기를 계속 증발시키면 죽도 밥도 아닌 것이 된다)과 그리고 생선과 닭고기를 같이 넣는데 고추

장이 아니고 식용유를 넣고 케첩 비슷한 것을 넣어 마구 끓이면 수
프도 아닌 수프 비슷한 것이 되는데 밀가루 죽도 밥도 아닌 것을 손
으로 약간 움켜쥐어 그 수프도 아닌 것에 찍어 먹는 것이다!

나는 그때 밥을 좀 먹고 간 상태라 시장하지 않았다. 그런데 주위
를 둘러보니 모두 나만 보고 있었다. 별로 내키지 않았지만, 갑자기
귀에서 이놈아 잔말 말고 먹어라 하는 듯한 소리도 들리는 듯했다.
첫입에 토할 것 같았다. 도무지 내 식성과는 전혀 맞지 않았기 때문
이기도 하고 그 시커먼 손이 주물럭주물럭 한 것을 다 보았기 때문
이기도 하고.

그런데 어쩌겠나 죽기 아니면 까무러치기 결국 다 먹었다. 참 맛있
네. 너스레를 떨며. 입맛에 맞는 모양이라고 하며 더 먹어라 나중에
집에 가져갈 것까지 담아주었다.

나는 4년 동안 새벽과 주말을 그곳에서 보냈다. 물론 과학기술원
에 근무하며 연구 분야 일을 하면서 겸업(?)한 것이다. 이후 그곳에서
많은 열매가 열리게 되고 전국적으로도 이름난 학교가 생기게 되고
마을이 생기게 된다. 낮은 곳에는 누가 내려가는가? 모두 올라가려
고 하고 올라간 사람을 끌어내린다.

대통령까지 끌어내렸으니 이제는 누구든 대상이 되었다. 너무 무
서운 민족이다. 갈 때까지 간 것 같다. 이제 하늘에서 불이 내리고
땅이 꺼지거나 땅이 치솟아도 항변하기가 힘들다.

회개는 시급하다. 또한, 창조주 입장에서 사람이 할 수 있는 가장 겸허한 행동은 자유의지로 자기 몸에 음식물을 공급하지 않는 것이다. 즉 금식이다. 일주일 금식은 일반인도 충분히 할 수 있다. 필자도 저지른 죄가 너무 무거워 스스로 일주일을 세 번 한 적이 있다. 1일, 3일, 5일도 해보았다. 머리가 희어지니 과거에 저지른 실수와 죄 그리고 잘못들이 망각되기는커녕 순간순간 떠올라 한동안 하늘을 쳐다보고 걸을 수가 없었다.

십수 년 전 어느 날 골프장에서 골프 하다 말고 하늘을 보았는데 아 이러다 심판이 임하면 나는 바로 죽겠다라고 생각이 들었다. 골프가 잘못이라는 말이 아니고 그 당시 정황상 나는 심판 대상 1호였다. 친구가 좋아서 밤늦게 술을 먹다 갑자기 이러다 내일 일어나지 못하면 나는 어디로 가는가?

회개는 스스로 하기가 쉽지 않다. 뇌 영상 사진에 보는 것처럼 영성이 퇴화하면 그것을 되살리기가 어렵다. 티베트의 승려들이 하나님 단어에 반응하지 않는 것처럼.

회개는 마음에 불이 떨어지고 땅이 갈라지듯 가슴이 갈라져야 비로소 시동이 걸리는 것이다.
죄는 쉬우나 회개는 어렵다.

악마의 유혹은 도처에 널려 있으나 그 지뢰를 피할 지뢰 매설 지도는 구하기 어렵다. 특히 리더가 잠들면 삽시간에 위기는 덮쳐온다. 세월호 선장이 동남아 여성과 밤새워 놀다가 팬티 차림으로 혼자 도망 나오지 않았나?

　대한민국 자체가 지금 인천항을 출발하여 진도 바다 부근에 다다
른 세월호와 같다라고 말하면 과장인가?

16. 科學과 奇跡

과학의 科자를 들여다보면 참 재미나다. 잘 알려진 바대로 벼와 콩斗의 합이다. 즉 예전에 동양에서의 과학은 계량학이었다. 벼(쌀)나 콩의 양을 측량하는 단위, 우리말로 한 되, 두 말 등 단위로서의 개념이다.

아울러 學은 아이子 녀석이 책이 수북이 쌓인 책상 밑에 들어가 있는 모양새다. 즉 책에 깔린 아이를 표현했다. 예전에는 공부는 주로 남자아이나 남자가 했으니까.

서양에서는 어떤가? 과학, science의 그리스 원어의 뜻은 자연을 관찰한다는 뜻이다. 자연을 관찰하는 것이 과학이지 농산물을 계량하는 것이 과학이 아니다라는 개념이다. 과학은 자연을 관찰하니 자연을 관찰하지 않으면 과학이 발달할 수가 없다.

자연은 창조물이다. 창조물에 과학적 지식이 산재해 있다는 뜻이다. 우리는 과학 강국은 아니고 제조업 강국이다. 공학은 엔지니어링engineering이다. 공정에 따른 생산을 뜻한다. 기술은 무엇인가? 영어로는 technology, 한문으로는 技術, 즉 나뭇가지를 치는 테크닉이다. 과수를 잘 기르려면 가지치기를 잘하여야 한다. 동양적 개념의 과학기술은 농산물을 계량하고 과수나무 가지를 치는 것을 문자적으로 말한다.

서양의 technology는 과학적 발견과 제조 공정 그 중간에 위치한다. 즉 과학적 발견을 이용하여 사람에게 유용한 형태로 재정리하는 과정을 기술technology라 말한다.

과학기술원에 근무하며 과학기술 공학을 구별하지 못해 혼동하며 사용하는 것을 많이 보았다. 현재 진행형이다. 답하는 사람은 아직 만나지 못했다. 뜬금없는 질문이었으리라.

간판은 과학기술원이나 학과는 전부 department of engineering이다. 공과대학에서 자연을 관찰하여 무슨 대단한 발견처럼 논문을 쓰고 있다. 공학의 본질은 아니다. 논문 때문에 할 수 없이 자연을 관찰하는 형국이다. 물론 다 그렇다는 것은 아니다. 그렇지 않으면 외국 선구자 논문의 가지치기에 열심이다. 일 년에 몇 편의 SCI 논문을 썼다는 양의 연구가 평가의 중요한 지표이다. 양도 중요하다. 하지만 공학의 본질은 제조에 있다. 박정희 대통령의 '맹글어서'가 기본이다.

주제로 돌아가서 예전 과학 기자재가 부족한 중고등학교 시절을 보낸 세대로 현미경으로 나뭇잎 확대해서 보면 나뭇잎의 세포 즉 엽록체 알갱이 군집을 볼 수 있었다. 식물의 세포 단위 공장, 즉 광합성 작용을 통해서 녹말 성분이 제조된다. 중학교 이상이면 누구나 배우게 되는 식물의 기본 상식이다.

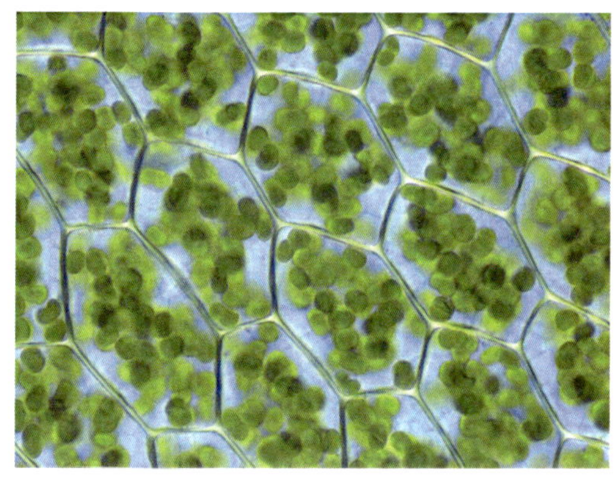

　좀 더 들어가면 빛의 파장 중의 일정 부분을 집중 흡수하여 태양의 솔라 에너지가 화학 에너지로 변하고 식물의 광합성 작용을 일으키게 된다. 물론 이산화탄소와 물, 그리고 식물 나뭇잎이나 줄기의 물이 흐르는 배관, 이산화탄소를 흡수하는 구조와 산소와 치환되는 정밀한 구조로 되어 있다. 그런가 보다 하였던 것이 돌이켜 보고 다시 들여다보면 신비의 영역이다. 발끝에 차이는 나뭇잎 하나 안에 엄청난 과학이 있고 기술이 있고 공학이 있다.

　그런데 말하고자 하는 것은 피의 헤모글로빈 구조와 나뭇잎 엽록소의 구조가 동일한 구조이고 단지 화학식 가운데 중앙 부분의 금속 원소만 다르다는 사실이다. 이런 분야의 문외한인 필자로서는 과학기술원에 근무하며 타 분야의 기술에 관심을 가지고 듣기도 하고 들여다보기도 하였는데 바닷속 미역 같은 해조류나 식물이나 모두 빛으로 광합성 작용을 하며 동일한 엽록소 구조를 가지고 그 구조가 헤모글로빈 구조와 동일하다는 사실을 알게 되었다. 늘 접하는 생물학 전공자 분들은 신비하지 않을 수도 있겠지만, 그 자체는 충격적 사실이었다.

어떻게 식물의 엽록소와 피의 헤모글로빈 구조가 동일한가? 그렇다면 엽록소 성분으로 피를 만들 수는 없는가? 찾아보니 벌써 그런 연구도 하고 있었다. 물론 현실화되지는 않았지만.

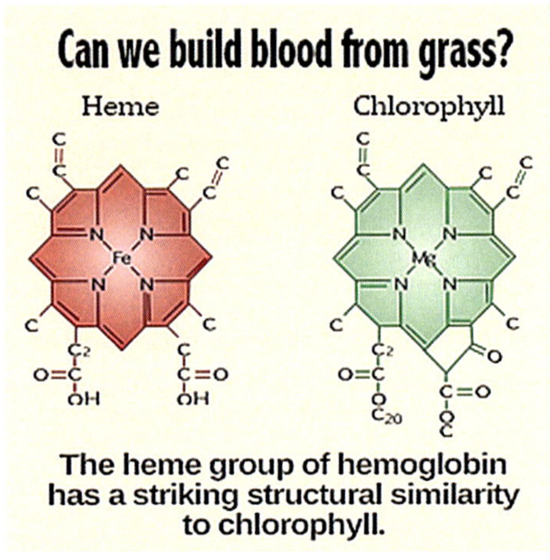

사람 혈액의 헤모글로빈과 식물 엽록소 화학적 구조, 위키백과

피는 중앙 금속이 철분(Fe)이고 식물 엽록소 클로로필은 중앙 금속이 마그네슘(Mg)이다. 나머지는 거의 동일하다. 피 $1mm^3$ 즉 극히 미소한 양에 헤모글로빈은 남녀 평균 500만 개 정도 들어 있고 그 크기는 혈장 속에서 $8\mu m$, 일반적으로 $5\mu m$ 정도 크기이며 엽록소의 크기와 동일하다. 즉 사람의 모세혈관 크기는 $10\mu m$ 정도이고 헤모글로빈이 겨우 지나갈 정도이다. 식물의 수분이 지나는 미세한 배관도 비슷한 크기이다.

우연인가? 설계인가?

진화론을 주장한 찰스 다윈은 상상도 하지 못한 대반전이다. 만약 그가 평생 보았던 식물의 나뭇잎 알갱이(엽록체)와 자기 몸속의 혈액 헤모글로빈 구조가 동일한 화학 구조로 이루어졌다는 사실을 알았더라면 종의 기원이라는 책을 아마 쓰지 않았을 수도 있을 것이다.

상식적으로 이해가 안 된다 하는 항변도 있고 또 과학을 좀 배웠다 하는 사람들은 때로 과학적으로 이해가 안 된다 하기도 한다. 우리가 아는 과학은 계속 변해왔다. 지구는 둥글다. 태양을 중심으로 지구가 돈다. 이런 말 하다가 중세 시대 죽은 사람도 있고 갈릴레오 갈릴레이는 재판까지 받았다.

지구가 우주의 중심이다라는 것은 과학적 지식이 제한적이었을 때 종교적 권위를 위해서 앞세운 논리이다. 그런데 실제로 우주 만물에서 가장 귀중한 존재가 바로 인간이고 인간의 삶을 위해서 특별히 오랜 시간 공들여 작품을 만든 것이 지구다. 태양 궤도를 중심으로 지구의 자전축이 일정 각도 기울어져 사계절이 생기고 공기의 소용돌이 같은 태풍도 발생하며 대기의 순환과 물의 증발과 비가 내리는 선순환 구조로 되어 있다.

돈 내지 않고 공기를 마시며 물 쓰듯 물을 쓴다. 그 화학적 구조도 안다. 그러나 감사는 없고 창조인가 우연인가 별 관심도 없다.

산을 보고 들판을 보고 땅을 보면 값이 궁금하지 그 안의 무궁한

콘텐츠에는 비교적 관심이 덜하다. 인간의 본성이다.

우주와 특별히 지구는 gallery이다. 신의 작품 세계에 우리는 일정 시간 초대되어 살고 있다. 누가 날 초대했느냐라고 항변하기에는 늦었고 귀하는 이미 초대되었다.

귀하가 작품 세계를 떠날 때 초대자는 기다린다. 앞에서 살펴본 바 生命은 파릇파릇 새싹이 나서 명령을 수행받은 존재이기 때문에.

고등학교나 대학교 다닐 때 가끔 성경 속의 비상식적(?) 사건들에 대한 토론이 있곤 했다. 나는 '예수쟁이'이기 때문에 아닌 그들이 물었다.

어떻게 우주만물이 6일 만에 창조되는가? 모세가 손을 들고 기도하니 태양을 멈추었다라는 신화는 조작이다. 홍해 바다가 갈라졌다라는 것은 동화 속 이야기이다. 하늘에서 먹을 것 즉 만나가 떨어졌다면 요즈음은 왜 안 떨어지나? 사람들이 고함을 질러 여리고 성이 무너졌다면 지금도 건물 앞에서 떠들면 안 되겠다.

더 많다. 과학의 발달이 오히려 인간의 불신을 더 키운 모양새다. 그런데 과학이 더더욱 발달하면서 많은 것들이 사실로 입증되었다.

히브리 사람들이 천지창조(모세)를 기록할 당시 하루가 꼭 지구의 태양계 하루와는 다른 의미이다. 태양이 존재하지 않은 첫날도 하루라 되었기도 하고 시간과 공간의 개념이 앞에서 본 것처럼 블랙홀에서는 전혀 다른 상황이 된다.

여호수아 전투와 태양의 정지, 500
Questions about God & Christianity

　성경의 여호수아서 10:12~13절에는 여호수아가 아모리 사람들과 싸울 때 태양이 중천에 머물러서 거의 종일토록 내려가지 않은 사건이 기록되어 있다. 아모리 사람들의 사악함과 극도의 타락, 즉 근친상간, 동성애, 우상숭배, 살인 등 강력 범죄로 야훼 하나님께서는 모두 멸하라고 명하셨고 어두워지면 추격하기가 힘드므로 태양을 멈추어, 정확하게는 지구의 자전을 멈추어 보통 날보다 훨씬 더 긴 낮이 되었다. 이건 공중에 날아가는 항공기가 갑자기 정지한 것과는 비교가 안 되는 기적이다. 지구의 질량은 6kg 뒤에 숫자 0이 24개 있고 자전 속도는 초음속 전투기의 속도만큼 빠르다. 지구의 원둘레가 4만 km이니 24시간으로 나누면 시속 1,670km/시간. 이러한 자전 속도와 또 엄청난 진행 속도(초속 30km/s) 즉 돌면서 궤도를 움직이는 초거대의 질량이 멈춘다? 정말 상식적으로는 이해가 안 되는 사실이다.

이때 길어진 시간은 정확하게 하루에서 40분 정도가 부족한 23시간 20분이었다. 지금으로부터 약 3,500년 전 지구가 23시간 20분 멈추었고 2,800년 전 이스라엘 히스기야 왕 때 또 40분 정도 멈추었다 (성경 문헌에 정확하게 기록되어 있다, 열왕기하 20장 8~11절). 합해서 정확하게 하루 동안 낮이 길어졌다.

1960년대 일부는 소위 說들을 만들었다. 볼티모어 엔진제작회사 엔지니어 겸 우주궤도역학 객원연구자의 수치 분석에서 하루가 비었다는 것을 입증했다고 지방 신문에 기사가 났지만 다소 신뢰성이 부족하다. 여전히 많은 인용이 되지만 과학은 재현성이 있어야 한다.

고고학적 증명은 놀랍게도 많다. 천문을 연구하던 동서고금의 많은 천문학자들, 그 시대는 별을 관측 관찰해야 농사를 잘 짓고 또 흉년 풍년 등을 예측하기 때문에 천체에서 일어나는 것들을 매우 정확하게 기록한다.

페루의 잉카 유적 및 멕시코의 아즈텍 천문 고고학 증거들에서는 태양이 하루 정도 길어졌다는 증거들이 발견되었는데 이곳을 침공한 스페인 군인들이 탈취하여 본국으로 가져가 오랜 문헌적 연구 끝에 그러한 사실들을 알아냈다.

중국의 요임금 시대 문헌적 증거에도 하루가 더 길어졌다라는 증거도 있다고 고고학자들이 말한다. 이집트, 바빌론, 페르시아 고고학 문헌에도 유사한 기록들이 있다고 한다.

우주 만물을 창조하신 분에게 우리는 너무 실례를 범하고 있지 않은지 모르겠다. 사실 그렇다. 완전한 공허 emptiness에서 1초도 안 되는 순간에 우주의 Big Bang을 창조하신 분에게는 손가락 끝으로 정지시킬 수 있는 단순한(?) 것을 우리는 도저히 못 믿겠다 또는 고고학 문헌을 어떻게 다 믿을 수 있는가 하고 고민한다.

고민은 인간의 몫이고 창조주는 비웃으신다. 성경에 있다. 시편 2장 4절: 하늘에 계신 이가 웃으심이여 주께서 그들을 비웃으시리로다. 또한 성경 욥기에는 좀 더 언급되어 있다.

38:1 때에 여호와께서 폭풍 가운데로서 욥에게 말씀하여 가라사대
38:2 무지한 말로 이치를 어둡게 하는 자가 누구냐
38:3 너는 대장부처럼 허리를 묶고 내가 네게 묻는 것을 대답할지니라
38:4 내가 땅의 기초를 놓을 때에 네가 어디 있었느냐 네가 깨달아 알았거든 말할지니라
38:5 누가 그 도량을 정하였었는지 누가 그 준승을 그 위에 띄웠었는지 네가 아느냐
38:6 그 주초는 무엇 위에 세웠으며 그 모퉁이 돌은 누가 놓았었느냐

참고. 준승 = 평면의 경사를 재기 위한 먹줄, 주초 = 주춧돌

오늘날 과학으로 바꾼다면 아마 전자공학 전공자에게는 Maxwell 전자기학의 방정식을 어떻게 만들었는지 아느냐? 항공공학 전공자에게는 정확한 해는 불가능하다고 하는 Navier Stokes 방정식의 해를 구할 줄 아느냐? 물리학자에게는 우주를 지배하는 4가지 힘에 대

해 방정식으로 풀어보라.

  우리는 무지한 말로 더욱더 꼬이게 할 뿐이다. 우연이라고 주장하
고는 뒷맛이 개운치 않은 것은 당연하다.

  평생 성서고고학의 현장 발굴자로 또한 영성가로 이름난 론 와이
엇은 이집트 시나이 반도와 사우디아라비아 사이의 바다(사진), 즉
gulf of Aqaba 밑바닥에서 이집트 파라오 왕의 군대 마차 바퀴를 발
견한다(옆 페이지 사진). 성서고고학의 대반전이다. 왜냐하면 당시 그 시
점 이전까지의 성서고고학은 엉뚱한 지점을 건넜다라고 하고 오늘날
에도 우리나라 신학교나 교회에서 수십 년 전 고고학을 그대로 말
하고 있다(너무 공부를 하지 않는다. 맹목적으로 믿으라는 부작용을 발생시킨다. 성경은
신화가 아니다. 과학이다).

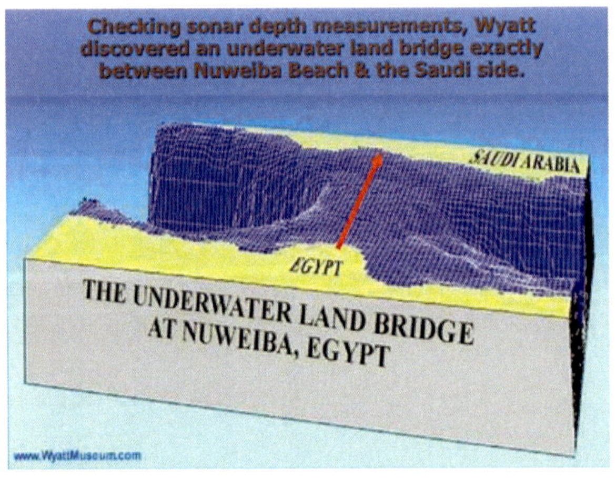

  출애굽 즉 모세의 Exodus 경로가 사진처럼 완전히 수정되는 대전

환점이 되었다. 참고로 미국 테네시 주에 Ron Wyatt 기념 성서고고학 박물관이 있다. 현재 사진 오른쪽 아래 시내 산(Mt. Sinai)은 사우디 군인들이 지키는 철저한 보안 통제하에 있다.

사우디아라비아 아카바 만의 해저 지형 및 이집트 병거 바퀴, Ron Wyatt Museum

좀 더 부연 설명을 하자면 홍해를 건넌 저 지점은 수중 음파 탐지 장비로 측정한 결과 앞의 사진처럼 바다 수심이 매우 얕았고 성경에 보면 밤새 동풍이 불어 물을 밀어 내었다라는 기록이 있다. 얕은 바닥에 허리케인 이상의 광풍이 바닥을 드러내게 한 것이다라고 추정한다. 영화에서처럼 바닷물이 폭포처럼 갈라지고 떨어지는 것이 아니다.

그 지점 전후에는 성경에 있는 모든 고고학적 이동 경로와 물증들이 아직도 상세하게 남아 있다(참고. 유튜브 김승학 성경 고고학/사우디 왕실 한의사).

이집트에서 출발한 이스라엘 민족의 이동 경로와
시내산의 위치, 《bible archeology 저널》

이집트를 탈출한 이스라엘 민족은 아마 총 250만 명 이상이었다. 이스라엘 각 지파의 장정만 총 60만이었으니까. 그럼 농사도 지을 수 없는 그 척박한 땅에서 지금 대구시 인구만큼의 사람이 어떻게 무엇을 먹었는지는 상상하기 어렵다. 탈출할 때 가지고 온 식량이 떨어지자 그들은 모세를 향해 우리를 여기서 굶겨 죽일 작정이냐고 항의하였다.

목축도 불가능한 환경이었고 물이 없으니 농사는 불가능하였다. 그럼 무엇을 먹었을까? 당연히 어디선가 누군가 식량을 공급하지 않았겠는가? 현장 발굴 조사자 사진에 보면 바위가 갈라져서 물이 쏟아진 바위와 물길 흔적이 그대로 있다. 또한 밤새 메추라기가 날아와 만나에 질린 사람들의 불평을 잠재웠다. 이스라엘 예루살렘 성전

암반 지하 동굴 깊숙이 감추어진 법궤 안에 만나가 들어 있다.

사우디아라비아 메디안 광야에 날라온 메추라기들,
meditacionesdiarias.com

　나비 중에 제왕나비라는 초장거리 비행을 하는 나비가 있다. 일년 살이인 나비는 3,000㎞ 이상을 비행하다. 도대체 무엇 때문에 그 먼 거리를 비행하는가 하고 생물학자들이 오랜 연구를 하였다. 이유는 없었다. 나비의 조상 대대로 그 곳에 가서 알을 낳기 위해서 날아갔고 나무의 수액을 먹었고, 그리고 계절이 되면 죽었다. 참 신비로운 일이다. 좀 더 상세하게 살펴보면 제왕나비는 시속 50㎞ 정도 즉 늦게 가는 트럭 정도의 속도로 날아간다.

　8시간 이상 논스톱으로 비행할 수 있어 하루에 400여 ㎞, 즉 일주일이면 아무것도 먹지 않고 3,000㎞를 비행한다. 나비의 날개 속에는 초미세 에어백이 수천 개 있어 자연적으로 공중에 뜨기 쉽다. 즉 비행 에너지가 매우 적게 소모된다. 나비의 뇌에는 항법 지도에 관한 태생적 메모리가 심겨 있다. 생체 시계 또한 새겨져 있어 때가 되면, 지구의 자기장 변화, 온도 변화, 압력 변화, 태양의 고도 변화 등 자세히는 알 수 없지만, 그 일부이거나 전체의 조합에 의한 비행 출발 시점이 되면 가보지 않은, 즉 자기 조상 나비들이 비행했던 그 경로를 따라 무작정 날아간다.

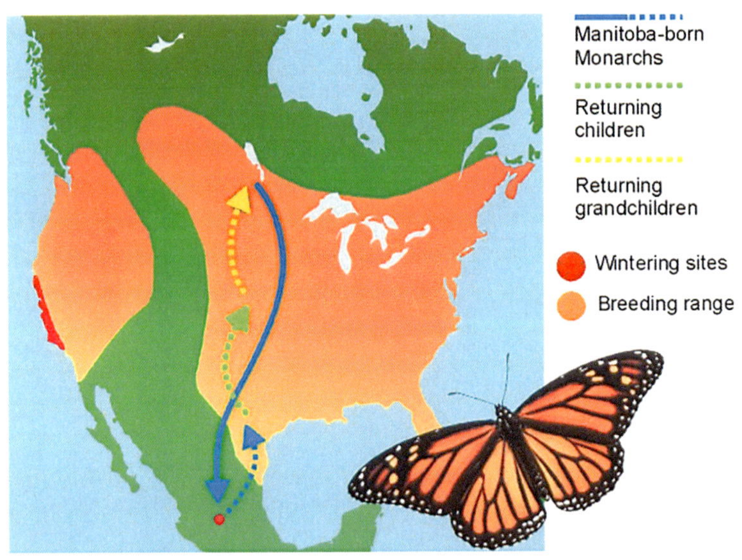

3,000Km를 비행하는 제왕나비, Biology of the Monarch Butterfly

정말 신비로운 장거리 비행이다. 철새라면 모를까 나비가 그 정교한 비행 장치로 날아가는 것이다. 우연인가? 설계인가? 묻지 않을 수 없다.

더욱 놀라운 것은 날아가서 바로 그 지역 그 나무숲에 정확히 가는 것이다. 오늘날 토마호크 미사일의 정교함에 비할 만 하다.

창조된 자연계에 모든 과학적 비밀은 다 들어있다. 인간이 무지하거나 무식하거나 아니면 의도적으로 무시하여 모르는 것이다. 성경 로마서 1장 20~22절을 다시 보자.

창세로부터 그의 보이지 아니하는 것들 곧 그의 영원하신 능력과 신성이 그가 만드신 만물에 분명히 보여 알려졌나니 그러므로 그들이 핑계하지 못할지니라 하나님을 알되 하나님을 영화롭게도 아니하며 감사하지도 아니하고 오히려 그 생각이 허망하여지며 미련한 마음이 어두워졌나니 스스로 지혜 있다 하나 어리석게 되어

앞에서 예를 든 여리고 성(사진)의 무너짐이 있다. 성서고고학자들의 연구에 의하면 여리고 성은 그 당시 성곽 건축기술의 신기술로 이중벽을 세웠으며 또한 성벽이 위에서 아래로 역으로 경사져서 침략을 위해 사다리를 놓을 수 없는 구조였다고 한다. 문자 그대로 오합지졸 군대에게는 난공불락의 성이었다. 강인한 체격을 가졌던 여리고 사람들이 이스라엘 사람들을 보고 메뚜기 떼 같다고 비웃을 만하였다. 인간적 관점에서는 도무지 무너질 수가 없는 그리고 정복 자체가 불가능한 고지대에 진흙 벽돌로 단단하게 지어진 담장 높이 14m의 성이었다.

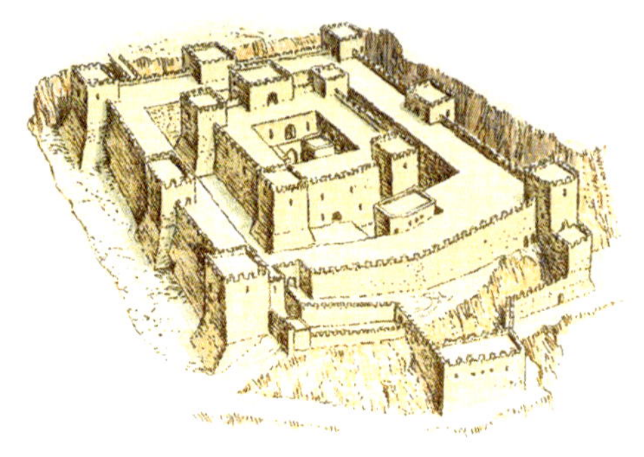

여리고성 고고학적 추정 형상, Israel's Good Name, 이스라엘 문화재청

지질학자이며 성서고고학자인 Steven Austin 박사의 연구를 보면 놀라운 과학적 사실들을 알게 된다. 그는 이스라엘에 있는 소금 바다, 즉 사해의 지층 토질 퇴적층을 지진 연구의 중요한 지표로 삼았는데 왜냐하면 소금기 때문에 미생물도 살 수 없는 환경이라 사해 내부의 요인은 거의 없고 외부 요인이나 충격 또는 지진 같은 지각 활동의 증거가 지층에 그대로 남아 있을 것이라는 사실에 착안한 것이다.

사해 퇴적층의 두께는 약 20feet(6m) 정도이며 그 쌓인 시간과 변화의 흔적을 지질학적으로 분석하여 상기 표에 정리한 대로 성경에 나타난 지진과 관련된 대사건들을 입증한 것이다. 먼저 BC 2050년경 소돔과 고모라가 망했고 유황불에 탄 소돔과 고모라는 론 와이엇에 의해 이미 발굴되었다. 유황불뿐 아니라 지진까지 발생한 것이다. 좀 과학적 추론을 하자면 중동 지방 땅 밑은 거의 원유와 가스가 매장되어 있다. 즉 큰 지진이 발생하여 지하에 매장된 압축된 가스가 폭발하고 유황 성분이 많은 원유가 치솟으면 화염이 발생하고 보통 지진이 발생하면 지표가 흔들려 돌풍까지 발생하니 바람에 솟구친 불기둥과 유황불이 마치 소나기처럼 퍼부었을 것이다. 지진으로 땅이 갈라지고 유황불이 덮치면 누가 생명을 보존할 수 있을까?

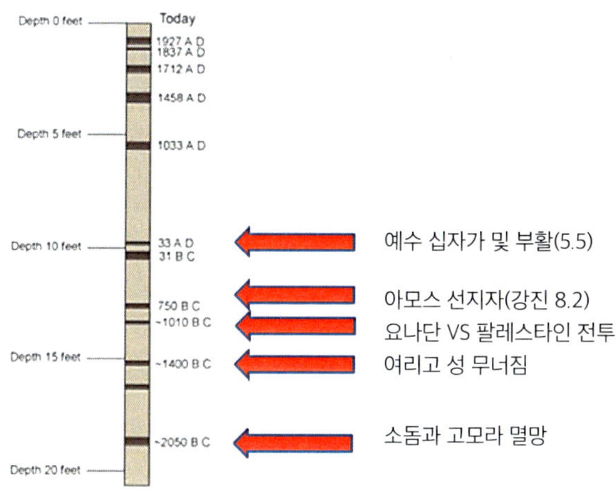

사해 바닥 지층에 저장된 지진의 역사적 기록, Steven Austin

또한 기원전 BC 1,400년 이스라엘 민족이 이집트를 떠난 그 시대와 일치한다. 큰 지진이 발생한 것이다. 즉 여리고 성은 지진으로 무너졌다. 이스라엘 사람들이 돌며 고함을 질러 공명 현상도 조금은 작용하였다고 볼 수 있겠지만(이런 주장을 하는 고고학자들도 다수 있다) 상기 표을 보면 지진이 주원인이라고 말할 수 있을 것이다. 갑자기 지진이 나며 성이 무너지는 데 밖에서는 엄청난 사람이 둘러싸고 동시에 고함을 질렀다면 아마 정신이 혼미하지 않았겠는가? 속수무책 당하였을 것이다.

세 번째는 이스라엘 초대 왕 사울 왕의 시대 주변 주적 팔레스타인(블레셋) 족과 대형 전투 시 발생한 지진이다. 성경 사무엘상 14장

15절에 보면 전투 중에 큰 지진이 났다고 기록되어 있다. 사울 왕의 아들이자 다윗의 절친인 요나단이 전투 선봉에 섰고 수적 열세였던 요나단은 하나님을 신뢰하며 임전무퇴의 정신으로 적과 싸웠고 갑자기 땅이 크게 흔들리고 팔레스타인 병사들은 이리저리 흩어지고 오합지졸로 도망가며 많이 죽게 되었다.

네 번째는 BC 750년경 농부 선지자 아모스 시대에 일어난 초대형 강진이었다. 리히터 규모 8.2 정도였으니 당시 내진 설계가 없었으므로 그 피해가 엄청났을 것이다. 그 당시 이스라엘은 솔로몬 왕이 후궁들을 통해 들여오고 허용한 우상 숭배로 하나님에 대한 성전 의식은 형식에 치우치고 백성 대부분이 이방 문화와 바알 종교에 빠져든 시기였다. 왕권과 기득권 다툼으로 나라는 반쪽이 나서 북이스라엘과 남유다로 두 왕국 시대가 되었고 솔로몬 이후 많은 선지자의 경고에도 불구하고 200년간 점점 더 우상 숭배의 국가로 변질하였다.

결국 대지진이 발생하였고 한참이 지난 그 후손 요시야 왕 시대에 비로소 우상 척결 명령이 내려지게 된다.

BC 31년의 지진도 강력한 지진으로 약 3만 명 정도가 사망한 지진이나 마지막 선지자 이후의 시대였으므로 성경에 이 지진에 대한 기록은 없다.

예수가 십자가에서 처형당하고 마지막 말을 하고 숨을 거두는 장면이 성경에 생생하게 묘사되어 있으며 특별히 지진에 대한 기록이 있다(마태복음 27:50~51).

예수께서 다시 크게 소리 지르시고 영혼이 떠나시니라 이에 성소 휘장이 위로부터 아래까지 찢어져 둘이 되고 땅이 진동하며 바위가 터지고

또한 삼 일 뒤 예수의 시신이 있던 무덤을 막은 큰 돌이 지진에 의해 움직여졌다라는 기록이 연이은 마태복음 28장 1~2절에 있다. 아마 강진 이후 여진으로 추정된다.

우리는 그냥 기적이라 하며 그냥 동화처럼 지나치기도 하고 어떤 사람은 그 모든 것은 꾸며낸 이야기에 불과하다라고도 말할 것이다. 이처럼 과학적 사실 발견의 증거를 앞에 두고도 외면한다. 뭐 외면한다고 해서 틀렸다라고 말할 처지는 분명 아니다. 그러나 이러한 사실을 곰곰이 생각하고 '만약 이러한 모든 일이 진실이고 역사적 사실이면 성경에서의 하나님이 창조주이신가 아닌가 만약 그렇다면 나는 무엇을 해야 하나?'라고 스스로 의문을 던지는 사람은 그 유명한 철학자 임어당 선생의 말처럼 진지한 자가 구원을 받는다라는 말이 적용되는 행운아일 것이다.

奇蹟 또는 奇跡의 奇는 한자 구조가 큰 大 가능할 可 자가 합해진 것, 즉 큰일이 가능하다라는 뜻이고 그 큰일의 발자취가 기석이나.

과학은 어떤 면에서 기적의 연속이다. 과학적으로 증명된 많은 사실들은 사실 모두 기적이다. 나의 심장이 뛰고 나의 폐가 산소를 혈액에 공급하는 것은 기적이다. 의학이고 과학이며 그 자체가 기적이

다. 내가 보고 듣는 눈과 귀 그 자체의 구조와 기능이 기적이다. 우
연인가?

17. 復活과 永生

부활이란 문자 그대로 죽었다가 다시 살아난다이다. 가능한가? 한자를 보면 두 人 변에 배부른 소걸음을 한다는 뜻이다. 사람 인 변이 아니라 두 사람 인 변을 썼다. 회복된다는 의미를 소걸음 하듯 느릿느릿 걷다와 연계시켰고 활은 물이 바위에 부딪히면서 흐르는 아주 동적인 상태를 말한다. 배부른 소가 느릿느릿 걷는 것과 물이 바위에 부딪히는 것의 합. 어울리지 않는 듯 정적이면서도 동적인 의미를 내포하는 듯하다. 거의 죽었다가 살아난다는 뜻은 아니다. 육체적으로 심장과 폐가 멎고 혈액이 순환하지 않으며 뇌 기능이 정지한 상태, 혈액에 포함된 산소의 양이 급격히 떨어져 더 이상 혈액이 세포에 산소를 공급하지 못하는 상태가 의학적 사망이다. 영생은 무슨 말인가? 문자적으로는 물줄기 갈라지고 합쳐져서 아주 멀리 가는 의미이고 생은 파릇파릇 새싹이 돋는 모양임은 앞에서 보았다. 문자적 의미보다 영원히 산다. 영원한 생명의 준말이다. 죽지 않는다는 뜻이다. 부활은 죽었다가 다시 살아나는 것이고 그다음 영원히 산다라는 매력적인 말이다.

아주 어렸을 때 어머니 무르팍에서 늘 듣던 재미난 이야기가 있었다. 초등 1학년 때 딱 한 번 뵌 외할머니이지만 그 당시 교통편이 불편하고 또 출가외인 등의 멀리 시집간 딸을 방문하는 친정어머니는 거의 없었던 듯하다.

그 외할머니가 일본 강점기에 어느 날 돌아가신 것이다. 그 당시 교회를 다니신 외할머니라 하루가 지난 다음 교회 목사님이 오셔서 입관 예배를 드리는 도중 이불로 덮었던 시신이 꿈틀거리고 일어나 앉으시더라는 이야기이다. 즉 만 하루 돌아가시고 다시 살아나신 것이다. 기절했다고 의문을 품을 수도 있겠지만, 여하튼 그 당시로서는 숨을 안 쉬고 맥박도 없고 몸은 싸늘해졌으니 상식적으로 돌아가신 것이다.

외할머니는 그 이후 집안일을 대충 마친 후 온 동네 옆 동네 먼 동네까지 종일 돌아다니셨다고 한다. 1967년 돌아가실 때까지 20년 이상 예수 믿으시오, 천국이 있어요 등. 소위 진짜 예수쟁이가 되신 것이다. 이유인즉 돌아가신 그 하루 동안 천국을 다녀오셨다는 것이다.

마차를 타고 꽃이 만발한 뜰을 하염없이 가는 데 세상에선 본 적이 없는 엄청난 집들이 즐비하였고 고개를 넘고 넘어도 계속 대궐

같은 집들이었는데 어느 고개를 넘고 넘으니 멀리서 초가삼간 조그만 집 앞에 당도하더라는 것이다. 이 집은 누구 집이냐 마차 마부에게 물으니 바로 외할머니 집이라고 말하며 마차는 가버렸고 할 수 없이 시골집 같은 그 집 문고리를 열고 방안에 발을 내디딘 순간 방바닥 밑으로 떨어져 다시 깨어났다는 동화 같은 이야기이다. 아마 백 번은 들었을 것이다.

어쨌든 돌아가셨다 살아나신 것이다. 의학적으로 이러한 것을 임사 체험이라 하며 전 세계적으로 드물지 않다. 교통사고로 죽었다. 병원에서 깨어난 사람, 수술 도중 죽었다 영안실에서 살아난 사람 등 다양한 임사 체험 보고들이 있다.

2008년 11월 하버드 의대를 졸업한 미국의 뇌과학 전문 의사인 에벤 알렉산더(다음 페이지 사진)는 갑자기 뇌에 심한 통증을 느끼고 혼수 상태가 되었다. 그 자신이 전문 분야인 뇌수막종(뇌를 둘러싸고 있는 막의 염증이나 바이러스 감염 등으로 대부분 느린 속도로 환자의 시신경 장애 등을 일으키나 때로 급성으로 환자의 목숨까지 위협하는 뇌종양과 유사한 질병이다)으로 쓰러진 것이다.

일주일간 혼수상태에 빠졌고 병원에서는 뇌사 상태라며 가족에게 장례 준비를 조언했다. 그러나 본인의 유튜브 강연을 들어보면 자신은 어떤 곳인지 알 수 없는 꽃이 만발한 아주 아름다운 곳에서 잠시 휴식을 취하고 있는데 생전 처음 보는 어떤 여성이 이제 당신은 돌아갈 때가 되었다라고 하더라는 것이었다. 그리고 갑자기 귓전에서 자기의 막내아들이 아빠 일어난다고 울고 있는 것이 들렸고 그리고 정상으로 돌아왔다는 것이다.

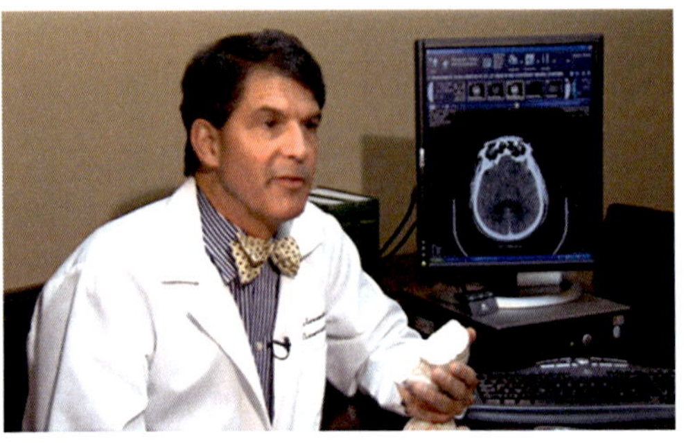

임사 체험 뇌 전문가 에벤 알렉산더 박사 및 《뉴스위크》 기사

평소 뇌 과학 관련 연구에 심취하며 본인의 뇌 관련 연구 논문이 150편이며 자신이 집도 수술한 환자들이 소생 후에 가끔 천국과 지옥을 갔다 왔다고 하면 본인은 그것은 뇌의 착시 현상이며 잠재의식 속에 있는 영상들이 펼쳐지는 것이라고 일축하였다고 한다. 그의 스토리는 《뉴스위크》에 크게 보도되었다. 현직 뇌 전문가의 임사 체험이니 전 세계적으로도 그의 책은 베스트셀러이다.

주제로 돌아가서 그의 강연을 들어보면 그는 3대째 의사 집안의 손자로 독실한 기독교인 가정이었다. 하나 본인은 종교 대신 과학을 섬겼다고 했다. 과학적으로 입증된 것이 아니면 본인은 아예 믿지 않았다고 했고 물리학, 양자역학, 전자기학, 생물학, 의학 등에 깊이 빠져 있었으며 한 번도 천국이나 지옥 혹은 죽음 이후의 세계 등에는 관심이 없었다고 증언한다.

그가 꿈에서 본 여인이 너무나 선명하여 그는 곧 그림을 그려 그 여인의 그림을 간직하고 있었는데 어느 날 자신의 부모님이 자신이 입양되었다고 알려주었다고 한다. 호기심이 발동한 그는 자신의 친

부모를 찾아갔는데 그 집에서 세 명의 여동생 중 첫째 여동생 베시의 사진을 보았고 그 첫째 여동생이 젊어서 사고로 죽었는데 바로 자기가 그린 그림과 아주 똑같은 사람이었다고 한다. 실제로 그림과 사진은 매우 똑같다.

그는 이제 죽음 이후의 세계에 대한 전문가로도 활동하고 있다.

성경에 보면 죽었다가 살아난 사람들이 있다. 물론 압도적인 인물은 바로 예수아(Yeshua, Jesus)이다. 십자가 사망 당시 하늘이 깜깜해지고 큰 지진이 나며 무덤이 열리는 기이한 자연 현상들이 발생하여 유대인 제사장 그룹은 물론이고 로마 총독 측에서도 혹시 그가 자기가 말한 대로 사흘 후 살아나지 않을까 염려하여 사람 두어 사람 힘으로는 절대 옮길 수 없는 높이 2m 이상의 큰 돌로 입구를 막았고 많은 수의 경비 병력을 배치하여 주야 교대로 철통같이 무덤을 지키고 있었다.

앞에서 살펴본 대로 지진이 나고 천사가 돌을 굴렸고 막달라 마리아 등 여인들이 사흘 후를 기억하고 무덤을 찾았을 때는 세마포와 수건만 무덤 안에 놓여 있었고 빈 무덤이었으며 흰 옷 입는 어떤 사람이 벽 가까이 서서 누구를 찾느냐라고 물었다.

이후 군사 재판을 두려워한 로마군 경비 병력들은 대부분 도망을 갔고 유대인 제사장들은 하인들에게 몇 사람을 돈으로 매수하여 예수 시체를 훔쳐간 사람들이 그가 부활했다고 조작하고 있다고 선제 언론 보도를 하였다. 지금도 유대인들 90%는 예수를 단지 선지자의 한 사람 그리고 금기시하고 있다. 유대인 랍비들은 자신들의 조상이 죽인 예수아가 절대 메시아가 아니라고 현재도 주장하고 있다.

그러나 금세기 랍비 최고의 지성이자 106세 되던 2006년 2월에 죽은 랍비 카두리(Rabbi Yitzhak Kaduri, 사진)는 마지막 유언을 남기며 자신이 죽은 후 1년이 지난 다음 공개하라고 하였다. 그 유언(옆 페이지 사진)은 다름 아닌 아주 짤막한 메모에 불과했지만 그는 그 메모에서 이스라엘의 메시아를 밝히겠다고 말했다. 많은 사람들이 궁금했지만 기다렸고 1년 뒤 열어 보았다.

이스라엘 랍비 수장 Kaduri, 106세, 2006년

이스라엘 한 일간지에만 보도된 그 유언(메모)는 원어 히브리어로 되어 있고 영역하면

He will lift the people and prove that his word and law are valid. This I have signed in the month of mercy, Yitzhak Kaduri(그는 사람

을 떠받들 것이요 그의 말과 법이 옳다는 것을 증명하였다. 은혜의 달에 내가 서명한다. 이작 카두리).

영어로 번역된 히브리어 각 첫머리 글자의 조합은 다음과 같다.

Yarim Ha'Am Veyokhiakh Shedvaro Vetorato Omdim

즉 Yehoshua = Yeshua(모음이 없는 히브리어에서 같다, V=U=W).

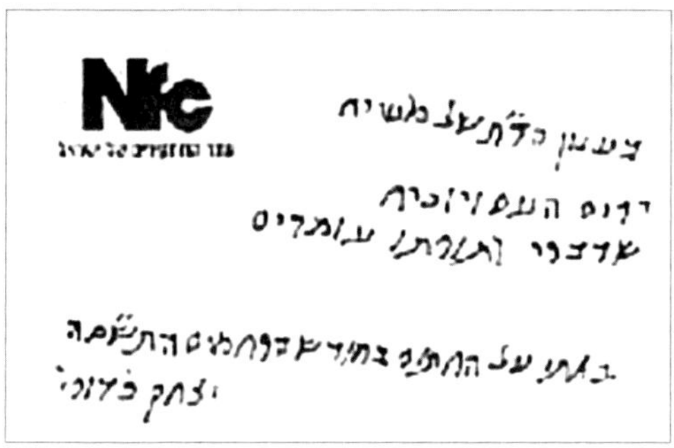

이스라엘 최고의 랍비이자 지성인 카두리의 메모는 당시 유대인 사회에 큰 충격을 주었고 설왕설래 끝에 덮어 두었다. 그가 정신이 혼미해서 잘못 썼을까? 그는 구약 성경 전체를 통째로 외우고 있던 사람이었다. 젊어서도 Torah(모세오경)를 통째로 외웠고 더욱 정진하여 구약 성경 전문을 외운 사람이다. 그런 사람은 기력이 쇠해 죽을 때까지도 정신이 또렷하다. 단지, 심폐 기능이 노쇠하여 자연사하는 것이다. 그는 죽기 전까지 자신을 만나고자 하는 그 누구도 다 만났다고 한다. 심지어 하루 2천 명까지도.

예수의 부활이 없었고 그가 40일 이상 베드로, 요한, 토마스 등 제자들과 지내지 않았더라면 또한 마리아 등 많은 여인들에게 부활한 자신을 보이지 않았더라면 초기 기독교 신자들은 맹수의 밥이 되었고 혹독한 고문을 당하였음을 짐작하건대 그런 신앙심을 계승 확산시킬 수 있었을까?

인도까지 간 토마스 아니던가? 그 당시 인도는 지구의 끝이었다. 지금도 인도 동남부의 큰 도시이자 유명한 공과대학인 India Institure of Technology, Chennai가 있는 그 도시에 토마스 교회(사진)가 있다. 그는 이곳에서 선교하다 잡혀 죽었다. 즉 인도 최초의 기독교 순교자이다. 그는 누구인가? 부활한 예수를 믿지 못하겠다, 내가 창으로 찔린 그 옆구리를 내 눈으로 확인해야 믿겠다고 말했던 제자였다. 그는 확인했다. 그는 멀리 떠남으로 자신의 불신을 씻고자 했다. 우리는 여전히 불신하고 있지는 않은가? 만약 확인했다면 왜 떠나지 않는가? 세상이 너무 좋은 것이리라.

인도 첸나이 사도 토마스 교회

생각하면 할수록 부활이란 것은 흥미 만점의 이벤트일 것이다. 어떤 중환자가 병원에서 마지막 죽음을 기다린다. 침대 옆의 의학적 기기, 즉 환자의 맥박과 혈압 등을 모니터하고 있다. 죽음은 멀지 않았다. 그는 곧 며칠 후 죽는다. 육체적으로 심장이 멎고 호흡이 멈추며 뇌는 기능하지 않는다. 의학적으로 완전한 죽음이다. 그런 그가 다시 살아난다면?

성경에 보면 일반인의 부활로 가장 유명한 것이 바로 나사로이다. 그는 죽은 지 무려 나흘 만에 살아난다. 당시 시신 냉동 기술이 없었으므로 더운 중동 지방 기후에는 누나 마리아의 말대로 시신에서 냄새가 났다라고 기록되어 있다.

예수가 아끼던 마르다, 마리아, 나사로 남매들이었다. 그들은 다운타운 예루살렘에서 불과 몇 Km 떨어진 베다니, 즉 서민 촌에 살고 있었다. 알다시피 예수는 서민 촌에 즐겨 가셨고 지냈다. 부자들은 냉담했다. 왜, 재산을 팔아 가난한 사람들을 도우라고 했고 세무 공무원 삭개오에게는 부정부패 돈은 배 이상으로 갚고 없는 사람들에게 나누어 주라 했으니 부자들에게 인기는 없었다. 부정한 유산을 물려받은 청년에게는 그 재산의 본질을 알고는 다 나누어주라 그리하면 네게 천국이 임한다라고 말했고 고민한 청년은 알다시피 돌아오지 않았다.

나사로가 많이 아파 죽어간다라고 연락을 받은 예수는 어쩐 일인지 서두르지도 않고 오히려 더 꾸물럭거리면서 이틀을 더 유하다 아주 천천히 소걸음으로 느릿느릿 베다니에 도착했다. 누나들은 울면서 만약 선생님이 일찍 오셨더라면 나사로가 죽지 않았을 것입니다 라고 아쉬움의 눈물을 흘렸다. 태연자약한 예수는 아마 싱긋이 미소를 띠며 죽은 것이 아니라 잔다라고 말했고 모두 말귀를 알아듣지 못했다.

많은 유대인들이 호기심 반으로 모여들었다. 과연 예수는 죽은 지 나흘 되어 시신에 냄새가 나는 나사로를 어떻게 하는가?

예수는 무덤을 향해 소리쳤다. 나사로야 나오너라. 레너드 레븐힐 목사님이 말했다. 만약 나사로를 호칭하지 않았으면 그 무덤에 있던 시체들 모두 나왔으리라고.

살아난 나사로, OpenMyEyesLord.net

무덤에서 붕대를 감은 시신이 걸어나왔고 이것을 보고 그야말로 혼비백산한 사람들은 요즈음 말로 SNS 북새통을 이루었다. 당시 기득권 유대인들, 즉 제사장들 랍비들 바리새인들의 red line을 넘은

것이었다. 죽은 지 나흘 되어 부패한 시신을 살리는 사람 예수아. 가
만 내버려 둘 수 없는 결정적 사건이었다. 즉 예수 자신이 반대 세력
에게 탄핵을 유도한 것이나 다름이 없다. 종교로 호의호식하며 성전
에서 희생 제물을 3배 폭리로 팔아 부자가 된 그들 종교인들에게 나
를 십자가에 처형하라 그리하여야 이 땅의 죄가 정리될 수 있다라는
무언의 선언이었다.

　나사로를 살리기 직전 바로 그 장면에서 예수께서 가라사대 나는
부활이요 생명이니 나를 믿는 자는 죽어도 살겠고 무릇 살아서 나
를 믿는 자는 영원히 죽지 아니하리니 이것을 네가 믿느냐라고 일종
의 선문답을 한다. 믿음이 좋았던 마르다는 마지막 부활의 날에는
살 수 있을 것입니다라는 모범 답안을 제출하였다.

　무엇을 말하는가? 즉 죄를 청산한 사람, 즉 자신을 죄인으로 규정
하고 자신의 義로는 해결 방법이 없으므로 창조주의 육신이 흘린 피
로 속죄함을 입었다는 사실을 진심으로 고백하는 사람, 그리고 그
규범에 맞게끔 죄와 싸우는 사람에게는 죽음이 없다라는 사실이다.
즉 육체적 죽음으로부터 해방된 또 하나의 자신은 어떤 정해진 타이
밍에 새로운 형태의 육체로 변하여 죽지 않는다, 즉 영생한다라는 의
미이다.

　이것은 십자가 처형 뒤 사흘 후 부활한 예수가 40일간 육체로 머
물면서 입증한 사실이다. 낙향한 어부 제자들이 다시 그물질을 하려
고 호수에 왔을 때 생선을 굽고 계신 예수, 밥상을 차려 주신 너무나
인간적인 예수, 왜 도망갔나?라고 묻지 않고 밥을 먹자고 하신 예수.

창조주의 심성은 그가 만든 자연에 그대로 나타나 있다. 강아지를 좋아하는 분들은 느낄 것이다. 그분의 재미있고 유쾌한 창조의 touch. 생명공학자 만 명을 모아본 들 강아지 발바닥 하나 만들 수 있는가?

창조하신 분 스스로 육체가 되시고 동물 희생 제사보다 못한 극형의 십자가에서 여섯 시간 산 채로 신음하며 매달려 있었다. 머리에는 가시 면류관, 유대인 왕이라고 조롱한 팻말, 유대인 제사장이 '자칭'이라는 글을 집어넣자고 했지만, 로마 병사는 내가 쓸 말을 바르게 적었다라고 했다. 로마 병사의 채찍 끝에는 금속 조각들이 붙어 있어 한번 후리면 근육과 신경을 파헤친다.

구약 성경 이사야 53장 4~8절 말씀이다.

그는 실로 우리의 질고를 지고 우리의 슬픔을 당하였거늘 우리는 생각하기를 그는 징벌을 받아 하나님께 맞으며 고난을 당한다 하였노라 그가 찔림은 우리의 허물 때문이요 그가 상함은 우리의 죄악 때문이라 **그가 징계를 받으므로 우리는 평화를 누리고 그가 채찍에 맞으므로 우리는 나음을 받았도다** 우리는 다 양 같아서 그릇 행하여 각기 제 길로 갔거늘 여호와께서는 우리 모두의 죄악을 그에게 담당시키셨도다 그가 곤욕을 당하여 괴로울 때에도 그의 입을 열지 아니하였음이여 마치 도수장으로 끌려 가는 어린 양과 털 깎는 자 앞에서 잠잠한 양 같이 그의 입을 열지 아니하였도다 그는 곤욕과 심문을 당하고 끌려 갔으나 그 세대 중에 누가 생각하기를 그가 살아 있는 자들의 땅에서 끊어짐은 마땅히 형벌 받을 내 백성의 허물 때문이라 하였으리요 그는 바로 나이며 또한 귀하이다.

부활과 영생은 at hand, 즉 아주 가까이 있다. 그분의 영은 현재 바로 귀하 안에 옆에 위에 또 같이 있다.

Behold, I stand at the door, and knock: if any man hear my voice, and open the door, I will come in to him, and will sup with him, and he with me(요한계시록 3장 20절-볼지어다 내가 문 밖에 서서 두드리노니 누구든지 내 음성을 듣고 문을 열면 내가 그에게로 들어가 그와 더불어 먹고 그는 나와 더불어 먹으리라).

귀하는 문을 열 것인가?

18. 天國과 地獄

앞의 天地에서 한자적 의미는 살펴보았다. 天은 사람이 팔을 벌리고 위를 보는 형상이며 地는 땅에 기어 다니는 뱀을 뜻한다. 獄은 맹수가 끊임없이 말한다, 즉 짖는다는 뜻이라 지옥은 뱀과 맹수가 기어 다니고 짖는다는 문자적 의미가 있다. 천국은 앞의 천지에서 살핀 것처럼 하늘 위의 하늘, 즉 삼층천 개념이다. 공중의 권세 잡은 Satan은 이층천에 위치하고 시간과 공간에 제한받는 하늘이나 블랙홀 개념을 도입한 차원 밖의 하늘, 즉 삼층천에 위치하는 천국이다. 인간이 육체로 있을 때는 시간과 공간의 제한을 받으며 지구 중력을 받아 움직임이 자유롭지 못하다. 그러나 육체의 죽음은 몸속에 있는 靈(soul)의 해방을 뜻하며 그 영이 움직일 수 있는 상태가 된다.

2002년 1월 갑자기 아프시기 시작한 당시 80세의 필자의 어머님이 2월 초 서울 방배동의 한 병원에 입원하셨고 노인 환자의 증상이라 기력이 갑자기 많이 떨어지시고 2월 중순이 넘어가니 가끔 숨도 몰아쉬시며 아무래도 내가 죽을 것 같다라며 미소도 띄셨는데 2월 하순 무렵이 되니 갑자기 의식도 잃으시고 다시 깨어나시고를 여러 번 반복하셨다.

그런데 의식을 잃고 깨어나시면 곁을 지키던 필자 아내, 즉 며느리의 친할아버지를 천국에서 보았다라고 말씀을 하시는 것이었다. 천국에서 예수님과 아주 가까이 계시더라는 것이었고 나는 당시 한 귀로 듣고 한 귀로 흘렸다. 아마 정신이 없으셔서 헛말을 하시는구나. 왜냐하면, 평생 한번도 뵌 적이 없는 분이고 무슨 일을 하셨는지 잘 아시는 분이 아니기 때문에. 그냥 어렴풋이 며느리 친할아버지가 예전에 북한에서 큰 사업을 하셨다는 정도만 아셨다. 장인 어르신이 거의 말씀을 않으신 탓에 필자도 정확히는 몰랐고 중국과 무역을 하여 큰 사업을 하셨고 그 시절 미국도 다녀오셨다 정도로만 알고 있었다.

　해방 이후 월남한 북한이 고향인 분들의 특징은 전 재산을 공산당에 다 빼앗기고 또 가까운 주위 사람들이 돌변하여 완장 차고 박해를 가한 트라우마 때문인지 깊은 이야기를 잘 하지 않는다. 어떤 선배 분이 그런 말을 했다. 이북 출신 분들은 돈 많이 벌었다, 돈 많다 소리 절대 하지 않는다. 돈 냄새를 풍기지 않으려고 무척 노력한다. 일리 있는 말이다.

평양신학교 13회 졸업 김현모 목사,
1876년생

이후 조금씩 알게 된 사실이지만 앞 페이지 사진에 있는 분의 성함은 경주 김씨 김현모 목사이시고 1876년생이며 1890년대 청년 때 미국을 가서 십몇 년 사업을 하여 큰돈을 벌어 금으로 바꾸었고 미국 물건을 많이 가져와 1910년대 귀국할 때 평양 거리에 큰 마차 행렬을 이루었다고 한다. 미국에서 기독교 신자가 된 이분이 귀국해서 사업이 바쁘던 차 어느 날 교회 옆을 지나가다 어떤 찬송가 곡에 목을 놓아 우신 후에 평양신학교에 입학하여 13기로 졸업을 하셨고 몇 년 후 영남 지방 최초의 교회 부산 부산진교회에 4대 담임목사로(1921년 9월~25년 9월 재임) 부임한다. 사진은 부산진교회 역대 목사 사진첩에서 가져온 것이다.

평안북도 의주 고성 성루

6척 장신에 영어에 능통하고 한문 일어 등을 잘하셔서 일본 경찰들도 함부로 대하지 못하고 방문을 하면 무릎을 꿇고 절부터 했다고 하며 그러면 미국식 양복과 긴 코트 그리고 모자를 쓰신 분이 당시에 생소한 커피에 각설탕을 영국제 본차이나 잔에 대접했다고 한다.

　좀 더 이야기하자면 이분은 1876년 평안북도 의주군 고성면에서 태어났다. 고성이라 함은 오래된 성, 즉 강감찬 장군이 축조하고 임경업 장군이 보수한(옆 페이지 사진) 당시 조선의 최전방 성인 의주 성에서 태어나신 분이다. 경주 김씨가 어째서 평안북도 의주군 고성면 성내에서 태어났는가는 이분의 아버지와 할아버지, 즉 필자의 아내의 증조부, 고조부 족보를 보면 경주 김씨 36세손 윤흠(允欽)이라 되어 있고 벼슬이 자헌대부 동중추부사로 되어 있는 것을 보면 알 수 있다. 정이품 벼슬로 당시 북한 지방 방어를 총괄 지휘하는 야전군 총사령관이었다. 갑자기 무슨 족보(사진)냐 하실 텐데 흥미진진한 이야기가 있다.

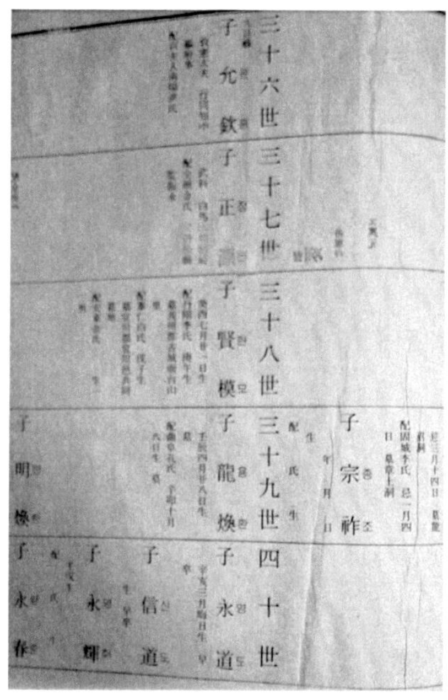

김현모 목사 조부, 친부, 본인의 족보

그 윤흠 고조부는 1888년 경 돌아가시는데 족보에 있는 대로 무과에 급제한 아들 정원(正源)은 전사인지 병으로 죽었는지는 불분명하지만 전장에서 죽었을 확률이 높다. 당시에 미국과 프랑스의 함대들이 평양, 의주, 강화도 인근에 출몰하면서 자주 전쟁을 치르던 시절이기 때문이다.

손자 김현모 목사가 본 바에 따르면 당시 북녘땅에서는 가장 높은 벼슬이던 분이 돌아가시는 데 온몸에 밧줄 자국이 선명하더란 것이었다. 손자가 상주였으니 관습에 따라 염을 하는 것을 보았으리라(사진, 고종 임금의 자헌대부 사령관 임명장, 양헌수 대감, 독립기념관 소장).

물론 아무도 그렇게 밧줄을 맬 병사도 없고 하인도 없었다. 자연 발생적인 사건이었다. 어린 김현모 목사의 뇌리에 깊은 기억을 준 그 사건으로 사람이 죽으면 모든 게 끝나는 것은 아닌가 보다라고 생각했을 것이다. 아버지, 할아버지 모두 잃은 어린 소년은 몇 년 후 미국으로 가게 된다. 할아버지가 남겨준 유산 일부를 아마 당시 금이나 통용 가치가 있는 보석 등으로 바꾸었을 것이다. 미국에서의 생활에 대해서는 잘 알려진 바는 없다.

30대 후반에 귀국한 김현모 목사는 1910년대 평양 등의 기독교 부흥에 일조를 했다. 미국에서 번 돈을 대부분 교회 예배당 건축에 다 소진했고 돈이 없으면 다시 일정 기간 중국과 무역을 하여 돈을 벌고 다시 목사를 했다고 한다. 그렇게 지은 예배당이 20개가 넘는다고 하니 당시로서는 참 대단한 분이었다. 평양신학교 1기 졸업생 7명 중에 한 분인 한석진 목사(1866년생)가 평안북도 의주 출신이라 두

분이 친하였고 김현모 목사는 유창한 영어 때문에 미국 선교사와 당시 평양신학교 출신 목사와의 갈등(?)이 일어나면 중재 역할을 했다고 한다.

또한, 당시에는 양반들이 조금씩 기독교를 믿기 시작했는데 재미있게도 천민들이나 하인들과 한 예배당에서 예배를 같이 드릴 수 없다 하여 서울 승동 교회와 연동 교회로 갈라졌다 뭉쳤다를 반복했다고 한다(지금도 있음). 최고 양반이고 정이품의 친손자인 김현모 목사가 당연 그러한 갈등의 장소에 가서 중재했음은 물론이다.

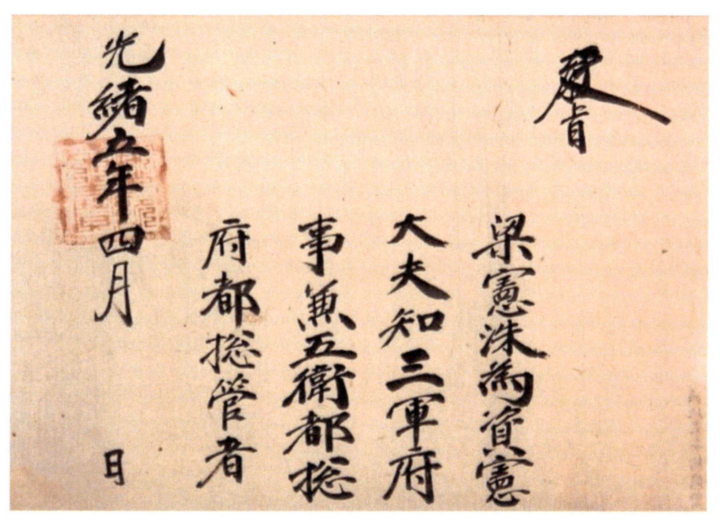

고종 임금의 자헌대부 사령관 임명장, 양헌수 대감, 독립기념관 소장

압록강 위화도(다음 페이지 사진, 중국 쪽에서 촬영)는 강물이 불어나면 관군이 갈 수 없어 도적도 많이 살고 또한 당시 귀양 비슷하게 낙향한 가난한 선비와 사회적 신분이 아주 낮은 사람들이 뒤섞여 사는 동네

였다고 한다. 그런데 김현모 목사는 아무도 가지 않는 그 섬에 그곳에 교회당을 세우고 전도를 했다고 하며 그 동네 출신 중 가장 유명한 분이 서울 충현교회 고 김창인 목사님이다. 1919년 삼일 운동 당시 교인들의 피해를 줄이기 위해 총칼에 맞서지 말라고 했던 분이었고 오히려 신사참배가 시작되자 목회를 그만두었으며 갑자기 돌아가셨다고 한다.

중국 단동에서 바라본 위화도

세속적 스토리로 재구성하여 당시 미국에서 번 돈으로 땅을 사거나 다시 한국에서 사업을 했다면 최초의 재벌(?) 비슷하였으리라. 그런데 신앙에 전 재산과 목숨까지 바친 분이다. 어렸을 보았던 그 선명한 밧줄 자국은 위대한 신앙인을 낳았다.

그것으로 끝이라면 좀 아쉽지 않은가? 필자의 어머님이 돌아가시기 직전 수차례 혼수상태에서 깨어나셔서 천국에서 할아버지 목사님을 만났다고 증언하는 것은 너무 당연하다라고 생각된다. 저 위화도 건너편 신의주에 예배당을 세울 수 있는 날은 언제인가? 이십여 만 명에 해당하는 북녘땅의 기독교 신자들의 봄은 언제 오는가?

천국과 지옥을 함부로 이야기하면 안 되기 때문에 필자가 아는 범위 그리고 분명한 사실만을 적으려고 했다. 책이나 유튜브 영상을 보면 많은 증언들이 있다. 천국과 지옥에 관해. 특히 소문난 깡패였던 박영문 장로의 천국 지옥 간증은 어휘뿐 아니라 앞뒤의 전개가 너무 자연스럽고 그분은 사실적으로 말하는데도 듣는 재미가 아주 있다.

오래된 구약 성경도 지옥에 관한 언급이 있으며 예수님의 언급은 수차례 있었다.

사람은 죽으면 그만이다. 이건 Satan의 최고의 전략이다. 인생은 허무하다. 이것도 바로 같은 전략이다. 인생은 짧으니 네 마음대로 즐기라. 늙으면 못 마시니 젊을 때 많이 마시자. 독일 사람들의 농담이 있다. 즉 천국에는 포도주만 있고 맥주는 없으니 실컷 마셔두라.

卅 한자는 원래 十 글자 세 개를 중첩한 것이다. 위에 하나 아래에 둘 즉 십자 셋이 어우러진 한자이다.

　우연의 일치인지 아니면 저 십자가 사건이 구전되어 글자를 만들고 변형된 것인지는 분명하지 않다. 다만, 이 세상은 타락한 인간과 구원의 창조주, 즉 구원받는 행악자와 끝까지 거부하는 행악자로 나누어진다는 의미로 봐도 무리가 없을 듯하다.

　예수의 처형장의 장면이다. 고통받는 예수에게 위로의 말보다 조롱을 한 그들이었고 당시 스타였던 예수의 마지막 대반전 모습이 오히려 인간의 죄성의 본성을 더 자극했는지 모르겠다. 네가 하나님의 아들이면 내려오라, 또 머리를 흔들며 비웃고 심지어 같이 매달린 행악자 한 명도 저주의 말을 했다. 그러나 둘 중 한 명은 예수를 변호했다. 우리와 같은 죄인이 아니다. 종교 재판의 희생양일 뿐 죄가 없으신 분이다라고 오늘날 언어로 표현해 본다.

　성경 마가복음 23:39~43절에 수록된 대화록이다.

　달린 행악자 중 하나는 비방하여 이르되 네가 그리스도가 아니냐 너와 우리를 구원하라 하되
　하나는 그 사람을 꾸짖어 이르되 네가 동일한 정죄를 받고서도 하나님을 두려워하지 아니하느냐 우리는 우리가 행한 일에 상당한 보응을 받는 것이니 이에 당연하거니와 이 사람이 행한 것은 옳지 않은 것이 없느니라 하고 이르되 예수여 당신의 나라에 임하실 때에 나를 기억하소서 하니

　예수께서 이르시되 내가 진실로 네게 이르노니 오늘 네가 나와 함께 낙원에 있으리라 하시니라

오늘날 우리 정치 상황과 민족성을 엿보는 것 같다. 대통령을 광화문에 매달고 조롱한 촛불 한국인들, 물론 태극기 한국인들이 훨씬 더 많다는 것이 유일한 위로다. 예수를 탄핵하고 재판한 유대인 제사장과 율법 선생들, 그들의 강압에 사형 판결을 내린 로마 총독.

인간의 죄성은 이천 년 전 중동 지방이나 오늘날 우리나 다르지 않다.

우리가 구원받을 만하여 우리를 받아들이시는 것이 아니다. 죄값을 대신 치르신 그분을 인정하는 것이 우리의 義다. 그것이 먼저고 그다음 단계는 하나님 차례다. 죄인인 인간들을 받아들이시고 성결하게 하시는 것이다. 오래전 꿈을 꾸었다. 사람들의 긴 행렬이 있었고 나도 그 줄에 서 있었다. 점점 가까이 즉 저 멀리 앞에서 사람들이 두 갈래로 나뉘는 데 사람마다 앞에서 교통신호 점멸등 같은 것이 있고 좌회전 표시와 우회전 표시가 번갈아 나타났다.

우회전은 천국이었고 사진처럼 좌회전은 지옥이었다. 드디어 내 차례가 되었다. 나는 생각했다. 어려서부터 교회도 다녔고 up and down, 즉 열심히 할 때도 또 아닐 때도 있었으니 평균 이상이다. 뭐 이 정도면 당연히 우회전이다라고 안심하며 표시를 기다렸다.

좌회전 표시였다. 너무 놀라서 꿈에서 깨었다. 곰곰이 생각했다. 평균 정도의 신앙인이란 무엇을 말하는가? 성회와 더불어 악을 행하는 것을 견디지 못하겠다라는 창조주를 슬쩍 속이는 것이고 이 정도 조그만 죄는 눈감아 주시지요 하고 타협을 시도하는 자신의 모습이 보였다.

창조주 그분의 절대적인 거룩함, 즉 Holiness에 대한 도전이었다. 그러한 도전을 하는 사람은 신분이 누구이든지 즉 좌회전 표시등이다.

천국과 지옥 방향 표시판, Pinterest free image

8세 초등학생이 천국을 다녀왔다는 증언이 있어 들어보았다. 엄마가 물었다. 어디가 더 사실인 것 같아? 꼬마가 천국이 이 지구보다 더 진짜 같다라고 말하였다.

천국과 지옥은 성경에 많이 기록되어 있다. 일부 사람들은 신화로 여기고 사람이 살 동안 올바르게 사는 것이 더 중요하다라고 주장하기도 한다. 그러나 죽고 나면 후회할 수가 없다. 살아 있을 동안, 즉 육체의 심장이 뛰고 몸에 피가 돌 때 이 시간이 바로 golden time, 즉 당신 자신이 침몰하는 배에서 구원받을 수 있는 짧은 시간이다.

혹자는 이야기한다. 사랑의 하나님이 인간을 사랑하신다 하면서 성경대로 벌레와 유황불이 끓는 그런 끔찍한 지옥이 있을 리가 없다.

절반은 옳다. 지옥은 창조주를 배신하고 끊임없이 대적한 두 번째 존재, 즉 惡 Satan을 위한 장소이다. 그 장소의 중앙은 바로 무저갱 즉 바닥이 없는 구덩이, 이 말은 끝없이 추락하는 것인데 영어로는 bottomless pit이다. 즉 물리학적으로 중력이 작용하지 않는다라는 그런 곳은 회전하는 지구의 중심부다. 지구의 자전 속도는 앞에서 본 바 초음속 전투기 속도보다 빠르다. 우리가 느끼지 못할 뿐이다. 만약 지구의 자전 및 공전 속도를 느끼고 그 굉음을 들을 수 있다면 단 하루도 살 수 없을 것이다. 우리의 눈과 귀의 능력이 제한받음은 축복이다.

그 배신의 존재로 가든지 아니면 창조주로 오든지 인간에게는 자유 의지가 있다. 절대 禁하는 쪽으로 간 인간의 조상의 유전자는 우리 몸속에 있다.

어느 쪽인가?

독일 튀빙겐 대학에서 신학을 공부하고 소록도 등 나병 환자 교회 목사를 자처한 김요석 목사님의 글을 요약 인용한다.

독일 유학 시절 2차 대전에 참전했던 노교수, 특히 10개국 언어와 히브리어까지 능통한 독일 교수님의 소설 같은 체험담이다. 그는 그 대학을 다녔고 학생 시절 기숙사에 지냈는데 룸메이트가 저녁에 공부를 하

다 말고 알아듣지 못할 언어로 중얼거리며 노래를 부르는 것을 항상
들었고 이윽고 자기도 배워서 불렀다고 한다.

유대인들을 수용소로 끌고 가는 독일군, 1940년경, 홀로코스트 박물관

"여호와는 나의 목자시니 내게 부족함이 없으리로다 그가 나를 푸른
풀밭에 누이시며 쉴 만한 물가로 인도하시는도다 내 영혼을 소생시키
시고 자기 이름을 위하여 의의 길로 인도하시는도다."

룸메이트 친구는 할아버지가 유대인이었다. 나치의 광기는 극에 달해
게르만 민족의 피가 섞였어도 단 한 방울의 유대인 피가 있다면 잡아
갔다. 학업을 중단하고 잠적했던 그 친구로부터 어느 날 나치 비밀경
찰에 잡혀간다고 긴급 연락이 왔다. 자전거를 타고 트럭을 쫓아가면서
울면서 그 친구 이름을 불렀다. 그런데 그 친구는 트럭 커튼을 살포시
들면서 싱긋 미소를 지었다고 한다. '여호와는 나의 목자시니~' 노래를
중얼거리며.

이윽고 전쟁 막바지에 그 교수도 징집되어 러시아 전선에 투입되었고

전투 중에 포로가 되어 러시아군에게 처형을 당하게 되었다. 한 명씩 처형이 되었고 이윽고 자기 차례가 되어 마지막 할 말이 있다고 잠시 청하였다고 한다. 트럭에 실려 가면서 시편 23편을 노래한 그 친구처럼 자기도 시편 23편을 히브리어로 불렀다고 한다.

그런데 처형을 집행하던 러시아군 장교가 중지시키더니 자기도 그 노래를 부르더라는 것이었다. '악마의 제복을 입고 있어도 하나님의 백성은 그의 백성이다' 하고 사형 집행 중지 문서에 서명하였다고 한다.

시편 23편 후반이다.

내가 사망의 음침한 골짜기로 다닐지라도 해를 두려워하지 않을 것은 주께서 나와 함께 하심이라 주의 지팡이와 막대기가 나를 안위하시나이다 주께서 내 원수의 목전에서 내게 상을 차려 주시고 기름을 내 머리에 부으셨으니 내 잔이 넘치나이다 내 평생에 선하심과 인자하심이 반드시 나를 따르리니 내가 여호와의 집에 영원히 살리로다

야훼 창조주의 집에서 영원히 산다. 이것이 인간의 궁극적인 행선지이고 누려야 할 福이다. 아멘, 할렐루야.

맺음말

1971년 7월 하순 부산은 매우 더웠다. 무릎 결핵성 관절염으로 몇 년을 고생하시던 어머니는 병원에서는 가능성이 없다, 즉 다리를 절단해야 한다는 판정을 받았다. 지금은 대수롭지 않은 병이라 말할 수도 있겠지만, 당시 의술로는 그러했다. 새벽마다 회개를 하는 어머니 기도 소리는 지금도 귓가에 맴돈다. 잘 믿던 처녀가 불신자 남편을 만나고 교회를 가지 못하게 하는 박해에 결국 가정의 평화(?)를 위해 돌아선다. 병이 찾아왔다. 대여섯 어린 나이에 집 마당에서 대나무를 흔드는 무당의 기억은 가슴 아픈 트라우마이다.

그러던 어느 날 처녀 때 다니던 교회 목사님이 어머니의 꿈에 나타나 두 다리로 지옥 가는 것보다 한 다리로 천국 가는 게 낫다라는 생생한 메시지를 전했다.

그래도 포기하지 않았던 인간적 노력은 1971년 7월 하순 부산 송도에서 열렸던 서울 영락교회 변계단 권사의 치유(기도로 병 고침의 기적이 일어나는) 집회로 이끈다. 그 더운 날 한복을 곱게 차려입고 지팡이와 내 손에 의지하여 송도 비탈길을 걸어 올라가는데 나는 눈물이 글썽글썽 그냥 흘러내렸다.

부산 송도 바다 뒷산 지금 아마 고신대학교 부근 정도이다. 일반 주택을 개조한 조그만 예배당인데 교실보다 좀 작은 장소에 발 디딜 틈이 없었다. 그리고 고약한 냄새가 너무 났다. 에어컨이 잘 보급되지 않았던 시절이라 각종 환자, 암 환자, 고름이 터져 줄줄 흐르고 각혈을 하는 폐병 환자 등등. 앉아 있기도 힘들었지만, 기적을 바라는 마음이 몸을 다스렸다.

준비 찬송이 시작되었다. 아마 오전 10시 좀 지났으리라. "태산을 넘어 험곡에 가도~", "인애하신 구세주여~", "나의 생명, 나의 소망~" 들어 본 찬송도 있었고 잘 모르는 찬송가도 있었다. 그런데 무슨 이유인지 그냥 눈물이 그냥 줄줄 흘렀다. 고통받으며 죽어 가는 사람들을 보아서인지 찬송이 슬퍼서인지 그런 자리에 앉아 있는 어머니와 내가 스스로 측은해서인지는 지금도 모르겠다. 몇 시간을 울면서 앉아 있었다. 나는 당시 중학교 2학년 남학생이었고 교복을 입고 있었다.

몇 시간이 지나도 아무런 일도 일어나지 않았다. 두 뼘 정도 높은 앞의 교단 같은 곳에 흰 모자를 쓴 할머니 권사님이 있고 중년의 아주머니(집사) 네 분이 둘러서 환자가 올라가면 각각 팔다리 하나씩 네 명이 감싸듯 붙잡고 있었다.

어머니도 힘들게 올라가셨다 내려왔다. 아마 환자 분들은 대부분 다 치유 기도를 받은 듯했다. 그런데 웬일인가. 나보고 올라오라고 한다. 나는 아픈 곳이 없다고 했다. 올라갈 필요가 없었다. 그런데 다시 올라오라고 한다. 어머니도 올라가라고 옆구리를 찌른다.

어쩔 수 없이 올라가서 누웠고 내 팔다리를 억세게 붙잡는 아주머니 네 분은 씨익 웃으셨다. 아무 일 없으니 안심해라는 뜻인가? 챙이 없는 둥근 흰 모자를 쓰시고 안경을 쓰신 하얀 한복을 입은 할머니의 손이 내 머리에 얹혀졌고 단순한 몇 마디를 주문처럼 외웠다.

"나사렛 예수의 이름으로 온전함을 입어라." 나사렛은 이스라엘 시골 마을, 즉 예수님의 고향이다. 출생은 베들레헴이지만 30년을 산 고향이다.

할머니의 손이 가슴으로 내려오는데 거의 접촉은 없는 거리, 즉 한 5센티 정도 위에 있었다. 갑자기 가슴에 큰 통증을 느꼈다. 고전압 전류에 감전되듯이 찌릿하기도 하며 또한 옆구리를 탁 맞았을 때 갑자기 숨을 쉴 수 없는 상태 같았다. 그런데 순간 가슴 압박이 더해지며 창이나 쇠막대기 같은 것이 나의 가슴과 폐 그리고 내장을 후벼 판다.

글로 쓰는 지금 이 순간도 그 고통은 생생하다. 손이 다리 쪽으로 내려간다. 당시 나는 '아, 내 다리가 잘리는구나' 순간 절망했다. 그리고 다시 손이 올라왔다. 고통은 더해졌다. 내가 무슨 병이 있는 것도 내가 죄가 있는 것도 아닌데 이 무슨 잔혹한 벌인가.

아마 내가 장성한 남자였으면 어떻게든 뿌리치고 뛰쳐나왔을 것이다. 그러나 중학교 2학년 어린 학생은 힘이 없었다. 도살당하는 羊이었다.

하나님은 잔혹한 분이다라고 생각했다. 아버지라는 존재는 이렇게 폭력적이구나 했다. 그 당시 나의 아버지도 술에 취하면 가끔 폭력적이었으니까. 전쟁의 후유증이었을 것이다.

그리고 나는 이 사실을 가슴에 묻어둔 채 평생 거의 말한 적이 없었다. 좋은 기억이 아니라 트라우마였다. 최근에서야 어린 학생들 특히 하나님이 없다고 하는 그들에게 한두 번 이 경험담을 말한 것이 거의 전부였다. 공학을 하고 과학을 전공한 사람이 말하는 것이 어울리지도 않았을 것이다. 또한 죄 없는 어린 중학생을 잔혹하게 다룬 하나님 그분은 내 스타일은 아니었다.

하나님의 눈치를 보는 신앙생활, 즉 군대에서 훈련 교관 눈치 때문에 어쩔 수 없이 포복하고 밧줄에 몸을 걸고 절벽에서 뛰어내리는 유격 훈련 병사라 하면 맞는 비유일지 모르겠지만 그런 수준 이상도 아니었다.

다만 마음 한구석에 두려운 절대자의 존재는 유학 시절 많은 신앙 서적을 읽게 하였고 유학생 교회도 이끌었으며 꽉 막혀 있던 학위 논문이 어느 날 성경 시편을 읽는 데 머릿속에 섬광이 일어났고 새로운 소프트웨어를 개발하여 잘 마칠 수도 있었다.

하지만 죄성과 죄는 쉬운 상대가 아니다. 세상 지위가 올라가고 모든 것이 좋아지면 인간은 타락한다. 하나님을 떠난다. 교회를 다니지 않는다 하는 것은 단편적인 것이고 마음속에 다른 것들로 채워진다 하는 말이 정확하다.

인간적인 방법으로 신앙 영웅이 되며 돈도 많이 버는 기막힌(?) 발명도 하게 된다. 경제 신문과 정규 방송이 보도한다. 올인한다. 문제가 될 것 같지 않았던 것이 문제가 되며 뜨거웠던 열기는 갑자기 신기루처럼 사라진다. 천억 원 대의 발명 가치다라고 평가한 변리사도 있었다. 그러나 함정은 보이지 않았다.

도무지 기업 회생의 길은 없다. 끝이다. 어느 날 경기도 외곽 지역 제품을 산더미처럼 쌓아 놓은 창고 옆 논두렁 길을 걷는 데 바로 옆에서 소리가 들렸다. 힘차고도 또렷한 목소리.

"내가 너와 함께한다".

뒤를 돌아보았다. 아무도 없다. 그 뒤 험난한 과정을 거치며 정리를 하고 회복까지는 세월이 걸렸다.

나는 창조주 그분에게 아무런 도움이 될 수 없다. 무슨 일을 도모하여 창조주에게도 도움(?)이 되고 떡고물로 나는 큰돈을 번다라는 계획은 참으로 부질없고 창조주의 Holiness를 기만하며 다른 불을 제단에 놓는 것이다. 당시 어찌 깨달았을 수 있을까?

창조주는 인간의 무슨 일에 관심이 없으시다. 인간 그 자체에 관심을 가지신다. 타락한 죄성을 가진 인간의 눈물을 원하시지 그 인간이 지은 자기 세계의 공간에는 관심이 없으시다.

오히려 깨부수어라, 즉 회개하라고 말씀하신다.

생명을 창조하신 분이 무엇인들 불가능하실까? 그러나 하나님도 어려워하시는 문제가 있으니 바로 자유 의지를 가진 인간의 회심(回心)이다.

인간의 눈물이다.